书坛烟云录

蘇州評彈藝術家評傳（三）

王國安

苏州市文化广电新闻出版局
苏州市文学艺术界联合会 编
苏州市曲协评弹表演艺术传承研究会

中国·苏州
古吴轩出版社

图书在版编目（CIP）数据

苏州评弹艺术家评传. 三，书坛烟云录 / 苏州市文化广电新闻出版局，苏州市文学艺术界联合会，苏州市曲协评弹表演艺术传承研究会编. — 苏州：古吴轩出版社，2017.11

ISBN 978-7-5546-1036-7

Ⅰ. ①苏…　Ⅱ. ①苏… ②苏… ③苏…　Ⅲ. ①苏州弹词—艺术家—评传—中国 ②周玉泉（1897-1974）—评传 ③曹汉昌（1911-2000）—评传　Ⅳ. ①K825.76

中国版本图书馆CIP数据核字（2017）第269926号

封面题签： 王国安

责任编辑： 蔡时真

见习编辑： 杨晶晶

装帧设计： 刘　浩

特约校对： 白之黑

责任校对： 靳晓虹　徐　铢

责任照排： 刘　浩

书　　名： 苏州评弹艺术家评传（三）　书坛烟云录

编　　者： 苏州市文化广电新闻出版局　苏州市文学艺术界联合会
苏州市曲协评弹表演艺术传承研究会

出版发行： 古吴轩出版社

地址：苏州市十梓街458号　　邮编：215006
Http://www.guwuxuancbs.com　　E-mail:gwxcbs@126.com
电话：0512-65233679　　传真：0512-65220750

出 版 人： 钱经纬

印　　刷： 苏州市深广印刷有限公司

开　　本： 787×1092　1/16

印　　张： 16.5

版　　次： 2017年11月第1版　第1次印刷

书　　号： ISBN 978-7-5546-1036-7

定　　价： 40.00元

如有印装质量问题，请与印刷厂联系。0512—65517026

编委会

序　言

苏州评弹在中华人民共和国成立后的传承、保护和流传发展，是有成绩的。一批传统书目得到保护和传承发展，且有提高。在苏州，本书的两位传主演出的弹词传统书目《玉蜻蜓》和评话传统书目《岳传》，可以作为代表。当然，不只是两个人、两部传统书目，还有如弹词《三笑》、《珍珠塔》、《杨乃武与小白菜》等，都得到了较好的传承。演出《玉蜻蜓》的，还有俞筱云、俞筱霞、金月庵、张君谋、徐雪玉、薛君亚等。演出《岳传》的，还有钟子亮和曹汉昌的学生们。他们都为传承传统书目做出了贡献。这里讲的还只是苏州。20世纪50年代中期以后，苏州评弹的演员，在苏州评弹流行的各个地方都陆续参加了当地的评弹团，这就有了各地的评弹工作。各地各团在工作安排、艺术要求上，虽会有所不同，但可以互相借鉴，交流学习。各地的艺术工作既然有所不同，寸有所长、尺有所短，那就应该互相学习，不能妄自称大。这样也有利于百花齐放。

今天我们研究本书的两位传主，阅读他们从艺的历史资料、艺术经历和经验，仍有很多启示。苏州评弹几百年的历史，是演出长篇书目为听众服务的历史，也是长篇书目积累传承的历史。传统书目、保留书目在艺术上不断提高，才能受到听众的欢迎。本书的两位传主，长期演出他们的拿手书目，在演出过程中不断钻研提高，常说常新，因而受到听众欢迎。

那种随演随丢，经不起复听的书目，是不会真正受到欢迎的。因为受到听众欢迎，艺术家们才会反复演出，成为保留书目。艺术家反复演出钻研提高同一部书的劲道从何而来？因为有听众的欢迎，艺术家才有了对建设保留书目的热情；此外，还有艺术家本人对演出书目的认识和爱护。试想，周玉泉如果不喜欢《玉蜻蜓》这部书，没有对金大娘娘的同情，能说好这部书吗？

20世纪60年代，陈云同志听过几档演员的弹词《玉蜻蜓》之后，在1962年又听了周玉泉、薛君亚演出的《玉蜻蜓》。而后在1963年初，在和周玉泉、薛君亚等谈话时，认为他们演出的《玉蜻蜓》，既删去了原来故事中黄色的内容，又保持了原来的情节和结局，比较合理。周玉泉他们的艺术造诣，和他们对传统书目的正确认识和态度，合理的整理提高、保护和传承了一部传统优秀书目。这是他们的贡献。

对评话《岳传》的整理，中华人民共和国成立后，在20世纪50年代初，曾经有过一次尝试性的集体整理。采取集体讨论的方式进行整理。后来总结的时候，认为这次的整改并不成功，删改过多，不符合历史主义的要求。但曹汉昌认为，其中有十几回书改得比原来好。所以，就保留了下来。在其后的多年中，他边说边改，一直到20世纪80年代，在集体帮助下改定演出本出版。几十年中，他边演边改，不断提高，在我接触曹老的过程中，多次听他说最近看了一个戏（他喜欢看的是京戏），受到启发，岳飞的那一段书，要怎么改。或者说，看到一篇文章，想到书中的哪一段，要怎么改。一面说书，一面改书，常说常新，提高书目的思想和艺术，积累提高。苏州评话《岳传》的前身，是小说《说岳全传》。经过曹汉昌几十年的整理，如小说中，岳飞的忠君思想比较浓重，而在曹汉昌的评话中，忠君思想逐渐被削弱，突出爱国、爱民族的情怀。曹汉昌说书的时期，正是中华民族、中国人民饱受帝国主义侵略的时代。岳飞故事的流传、评话《岳传》的传承提高、岳飞爱国主义精神的传播，有广泛的教育作用。把已经在清代被推进关岳庙的岳飞形象，拉回人民群众反抗外来侵略的洪流，宣传他的爱国精神，具有积极的时代意义。

本书收集的文章，大部分是发表过的，现集中编辑在一起，对我们研究评弹艺术、评弹的传承和本书传主的艺术业绩，不仅提供了方便，而且有启发意义。本书的出版得到了苏州市评弹团的大力支持。对此，我谨代表编委会表示深切的感谢！

周良

2017年5月

目　录

序　言

周玉泉谈艺录……………………………………………… 周玉泉 / 002

周玉泉评传………………………………………………… 傅菊蓉 / 096

我的恩师周玉泉…………………………………………… 龚克敏 / 119

老师教我即兴创造………………………………………… 薛君亚 / 142

曹汉昌谈艺录……………………………………………… 曹汉昌 / 147

《岳传》名家曹汉昌

——曹汉昌先生与长篇评话《岳传》的今生缘 … 曹凤渔 / 202

访谈录…………………………………… 曹凤渔、周明华采访 / 229

不忘初心，方得始终

——记曹汉昌艺术人生的点点滴滴 ………………… 编者 / 247

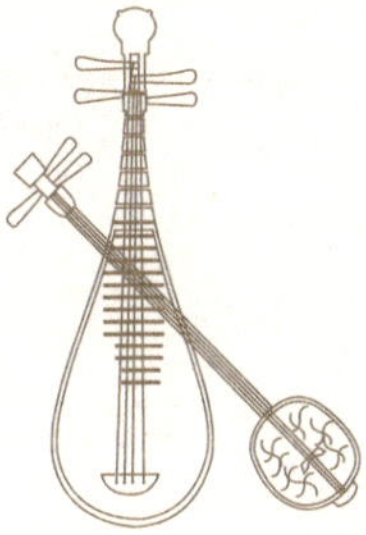

书坛烟云录·周玉泉篇

周玉泉先生（1897—1974），原名天福。曾是20世纪三四十年代红遍上海的弹词名家之一。他先后从张福田和王子和先生学说《文武香球》、《玉蜻蜓》两书，并驰骋书坛数十年。曾以独有的“静功”说表与“周调”唱腔而闻名遐迩，与夏荷生、徐云志合称为20世纪30年代最负盛名的“三单档”。他语言精练，角色传神，说表生动，在表演艺术上又有新的创造，为评弹事业的发展做出了不可磨灭的贡献。周玉泉先生的说书艺术之所以能取得巨大的成就，与他学艺时的刻苦努力而造就的扎实的基本功、长期的书坛实践所积累的丰富的艺术经验是密不可分的。

苏州市曲艺工作者联合会（现苏州市曲艺家协会）艺术组，从1961年开始，先后派了何云龙、钱江同志跟随周玉泉先生做了长期的艺术访谈工作，积累了不少的原始记录。之后，曾进行初步的整理，编辑成册，名为《谈艺录》。周玉泉先生的《谈艺录》，虽是讲述了自己的学艺经历、书坛生涯、艺术实践的经验，但同时他也谈到了许多前辈艺人的表演艺术及生活中的趣闻轶事，为大家提供了清末民初，直至中华人民共和国成立前的评弹艺术的历史和宝贵经验，这对评弹艺术的传承具有相当的艺术价值。为此，苏州评弹表演艺术传承研究会对周玉泉先生的《谈艺录》编辑、整理后，更其名为《书坛烟云录·周玉泉篇》，并增加了傅菊蓉、龚克敏等撰写的有关文章，在第三册的《苏州评弹艺术家评传》中正式出版问世。

（编者）

周玉泉谈艺录

周玉泉

我的家世、童年与艺徒生活

我的祖父，有兄弟二人。他是大房，很穷，开始是学做眼镜的，大约没有学成功，就摆起了书摊。祖父的弟弟，他们家的经济情况比较好一些，在黄鹂坊桥开爿茶馆店。祖父成亲时的钱全是向二房借的。我祖父的弟弟无小辈，现在已绝嗣。祖父生我父、叔和姑母三人。叔父住在珍珠弄，是擦玉器的，没有后代。姑母叫周爱宝，嫁在护龙街（即现在的人民路），也没有生过小孩，只是领养了一个儿子。

周玉泉

我父亲叫周锦山，小名叫金生，单生我一个人。我也只生了三个女儿，无儿子。父亲13岁时在“北寺前”学织带，织的是长带子，三年出师后，在“北寺前”一爿织带店里当伙计，一直挨（工作）到30岁。每月工资为两块半。当时米价每升28—29骨铟（铜铟），后来升到43—45骨铟。

我的家住在护龙街禅兴寺桥堍乔司空巷口，家门朝南。我家的经济情况一直也不好，量米从来没有一担一担量过，总是几升几升的。听祖母说，那时米价要是涨价一骨铟（铜铟），就是大事情。父亲30岁以后，织带生意不行了，就改行弄些旧货买卖，也真是名副其实的旧货，东西不满一块钱一件的，全是二三角、三四角的。

我家在察院场护龙街（俗名叫马桶街，门牌是护龙街，在现在的人民路上）俞家祠堂隔壁，门朝西。这幢房子是我父亲租的，共有四五间，门面一间摆摊用，里面几间供家用，每月的租金是一块六七角（那时苏州空房子多，费用不贵）。我父亲人很聪明，什么曲调一听就会，琵琶、弦子、胡琴、笛子样样懂，开篇也会唱，而且全是听会的。其中对他影响最大的是“苏滩”。那时叫“打山头”，不化妆，人家逢到喜庆日子就请来唱唱（内行又叫“唱春”），“打山头”里有几个人跟我父亲很要好，常常来我们家里闲谈，不过我从来没见过他们教我父亲拉唱，我父亲也没有跟他们去打过山头，只是每次“打烊”（收旧货摊）以后独自在家拉拉唱唱。我家共有三人，父母和我。母亲是黎里人。由于我父亲爱拉拉唱唱，我出生后，耳朵边就常听到这类声音。听得久了，到我六七岁头上，就会哼调门了，如“隆格喽喽的格喽喽”。现在叫1 2 3 4 5 6 7，那时叫工尺，弹唱时要会背工工四尺上。

我6岁开始上学，进的是私塾，在祥符寺巷，先生是个老头子，开始教我们识方块字，后来教读《三字经》、《百家姓》、《千字文》、《大学》、《中庸》、《论语》、《孟子》、《幼学》、《千家诗》等。《千家诗》的头两句我还记得：“云淡风轻近午天，傍花随柳过前川。”当时苏州的大书坊店叫“玻璃柜房”，我们的书全是在那里买的。在我10岁那年，母亲死了，本来家里经济就很紧，母亲生病、去世又用掉些，家里就更加困难了，我也因此而辍学，只好蹲在家里帮助父亲买买小菜、柴火，看看旧货摊，母亲死后旧货摊设在玄妙观。我13岁时，父亲看我歇在家里终非了局，要替我找个手艺混生活，他就跟我姑母周爱宝商量，由她介绍我到阊门的一位琴师那里学胡琴。从此，我开始了学徒生活。

我的师父是徽州人，叫许阿四，住在阊门普安桥的马路口。我住在他家，每月贴饭金三元，不要拜师金，因为在满师前的三年中的生意收入全归先生。先生很凶，淘米、洗菜、烧饭、扫地、揩烟盘等，全是我做，我还要常常挨打，受的全是冤枉气。他好吸鸦片烟，每晚睡得很迟，睡前，他总是在台子上放一张菜单，第二天，我一早起来按菜单去买菜。有次买了海蜇回来，不懂得怎样烧，放在锅里一煮都煮成了水，着实挨了一顿打。现在我有时走到普安桥旁，好像身上还有些余痛。

我跟先生学了一年胡琴，主要是学京胡，西皮、二黄全会；此外，二胡、四胡、梆胡等也学过。从前梆子腔很盛，《秦香莲》、《鸳鸯湖》等戏都是用梆子唱的。这种唱腔距今已中断了三十多年，大家已经不记得它了。

琴师的职业主要就是跟人家去伴奏。当时阊门很繁荣，药材行、南货行、绸缎行、土产行等各种行业都有，外地的药材客人、南货客人、绸缎客人都要来这里做生意。本地老板要拉拢他们，就要请他们喝这样、玩那样，与这种生活相适应的是“堂子”（妓院）的畸形发展。老板们跟客商初次碰头，惯常是开头几天不谈生意，请他们看戏、吃“花酒”，有时在自己家里举行，有时在“堂子”里举行，少不了的是请歌妓奉陪，琴师也就跟去。宴席上有不少歌妓，客人、老板一个个地点唱，琴师便在旁边伴奏。

我学了一年胡琴就中止了，原因是苏州光复了（指孙中山领导的辛亥革命成功），一时极乱，城外“堂子”里的琴师都往上海逃，我的先生也逃到了上海，我只好回家。就在我13岁这年，父亲讨了一个盘门外郭家庄上的女人为妻，大概是孤孀，景况也不好，是乡下女人送亲的，只有一个小包裹，身上穿一身不打补丁的旧衣裳。我家更穷，拜堂时买了一对蜡烛。后母过门后，在家里做“绷子”，现在叫刺绣，相帮度日。那时米价更贵，每升涨到七十几骨铜。我常去大成坊“新泰”米店量米，每次总是两三角铜，籴四升多米。

父亲虽也常弹琵琶，但自己家里没有琵琶。我想学，便吵着要买，流过多少眼泪呀！倒不是父亲不肯，实在是家境困难，摆个旧货摊还能对你百依百顺吗？但究竟是独生子，父亲还是咬着牙，陪我到泰伯庙桥杨凤林鼓板店，花了些钱为我买了一只白坯小琵琶，回家后，父亲为我揩了一层广漆。广漆要阴干，我简直等不及，放在天井中的小缸上，总是不见干。这三四天是多么不平静呀！

开始学的时候，父亲在琵琶上贴了红纸工尺，好在我虽不懂工尺，但日积月累听父亲弹，好多曲子的音我都听会了。如“大小九连环”、“三六”、“刀会”等。当我第一次弹出了我希望的声音（曲子），差点把我高兴得跳起来。不久我就能弹完一个曲子了，但只能拨，于是父亲又教我指法，并做了一只弦弓，让我练“滚”。自买了琵琶之后，我书也不念了，就在家里练琵琶。那时是念私塾，我本来就对上学裹足不前，而且父亲也需要我，我也可以代他买买东西，看看摊子。我是先会弹琵琶后，再拜先生张福田学说书的。学“滚轮子”，但我“滚”的指法是不符内行要求的。先出小指，跟着无名指、中指、食指，最后拨拇指，这是女性弹琵琶的指法，而男人弹琵琶要先出食指，跟着是中指、无名指、小指，最后回过来拨拇指。这也许是清规戒律，从弹时的美观来说，女性的指法要好看得多。弹琵琶全靠腕力，上臂肩膀不动，这才美。现在有些人弹时，整个肩膀大甩大摆，很是难看。为了学琵琶，我上“吴苑深处”去听张步蟾（少蟾之父）的琵琶。他说《双珠凤》，逢三六九送大套琵琶，被叹为奇事。他右手不弹，左手按品时能发出“捺音”，我对此更是感到惊奇。后来听绰号小妖怪的张步云“三打响”，佩服得五体投地，他左手全靠“捺音”，可将“三六”完篇。所谓“三打响”是左手捺琵琶，右手打洋琴，嘴里用小喉咙唱《满洲开篇》（现名《东北开篇》），唱《满洲开篇》

呀，这得有多难啊！

后来，我的主要的工作是听书，晚上在“隆畅”书场的“档木”前，白天就上城隍庙七十二司殿前听李金祥，日夜两面绝不缺课，以至于有人白天问我父亲：“你家天福呢？”我父亲就会说：“俚末七十二司殿！”七十二司殿在城隍庙内甬道边上，那时已没有菩萨，只有佛台，李金祥的场子就设在七十二司殿前。

从师学艺，跟张福田、王子和先生

我家和“隆畅”茶馆相距只有几间门面，那里白天卖茶，晚上做书场。我是风雨无阻地立在“档木”下听转书。特别是看到邹鸿翔、邹凤翔父子双档，我想凤翔与我差不多年纪能够说书，我为什么不能？于是我开始想学说书了。

李金祥露天说一回书约二十分钟，一个下午要说十六七回。听书的人如坐在长凳上，每回要出四个铜钿。我是立一回、坐一回，这样每天也要一个多铜板。李金祥说《岳传》、《英烈》和《金枪传》。他可以说是金嗓子，而且变化极大，因此角色分得极清，若然说我说书有一些能耐的话，那是李金祥给我开的窍。

我学说书，当时并无什么目的，完全是出于爱好，欢喜它。我从小就是“书迷”，是李金祥、沈友亭的老听客，风雨无阻，看着他们走进书场登台说书，我蛮感兴趣，逐渐产生了要学说书的愿望。当时说书的是被人看轻的，属于社会上的下等人。现在叫“说书先生”、“评弹演员”，那时光叫“说书的”，先生两字也不肯用。艺人的妻子儿女也抬不起头来，有时人们偶尔谈及艺人的妻子，就会说：“哦，她是说书的妻子！”总带有鄙视的眼神，说书先生的女儿更受人轻视，嫁给人家都难。那时人们常说，说书先生的女儿嫁个堂倌的儿子就不差了，要是能做上茶馆老板的媳妇那简直是跷指头的了。可见当时说书人地位的低微。过去有唱

“堂会”的习俗，开始不叫“堂会”，而叫“堂差”（以前叫婊子，称出“堂差”），实际上是把艺人当成娼妓了（男的称男娼）。人家叫你做“堂会”，只是说某某某今朝请你去做“堂差”。久而久之，艺人自己也就这样喊了：“我今朝某某地方‘堂差’呒没工夫！”后来“堂差”变成“堂会”还是我起的头。事情是这样的，有次我遇着老朋友王筱新（后来在上海唱沪剧），我对他说：“今朝某某地方有我的‘堂差’（那时我才25岁）。”他便说：“‘堂差’是叫妓女，是人家侮辱你的字眼，你自己不能这样说。”后来我就将“堂差”改为“堂会”，比如，今朝某某地方有我的“堂会”。后来大家觉得这样的称呼蛮好，从此也就传开了。

在我幼年时，说书艺人的生活是苦的，实在没有办法时，才去学这一行的，要求也不高。那时说书人的生活是“吃勿饱，饿勿煞”，一般艺人每天听客只有三四十人、五六十人，出了百的就算红得不得了了。尽管是这样，我父亲还是认为说书是一行“不花本钿的生意”，每天多少能赚俩钱回来开伙仓，所以他也准备让我学说书。所谓不花本钱，是说不像做其他生意那样要成本，实际上这种说法不全面，拜师金也是本钱啊。总之，我学说书，一是由于我爱好它，是自己的愿望，二是因为父亲认定这是一行不花钱的生意。实际上是家里穷，无本做生意。

既然我爱学说书，那么以前父亲叫我去跟阊门许阿四学胡琴，我为什么又肯去呢？原因是家里穷，出不起拜师金，学胡琴是不要拜师金的（那时三百六十行只有学说书和学“郎中”即中医要拜师金的）。只需三年未满师时，帮先生白做（实际上比要拜师金还要多）。学说书就不行。学说书的拜师金的多少是根据艺人的艺术名望而定的，一般的要六十至七十块钱，而且跟先生出码头，盘川、饭金都需自理。当时，我家里实在负担不起，母病、母死也是原因之一，所以只好去学拉胡琴。说老实话，学拉胡琴我心里是勿大情愿的，但实在是没有办法的办法。

当时跟先生学说书是没有时间规定的，大概是一切都自费所致。

有本事的先生常说："你今朝学会了，今朝就出去！"其实这只是表面文章，实际上从来没有出过这样的例子。我16岁拜先生，17岁就同先生一起登台，做下手演出了。从前学艺的方式、方法，跟现在的学徒不同。当时是现听现记，我是全神贯注地听，过后认真地默记。在练起角色时，现在他们是喜欢对着镜子照，而我不是这样的，我是模仿前辈和名角儿的身段关起门来自己练。过去学说书必须先弹琵琶，小嗓唱"俞调"，到能唱开篇后，便"插边花"，之后，就做先生的下手，然后是艺成出师。当然也有例外的，如徐云志就没有做过下手。先生对学生有个规矩，能够上台唱一只开篇就不要贴饭钱；能够跟先生拼档演出，就看质量拆账，一般是一成至三成，饭由先生供给，而有的先生又不是这样做的，像我的先生便是不拆账的。其实先生这样做也是合算的，因为在一般情况下，双档的卖座率高，收入来自听众，并不要先生自己掏腰包的。个别情况也有，若这位先生本是红客，走了下手（学生），并不影响他的业务收入，饭金也不需要他供应了。

我起先想拜谢少泉为师，但家里出不起一百元的拜师金。我父亲说，他一生中从没有积到三十元钱的。张福田喜欢逛旧货摊，他常来我父亲摊上逛，与我父亲认识。他家住在永照寺对过。他的乡邻裕丰泰玻璃店老板与我父亲极熟，便由他介绍，同张福田言定，拜师金为五十元，先付二十五元，另二十五元待抄脚本时再付。虽然先付二十五元，然而这二十五元，对我家来说可不是小事情，曾耗费我父亲几许心血，再加上我跟先生出码头，每月还要付三元饭金，这些钱等于是我父亲的一半身家呀！

张福田有武功，他走路不像是说小书的，倒像是个京剧武生。有一次吃饭时，因桌子位置不妥，大家要搬，他说不需要，立即像托茶盘一样，把一张有满台小菜的红木八仙桌，四平八稳地掇（端）了起来，并移到了合适的地方。可见他有多大的膂力。

我小时候，认为说书是专门在苏州说的，因为平常看见不少说书的都在苏州说，至于外面有无书场自己也不晓得。当拜张福田先生后，第一次跟先生去常熟，我当时害怕得哭了。那时眼界小，到常熟赛过（好比）到外国去了。那时跟先生出码头规矩很多，例如铺盖打好后，还未上途不能横摆，必须竖直，否则是不吉利的。我想这大概是为了清洁。还有到了码头上，如果明天要开书，当天是不许“朗”傢生的，我想这也不是迷信问题，而是为了业务，因为学徒毕竟弹得差些，怕听众一听，认为是先生本事蹩脚，于是就想出了这种戒律。

跟师父第一次出码头，那年我16岁。第一只码头是常熟湖园，我那时“小喉咙”很好，但不是天然的，而是硬练练出来的。从前说小书重小嗓，没有小嗓是不行的。我初拜师时，正值变声，小嗓全无。有一次师父和我说：“你还是趁早改行，这个喉咙好说书的吗？”我从此发奋锻炼，足足半年，关紧了房门练，终于练出一副嘣脆嗓子，可是人却瘦了一框。这一次与先生一起出码头演出，我小嗓虽好，但毕竟是初出茅庐，与先生合得不是太好。那时先生正与钟士亮做敌档（钟做“仪凤”），最终敌不过钟士良。自这档生意“漂掉”（失去听众）之后，先生、师母在言里语间，大有埋怨是因为我才出现这个结果。这大大地刺激与激励了我要大下苦功练艺术。过十个月之后，先生又做常熟，无巧不成书，又与钟士良敌档。这下可不同了，十个月的苦功终于现了颜色（起色），这次反过来，我们将钟士良“漂掉”。这次常熟的演出，场东就拍张福田马屁了，水牌上悬张福田、张沁田（沁田即福田之子）名字，而沁田却不上，叫我上台，但水牌上却没有我的名字，当时我当然不敢响，但听客不服气了，后来才将我的名字再加上去的。

张福田蛮（很）凶，他的凶是出了名的。他常常打骂我，而且这个打，差不多都不是为了练本事而打的。记得有一次，他常熟下来做杨库，就是我看鸹鸪的地方，包账一连一个半月，接下来做吴家市。有一天我将睡时，莫名其妙地被他痛打了一顿，也没说明是为了什么要打。以后我才知道，吴家市遭一顿打，说是为了我与场东妻子（已近老年）有染。天呀！那位老板娘是同情我不会洗缝，帮我做了点针线活和洗点衣服而已，竟被视为不贞，那是什么头脑呀！那年我17岁，心里当然不愿，哭了一宿，决心逃走，而且明知道这是失业的开始，但也只得听天由命了。当天微明时，我把一件夹里“飞过海”的长袍子打个手巾包，在浓露中步行三数里路，到码头上等船（因船这里不是起点站），呆顿顿地淌眼泪一直没有停过。这情景至今还记忆犹新，后来我说“沈方哭更”，在说到他从苏州到常州的这一段书时，我就是从这一具体事例中，感受到了我曾亲身经历过的委屈的情感。

当我在码头上等船时，忽然有四个人乘马而来，三个是当地土豪徐六爷的徒弟，一个是场东。我起先很慌，以为是来捉我的，后来才弄清，他们是因打抱不平，才来劝我回去的。于是，我就跟着他们回去。当看见先生时，心里以为我又要被打了，但这时的先生却一句话也没有骂我，我想，可能他已经被徐六爷说过了。那次虽然我返回了，但内心主意已定，决定待吴家市结束后便离开先生。吴家市下来，先生早已接妥了居家庄，于是我又帮了他一档生意，直到我回到苏州，经过我父亲的再三要求，其间我父亲着实受过我先生的一番气，张福田才答应我离开他，但需付一笔钱。那年抄脚本再付一半倒不去说，因为事先讲好的，气的是几个码头的饭金也要我付。那时我做下手，他原应该付钱给我的，因为连续两只码头都是包账，包账是不付饭金的，而他算账时居然问我要饭钱！

第一次上书台“插边花”，是在宫巷的“聚来厅”。当时评弹艺人的“茶会”有两处：一是在“吴苑深处”，另一处是在“聚来厅”的楼上。曾因两个评弹艺人在“吴苑”打了一架，曹姓经理叱骂：“你们说书的都是瘪三，以后不要来吃茶了！”（“吴苑”是陆翥双家开的）由于那姓曹的仗势欺人，此后，大家赌气都不上“吴苑”，而去“聚来厅”了。我“插边花”的那天，很多前辈、“道众”都在左首地板房里听我的“唱”。由于我初次上台，紧张得头上直冒汗，当堂倌递给我绞好的“高力布”手巾时，我的手抖得都拿不住。当上台开口之后，眼睛只管看着挂在上面的国旗，不敢向听众看。待一曲唱完，我的脸像猪肝色一样，下台走进地板房，许文安老先生劈面就说：“天福，倷（你）哪哼独看上头呢？”王绶卿、王效松等老夫子，更是一面吸着皮丝烟，一面骂道：“天福倷吃格行饭，好好叫要改得来！作啥鹤（仰）起仔头，等天浪突（掉）点啥下来啊？”

有一次我在上海，跟先生一连做了两年。那时我们（除了先生、师母和他们的儿子戆大莲生——张沁田外，还有我和师兄柳青泉）和赵筱卿一家（儿子赵鹤荪，徒弟杨斌奎、杜文奎等）同住在三马路华清池楼上的喜春台。

那时杨斌奎正在做乃师赵筱卿的下手。那一阵，我和杨斌奎每天早晨八点钟开始，起来练唱，一口气要唱十只开篇，同时还要练其他，如“陈调”、“离魂调”、“银绞丝”等曲调和曲牌。这对我以后的“唱”是有点帮助的。张沁田、赵鹤荪、杜文奎也参加我们的练功，但他们没有我俩认真。

张福田先生做上海时，我扎扎实实地听了谢少泉的书。张福田开始是同意的，后来他又改变了主意，我只好秘密地去听。当时张福田做上海四马路“留春园”，是与谢少泉越档，书台上下来，福田先生回宿舍去，我便留下来听谢少泉的书，每次听书都聚精会神，一字不漏，那份认真劲啊！整整听了一期书，天天如此。谢少泉号称“文状元”（“武状元”是叶声扬），又称“说状元”（“唱状元”是吴陞泉），可见他在艺术上的成就和在同道中的威信。我认真听，一是为了学本事，其次是他说的书实在是好听，称他为“状元”，真是名不虚传。

那时，对我来说正是打基础的时候，能听到这个名家的表演真是很幸运。事实证明，听他的书我受益是极大的。记二三事于下：一是他起华太师时，那一声咳嗽和一个抖袖、捋须的动作，好到极点，清脱飘逸，苍劲而有身份，我听了极喜欢。之后，我便不论是在马路上，还是在房间里都练。当我懂得如何运用时，便用在徐上珍、张国勋等人物身上。似乎感到还是不甚妥帖，什么原因，当时也不知道。后来用在《文武香球》书中的龙三身上，感到好些了，再到后来，用在脱脱丞相身上，自己觉得真正对头了。原来前面几个人的身份，还不适合用这一声气度轩昂的咳嗽。练这一声咳嗽，根据我的经验体会，要把本音丢掉，必须用丹田之气翻上来。这基本功的练习可急躁不得，不是一年半载就能练成功的。练本事要“迷”才行。我幼时在“隆畅”听了书后，在回家的路上，一路上喊着：“马来！”到姑母家玩，一声“马来！”一脚踢开房门的“戆腔”，现在看来也不无好处的。二是，他擅长表演。在《三笑·小厨房》一书中，石榴深恋华安，处处照顾他，而引起了群仆不满，于是“反映”上去。当华鸿山问起时，石榴“金刚罩”说：“他每天为二位少爷来拿菜，我是管这项的，哪能不讲话？既然如此，那就不要我去做小厨房吧！”（大意）这是石榴抓住了华鸿山非要吃她烧的菜不可的弱点，是故意卖俏的。这样一来，群仆受到了华鸿山的斥责，而石榴与华安的亲昵，反倒合理化了。从此，其他仆人每当看见石榴在与华安讲话时，大家就赶快避开（怕石榴反映）。谢少泉说到这里便“起”一个僮儿的脚色，走到小厨房门口，一见石榴跟华安在讲着什么时，他眼睛便看看他俩，而身体向后转（双档的上手），兜一个圈子，起手搭在坐椅背上，同时边走边“朗”着读书声，低低地咕一句：“纱窗儿外，铁马响叮当！”当人立定时，他的眼睛仍落在他俩的位置上，然后眼光再“移”到听客那边。这个书台上的表演动作，看起来极噱，极扣，不加“表”白，也非常明显。我很喜欢，自己认为练好了，便用在《文武香球·韭芽炒肉丝》书中的老四身上，很匹配。三是，用语正确、干净。《三笑·小厨房》中有“油镬旺”一节，唐伯虎看见油镬旺大惊，石榴对油镬旺，反应倒不过如此，她看到华安因油镬旺而吓成这样子，反而急了，要紧拼命来安慰华安，随手丢一块抹布在镬里，将火扑灭。同时有句补白："烧脱小厨房好造格，吓坏仔倷是……"这句补白补得有多妙啊。四是，少泉每次唱完后，放弦子他只有一放，不会放歪，飘逸得很，这也是一绝，可见他是处处用心的。那时谢少泉的下手是其徒周莲青（其兄周之安，其父周杏泉，虽师从钱雨卿，但从未说过书，专以变戏法为业，住福昌里）。

接我们"留春园"下脚（下一档）的是吴陞泉、菊生、小方三个档和何云飞。吴陞泉号称"唱状元"，好喉咙，好俞调。我唱惯了福田的，觉得他比我先生唱得"糯"，而又无肉麻之感。那时我先生经常做"堂会"，而且是一人去的，因而我就有机会出去听书。离三马路、四马路距离近，我便天天听吴陞泉的书，并下死功夫学他的唱腔。因而，当我开始独做后，一直是唱"吴调"（是吴陞泉弹唱的曲调）的（朱耀祥便唱我唱过的唱腔）。在我倒嗓之后，才开始转化为"周调"。

何云飞口角之清是无出其右的。他使单刀之动作，是出神入化的（所谓神似的地步），不仅宛见其闪烁光芒，且仿佛闻其刀风，一个大刀对劈的舞法，我学了好久，才自以为稍有皮毛（周老曾表演这个动作）。

接下来我谈谈跟王子和的情况：王子和是王秋泉的徒弟，和沈友亭是师兄弟。王子和说的《玉蜻蜓》被称为"翡翠玉蜻蜓"，特别是沈家书，赫赫有名。我因为深受《文武香球》书情太短之苦，急需补书，看中了王子和的《玉蜻蜓》，但他的书是"传子不传婿"的。这也是我的幸运，在我27岁那年，王的儿子阿毛死，他年老无后，有了肯向外传的想法。后经过叶声扬的引荐，我拜了他为师，专程（特地）停了"日面"（日场）去听他的书。每天到他家去接了他后，再一同去书场。

他向来不坐人力车，冬天不穿大衣，说天冷只冷脖子，因此只要有围巾就行。记得有次在大自鸣钟等电车，天又特别冷，冷得我简直受不住啦，便畏畏缩缩地和他说："先生，天太冷了，我看坐黄包车去吧，铜钿有限的。"那时我已露头角，经济上没有什么问题，如果他同意坐车，车资当然是我出的。但他答道："倷看俚笃（他们之意，即指拉车等人）阿要比伲冷？"这句话对我教育很大，以至于后来使我对一般劳动人民有了新的看法。

王子和他很爱看戏，但要看优秀演员的，只要有好角儿到，他就请人代书去看戏。我一来也喜欢看戏，二来是为了陪他，三来是我急于要学《玉蜻蜓》这部书，因而我下决心尽我所能去结交他，于是不惜工本，代价再高也要买票请他看戏。记得那时我曾陪他去东新桥老共舞台看过余叔岩和王长林的《珠帘寨》、余叔岩和程砚秋的《打渔杀家》、余叔岩的《胭脂宝褶》、余叔岩和王长林的《无宵极》等，在"中央"剧场也看过马连良的戏、白牡丹（荀慧生）的《一捧雪》等。记得那时票价高达二元四角，而那时听回书最多也只有几角钱。

向王子和拿脚本是困难的，虽然那时我不惜花钱，陪着他看戏，还送烟土、送菜给他，但几次问他，他都推说："你师母没有拿出来。"而且这样一句话也不是爽爽气气说的。常常我跑去时，他躺在烟铺上抽鸦片，我便搬个小凳子坐在床前，远兜远转地向他提出要脚本，但他从不立即搭理。他一向怕开口，问他十句，答你一声。虽然张福田也"阴"，但王子和更甚。这是我的"阴功"根源。后来，大概他也觉得太过意不去了，有一次我再去他家时，他已把脚本拿出来了。之后我才知道，他之所以不肯当着我的面开箱子取脚本，是因为里面还有很多脚本，怕我见了眼红。

他家住在菜市街。我是停了"日面"去跟他学书的，每天下午去，但他还未起床，我便耐着性儿等他起床、大便、吃饭，再到他躺下吸鸦片时，我才能开始抄脚本，但顶多不过一个小时的时间，他便要上"得意楼"去了，于是我只好搁笔跟了他去。一个小时能抄"几化"（多少）？然而又有什么办法呢？我只好磨细了肚肠去做（即耐着性子慢慢来）。

那时我已小有名声了。因此，"新世界"请了王子和之后，又提出要我去做他下手，这是对三方面都有利的事。场方靠我可增加一大批女听客，王子和本来怕说书（体弱很懒），有个下手可减轻他不少负担，特别是不损及他的收益（他包账120元，我不分他的，我也是120元包账）；对我也有利，首先是书和艺术上可以大大得益，其次，我日常交结他所用的钱，完全可以用这笔收入来应付了。王子和多病且懒，常叫我一人去做，有时常常到半途，突然提出身体吃不消，要我一人去上书场。我清楚地记得有一次我们走至“天宫”书场门口时，他被一阵北风一吹，便说：“天福，倷去吧，我勿来事了。”算起来他一个月顶多做半个月，其余都是我一人独档的。一是我那时已“站”得住了，当然我一人做，只好说《文武香球》。二是“新世界”老板看我一个人做，并不影响营业，因而也不克扣他的“包银”，所以他才放心让我去。再说，王子和的“翡翠玉蜻蜓”确实是好，那时“新世界”做六档，我们是送客，时间已近黑，但很多人却是专程来听这一档的。可见其脍炙人口。

再谈谈我学《玉蜻蜓》。我说的《玉蜻蜓》是用钱和性命换来的。27岁开始学，经过两年才成功。一是为学《玉蜻蜓》，我花的钱足足要堆一房间。请王子和看高价戏，自己专门停了说书去陪他看戏，送大烟土，再是逢年过节送礼（当时我说《文武香球》已红，地位相当于现在的杨振雄），有时为了一档好篇子，还要请人家去偷听，然后我再出高价收买。二是为补《玉蜻蜓》，我生了四十天的病。这次病几乎让我丢掉性命，整整倒床四十天。原因是六分在于学书，四分在于练瞎子和学几回瞎子书。

先说学书，跟王子和学书是困难的，他多病，常犯气喘，本来就怕开口，生病期间更不能问。他的病很奇怪，犯起病来睡在床上两日，最多时要三天。眼睛定洋洋，东西不要吃，叫人怪怕的。师母常告诉我，说这是他的老毛病，没有关系，两至三天过后，就能上台。但说不上半个月，病又犯了，最凶的辰光说两天就要犯。逢到这种情况，我便替他代书，但收入仍旧归他。我是一开始就跟王子和拼双档的，书由他排给我，但轮到我所说的书并不多，十句中只有一句，他又怕开口，只简单交代一下就歇了，我也不好多问，所以学起来比较困难。我白天听书，晚上演出回来已经十一二点钟，马上关紧房门默写。那时的记性极好，从不忘记一句，顺序都不会弄错。这点我是很自负的，恐怕难有第二个人了，弄得每夜都少睡了觉。时间一长，身体就吃不消了。

再说练瞎子和学几回瞎子书。王子和的瞎子是出名的，要学像他很不容易。瞎子有瞎子的瞎形，走路靠明杖两边点地（探路），身子略偏（防碰物），脚步踉跄（吃不准），听人说话时头部微侧，耳朝声音方向，头颈不能多动，小动作多，如剔指甲、摸胡子等。瞎子面部最大的特征是，眼睛只见眼白，不见眼黑，练起来很难，但又不能不练。练时眼睛要用力向上翻，要练得自己看不见人家，人家不见你眼黑。因为用力，眼睛酸痛难当，常常头昏。我花了整整一年时间才算练好，时间长了也就习惯了。我起的瞎子面不带笑，跟子和先生同派。而俞筱云是笑的一派。我练瞎子，因为自己看不见究竟练得怎样，常请好朋友和我的太太观看。

学瞎子书就更困难了。《玉蜻蜓》有胡瞎子到金家起课，为金大娘娘、金贵生算命等书。说这些书不能随便，要懂得相命的一般常识，书中有长篇关于起课算命的知识，既难记又难说，既要像说书，又要是在算命、起课。我在码头上演出时，不少瞎子都停下生意到书场里来听我说算命的书，要在这些内行面前说得逼真，不是一件容易的事，一句也不能错，我为了背这些台词，不知花了多少精力才弄成功。

俞筱云比我先拜王子和，但有一次他到王家来，我正在抄最后两页脚本，他一看便对王子和说："先生，等玉泉抄好后给我抄吧！"可见那时他还没拿到本子。事后想想，他所以给我先抄，一是那时他儿子死了，二是我结交他很卖力，直到如今筱云都喊我"师兄"。这是他过分的客气，但从抄脚本这一点上，倒确实我比他先。

王子和是"阴功"，他对书中的一些有武功的人，都经常不起足脚色。我却不，因我以前说《文武香球》，武功身段较多，就把这些武功身段移植到王子和的《玉蜻蜓》书中。还有沈俊卿长江遇盗，到被劫上山的这一段书，王子和他并不细做，只是一言表过，而我现在这样细做，就多一回书了，这是向谢品泉学的。

要出“茶道”，方能获得前辈认可

我是21岁才到“茶会”（“吴苑”）上去吃茶的。不要小看这上“茶会”，在当时可不是小事儿，要出了“茶道”才能去，否则是不行的。何谓“茶道”？就是由业师领着你，到前辈面前去打招呼，“叔叔”、“伯伯”、“阿爹”一个个地叫过来，并要你为他们付茶钱。而且，你以后每次去“茶会”，都要一个个叫过来，否则便有挨骂的可能。因此，人们对“茶会”也不无顾虑，就有怕常去“茶会”的。既然上“茶会”有这些难处，那为什么偏偏要争取上“茶会”呢？殊不知上“茶会”是极重要的。一，所谓“出道”，就是评弹界有你这号人（具体情况在出大道中谈），而当时首先要得到前辈们的“批准”（他们叫得出你是什么人的徒弟，叫什么名字），“茶会”是被这些前辈们统治的，只有常去，才能在他们的印象中加深。二，特别是初出茅庐的人，自己缺乏“生意”上的“关系”，各地场东都是在“茶会”请艺人的。自己通过上“茶会”，人头可以盘熟，然后才能接到生意。三，最重要的是通过上“茶会”，能获得前辈们在艺术上的教益及为人处世的箴言，也是能与同辈们探讨和交流艺术经验的所在。

当然，在抗战时期和胜利以后的一个时期中，“茶会”蜕化到专议吃、喝、嫖、赌，因而使有些人堕落，这也是不容忽视的负面影响。

一般说来，学徒能够跟先生拼双档了，也就能够“出茶道”了。“出茶道”是件大事，从此，在说书的一行中，就有你这个人了。我“出茶道”是很晚的，不仅因为与先生拼过双档，而且自己也单独离开先生曾到码头上演出了好长一段时间，所以先生未领我去过“茶会”。直到后来演出回苏后，先生才领我去光裕社“出茶道”。之所以先生领我“出茶道”

晚，其中很重要的原因是，我一出师就离开先生独立出门了，且卖座率又很高，先生就感到不惬意，故意刁难，不领我去“茶会”，而“出茶道”是非先生领去不可的。

要出过“茶道”后，方能到“茶会”上去喝茶，出了“大道”才能够收徒。当时公所里有大小两块牌子，大的有两张方桌子大，上面画有红松，是横挂的；小的有一张半桌大，也有红松。大的叫大牌，小的叫小牌。出“茶道”不上牌，出“大道”才可上牌。“出道”时间一年两次，一次所谓三皇祖师生日，另一次是十月初八，这两天是全部停场子的。说来可怜，那时有点生意的“道众”，一年中也只有这两天才能休息。这两个节日，如无人出“大道”，则公所自己也要办酒的。吃的钱，由大家出份子（这里的“大家”是指出过道的“道众”，未出道的连去都不好去，怎能挤上去聚叙呢）。“出茶道”三五年后，可以“出大道”了。所谓“出大道”就是请有关的人吃顿酒。出“大道”请酒，酒席是由出道人办。由业师去跟执事（后改会长）说，今年谁要“出大道”了（如业师死了就由师叔代，没有师叔便请业师要好的朋友代），然后在这两天内，“出大道”的人，要备四桌酒（大约五元一桌），如这人景况不好，也有备两三桌的。还能俩人同出“大道”，叫“合出道”，这样负担可轻些。来吃酒的人，由先生指定，或托执事（会长）决定，一般全是有些名望的。酒至半巡，“出道”的人，由先生领着到各桌上去筛酒，并“叔叔”、“伯伯”地去叫应一声，这样就算出过“大道”了。我是26岁出“大道”的。后来在小牌上写上你的名字（光裕社有大小两牌，初出“大道”，名字写在小牌上，三五年后再搬到大牌上），出了“大道”，艺人就要交会费，四至五角，艺人也就可以收徒弟了。没有出“大道”之前，好不好收徒弟呢？不好收。光裕社社规很严，没有出“大道”前，收徒弟就是“出格”，要受到严重处分，现在就叫开除，开除他出社，不准他来苏州演出。尽管这样，仍然有一些“亡命之徒”这样做的，因为收徒弟可以拿到一大笔拜师金。照规矩，“出茶道”三五年后才好“出大道”，在这段时间里，艺人在外码头演出，人家又不知道他有没有出过“大道”，就投在他名下，这朋友也不响，等光裕社知道后，便把他开除并赶出苏州，当时不乏这类例子。对待收徒弟的事，有两种态度，一种人认为没有什么，苏州不好做，别的地方好去，光裕社不要我，上海的润裕社等要我；另一种人不肯放弃拜师金，私下收徒弟，瞒住不响，之后，学生要赶紧到苏州来叫先生领他“出大道”，然后再公开，名利双收。

评弹界有个祖师生日。祖师生日除了聚叙之外，每人还可领到小泥菩萨一尊，青桃糕一副和灯笼一盏。这灯笼就有分档了。名字在小牌上的，领到的就是一盏普通灯笼，但上面有“光裕社”字样，以供晚上上书场用（因那时晚上没电灯，凡说书的上场子，打着此灯笼，人家一看就知道是说书先生）。而名字在大牌上的就不同了，是铁丝方灯笼，上面除了有“光裕社”字样外，还有那人的姓和一排光裕社地址的小字。这灯笼也是供上夜书场用的，但不是自己提了，而是由学徒提了，人家一看就知道这位说书先生的地位要高一级了。

因此，当时有些自恃三考出身的艺人常说：“我是提过灯笼的呀！”所谓三考出身，就是除了“提过灯笼”之外，还要“打过铺盖”（出码头，先生的铺盖板要学徒打的，故说书人都是打铺盖出身的），“困过百脚（蜈蚣）凳”，三者缺一不可。所谓“困过百脚凳”，那时码头上，先生是有房间住的，学徒只能睡在书场里。那时书场里都是蹩脚的条凳，学徒要在散书后，拼凳而睡，一只只长凳横拼起来，由于有脚，必须交错拼成，无数凳脚伸在外面，确实是很像一条蜈蚣。那凳子上睡觉是不好过的，因凳子不是一“靠辈”的（不一样的意思），而且又旧，七高八低，但长久了也就习惯了。

满师出道，我的说书生涯

我的第一档生意。跟先生学说书是有规矩的，学艺出道后，第一档生意是要让先生介绍的。我的第一档生意是我先生托金筱棣介绍到木渎去做的。

我记得当时木渎那家书场设在肉店里边。那是夏天，当我踏进场子，看了场方为我预备的房间和吃饭时的小菜，心就冷了半截，怎么这样蹩脚呢？

第一天开书，日场只二十余人，夜场也仅三十余人。即使满座也只在百人之内，我觉得这样总不是事儿。这说明我根本对自己的艺术和艺名缺乏估价，也不知道一般码头上的情况，只是用我和先生拼档时的情况来预测，当然要失望了。这还不要紧，接着出了个事儿，更说明我少不更事，缺乏经验。

我那时生意虽差，但小喉咙好，唱拿得稳，"说"虽然嫩些，但由于和福田先生拼了几档，基本上能说像了，因此听众对我的评价还不错。在开书后的第三天，场东介绍我去一家"做生日"的人家去做"堂会"，去时讲好做两回（一回一元，约三刻钟），可说完后，他们要连两回。那时我没有经验，认为越多越好，当然乐于接受。待说毕，他们还要连两回。去时是夜书散场后，约十点多钟，加上中间停停，不觉已近黎明。回到书场，心里说不出的高兴，想才出码头来就有生意，一个晚上就赚了六元，于是满怀愉悦，吃了些点心睡觉。午间醒来，略事盥洗，午餐后准备上台时，突然发现"喉咙"没有了。这一急非同小可，但毫无办法，开不了书，等了一天，"嗓"子仍不"回来"，于是只得剪书返苏，走时，场方与我同行，他是去接下脚生意的。我到了苏州（那时这里是交通要地），叫了只驴子回家，在路上我还只是遗憾自己嗓子不争气而已。及至家里，从邻居的眼光中，特别是在"茶会"上遇到一些前辈，说一声："倷转来哉！？"从他们的声调中，我尝到了一种被鄙视和受奚落的滋味，真是难堪极了。他们都以为我是"漂"回来的。这是我终生难忘的一件事情，也成了我一生中极有价值（是付出了极大的代价）的经验。嗓子再好也要注意劳逸结合，才能做满月（满月盘洋不退）。在这里，我又深深体会到那些为富不仁的资产阶级对我的侮辱与残害（指那些接二连三要艺人为他们唱“堂会”的有钱阶层）。虽然五六天后嗓子回来了，但第一档生意“小产”掉了。当时我在“茶会”上虽然已经有了钟子良等一班小朋友，但他们都缺乏介绍生意的条件。于是我在苏州足足辣辣等了一个月。六只洋，包了我一个多月，真是惨痛的教训。

后来有一天，吃茶出来，我与钟子良的朋友王介兰同路。王比我大十余岁，闲谈中说到了生意，我告诉他我已空了月余，自己无能解决生意。然后，他一口答应介绍我到无锡甘露去，这是我出道后的第二档生意。

甘露的书场设在火神庙的大殿上，我睡在场东家里的客堂里。这客堂白天是钱粮作场，离场东阿墨和他瘫痪的老妻住的房间较远。晚上下书场后，我回到房间里，除了练练手面，还踱踱方步。因地上七高八低，有一晚我熄灯上床不久，忽听一排破窗上有敲击之声。由于本来就有些寒，更吓，便咳嗽，以为可以吓退“宵小”，谁知反而响了，便问：“啥人？”没想到问后更响了。我便狂喊：“阿墨！”可越是想喊得高，就越是透不出声来，身上冷汗一身一身出。最后终于被阿墨听见了。我听他慢条斯理地开门走来，到窗前，听他在说：“倷来啥体？转去！”听这口气，我倒揣摩不出窗外是何等样人了，是贼？没有这样说的。是小孩？也不会如此。于是想一定是神鬼之类，因此心里更怕。后来才知道，原来是只羊。这说明我自小受了迷信思想，尤其东听西听一些“道众”讲码头上疑神疑鬼的事，竟然也使我损伤了胆量。

甘露说书说下去，日场只有十四五人，夜场倒有百上百下。那时我只会说一部《文武香球》，日夜拗断了做，一算顶多只能做二十余日。由于不做满月，一来要退“盘洋”，二来因上次木渎的教训，我下决心要满月再回去。于是经我与场方协商，决定停掉日场。这样竟做了四十八天，可算是满载而归（舆论、经济都有收获）。但是，当我到“茶会”上去说了这次在甘露做了四十八天后，杨月槎竟认为我在说谎，指着我的鼻子说“你老师兄，李伯泉强爷胜祖，也只能做了四十天，你？……”我一听，赶忙想说我只是做一面的解释也被他吓住了。这不能怪他，当时我们“道众”中有些人是欢喜自吹自擂的，漂了说未漂，做三十到五十人，或说百上百下；明明只做了十余天，却要说两排（二十天）多，或是足月的。从这件事，使我下决心，我无论如何不能说谎，该如何就如何，借以扭转这种坏风气。

我20岁那年，在湖州“紫阳仙”书场接石秀峰的下脚（这里是指接上一档先生），吃了因书短而出了一件事的苦，到现在想想还难过。事情是这样的：合同订一个月，每天一点二十分。我说唱的《文武香球》书较短，总想拖长些时间应付应付。那时书台上无电灯，用的是蜡烛，规定烧一支半为一回书。烛芯是要说书人自己夹掉的。听人说夹烛芯有窍门，往身边一拉就烧得快些，我因有要拖长书的想法，所以就这样做了，不料这个动作被听客看见了。一些听客面孔马上不好看了，还好当天没有发作。事隔一天，我说到皇帝进武场放九门炮，因为想延长些时间，连放了几炮。听众对我有气，台下立刻接下去放，“咚嗒噔！”闹得我很难堪。下台后，我急得直哭。当天场内还有三百多听客，第二天就只有一百多了，最少一天日场仅有十六个人。

1917年，我21岁，南浔“北彩凤”书场老板吴巧林到苏州来找我，告诉我他南浔的书场因为业务清淡而关掉了，眼前只好背“背包”。他要我到盛泽“登椿园”去做一档。我问他“登椿园”的情况如何？有没有做过书场？他说“登椿园”是他兄弟坤林开的，那里没有做过书场。由于我一向很同情他（因他人老实，家景生活苦），所以便答应了，而且，因他是新开场子，所以我还买了一只大镜框送给他。

“登椿园”在盛泽市梢，又是新辟场子，因此一开始生意不好，后来才渐渐好转，到最后竟座无虚席了。有一天，我突然发现“散书”后，很多人不急于走，仍旧坐着，心里很奇怪，后来才知道，原来“登椿园”接下来还有赌局，其实那里就是个赌场。当时各市镇都公开设赌，称为“老作”。“登椿园”是新聚起来的，而且生意一天好过一天，最后，还用了警察看门，十几个警察立在门前，其实是来等开销的，看上去好像是门岗。起初我夜场散后，只是看着他们赌，后来自己也挤上去赌了。这样一来，虽然书场生意不错，但钱因赌都输掉了，最后“剪书”（一档业务结束）临走时，连盘缠都没有了，只得当掉一件花呢夹长衫后才上的路。据我所知，当地很多职工（盛泽多丝账房）赌得连被头铺盖都卖掉。这才引起了社会舆论的谴责，“登椿园”的赌场才被取消。

那次我还收了巧林的儿子吴凤歧做徒弟，那时他是13岁，我因为巧林穷，一个钱也没有收他，带了他六个月，由于他资质差，一口南浔话，怎么也改不过来，只得半途而废，让他回家。

我在1948年3月，曾再度到盛泽，做的是另一家书场。我到原来“登椿园”书场去看了一看，一看好像“普济堂”，我送的那个镜框匾倒还挂在那里。我记得第一次去是1917年。那时坤林已死，他老婆在经营，并从他那里知道吴凤歧也在南浔经营茶馆，他女儿叫邵云霞，是王燕霞之妻子。

我22岁那年做“汇泉楼”，当时“汇泉楼”是上海最有名的第一流书场。老板叫王阿松，是新行门的门差。那时，常去“汇泉楼”做的有何可人、何为人、郭少梅、程鸿飞、严焕祥（西汉）、沈廉舫（倭袍，小书王牌）、朱少卿、李文彬、李伯康（以上是润裕社），蒋声翔、何绶良、王子和、张云亭、丁荫庭、杨筱庭、魏钰卿、徐筱云、谢品泉、王绶卿、朱耀庭、朱耀笙、杨月槎、杨星槎、周玉泉、黄兆麟、石秀峰等人。

我23岁时在上海演出的书场有：汇泉楼（四马路）、熙春台（三马路）、玉茗楼（老石桥）、小云坛（五马路）、聘乐园（青莲阁后）、喜春园（四马路）、飞丹阁（喜春园斜对面）、一言堂（浙江路东新桥）、耀明（虹口）、富春楼（陈家浜）等书场。

城里的书场有：四美轩、群玉楼、柴行厅、得意楼（均在城隍庙中），仪凤楼（西门），龙园（十六铺），天宝楼（十六铺），三阳楼（十六铺），一新社（香粉弄）等。

我在23岁到24岁时，上海“大世界”的场方到苏州来约我去上海“大世界”演出，那时我从23岁时的十一月初一开书，到开年（24岁）的大年夜结束，在那里做了一年零两个月。记得我在上海“大世界”做时，是和吴玉荪打对台。他在英租界的“新世界”，我在法租界的“大世界”。那时我只会说一部《文武香球》长篇。张福田还有《绣香囊》，但我不喜欢它的荒诞内容，什么观音娘娘点化，死人变活，从安徽到杭州之类，甚至主角只改一个姓，张官保，因此我虽和先生拼档三年，但听过就忘记，日夜各说一小时，即使每回加唱开篇，也只能揩油六七分钟而已。《文武香球》我虽已能在码头上做一个月到三十五天，但也只是一点半钟的七十回。在码头上我一般拗断做，即上半部开“夹里”，下半部开“面子”。因为一般的书，总是前松后紧的。所谓“面子”除了当时昆山是日场外，大部分地区都是开夜场，而在“大世界”里做一年两个月就要调两次头，即“倒二次黄梅”。虽然“大世界”的观众是流动的，但书场里都是坐定的，那么即使听众不表示异议，自己也会感到窘的，当拿到“包银”时，心里有说不出的难为情。更绝的是，那时我还在“小世界”做，有些听众在“小世界”听了书，对我很感兴趣，便赶到“大世界”来听，但当坐定，发现又是“一马双驮”或“父女交兵”时，便懊悔不迭地立起身来走。这对我刺激太大了，那时和我比较莫逆而又同台的叶声扬（“大世界”的阵容是这五档书：吴小淞、吴小石、谢品泉、叶声扬、丁荫亭和我。后来丁荫亭满期后，换了张少蟾、赵稼秋）也在为我着急。他对我说：“老弟，你只有这样的一部书，是要失败的！”但一时到哪里去补一部我合意的书呢？不补怎么办？而且同业者大多是有几部书的，以张少蟾为例，就有《双珠凤》、《双金锭》（这是他父亲步蟾传教的），何况还有大套琵琶的一手。补书！已成了我当时最为迫切和关心的事情了。

我24岁在上海“大世界”红极，那时同在那里演出曲艺的，有唱京韵大鼓的白云鹏、老窝瓜、张小轩、张景环等。他们都是北方的名角儿，我常去听。张小轩擅唱《三国》，风格与前二位有异。与我隔着场子演出的是单口相声老前辈吉平三。当时大世界大门朝东北，包括现在的共舞台在内。“老窝瓜”艺术很高，一踏上台，几个动作一做，虽然未唱，下面仍旧彩声阵阵（内行称踏帘彩或鼓板彩）。侯宝林有次在上海演出《空城计》，人不够，还叫我上台去凑个数，跑跑龙套。平时我因爱看京戏，多少懂得一点，就上去。谁知缺少舞台实际经验，位置站错了，四个龙套应每边站两个，我们却站成一面三个，一面一个，下面哄笑不已。同行对我示意，但我吓呆了竟没有理会。司马懿出台后见观众们在笑，以为自己错了（扮司马懿的是侯宝林），检查一遍，方始晓得毛病出在我身上，随即喊一声：“你过来吧！”挽救了这场戏（漏洞要善于堵，且要堵得无隙）。吉平山有次表演时，我听他说了一回书，有脚色，有手面，有的脚色还起得很出色。如卖羊肉包的、卖馄饨的小贩等。他常借用人物形象语言或音节来吸引人。

25岁时，年档苏州。日场在水关桥“得福楼”；夜场在临顿路“壶中天”。因为那两家书场的名字配得好，同业说我这档生意的口彩好，叫“吴（壶）中得福”，一时传为妙谈。

那时我全家已迁上海，苏州没有住处，同业何绶良（说《三国》，系汪如云的业师）阿叔，那时在上海做，他慷慨地写条子给我，叫我持条去见他住在苏州的老母亲，让我住到他的房间里去。住的问题就这样解决了。那时老先生们就是这样乐于帮助后辈的。何老先生家住大成坊石牌坊附近的一个弄堂底，是一所平房，中间小客堂，一边厢房，前房住何老太夫人，后房住我夫妻俩，另一边厢房住蒋声翔的徒弟陈云鹏夫妇。

陈云鹏是说《五义图》、《绿牡丹》的，艺术上极有本领，突出之处是擅讲各路乡谈（即各地方言）。当时在滑稽界还没盛行，他说的各路乡谈可称是凤毛麟角，不仅能说附近一带如无锡、常熟或较远的宁波、绍兴的话，而且能说更远一些的广东话。他说乡谈能说得我妻子喷饭，我也笑得立不起来。说句实在话，他比后来的姚荫梅还要好。

那档生意，我之所以迄今仍印象犹深，是因为是有一件不容我忘记的事情。我日场做“得意楼”，生意平平，五十余客。夜场“壶中天”，看看挤得水泄不通，场东每天只交我二百客的钱（那时书茶四十文，我每天得四包铜板），我也不计较，事实上也不错了，但是我越来越不想在那里做了，因为有些话我实在是听不起。事情是这样的：场东汪凤江，原来也是学说书的，是叶声扬的徒弟，但实在练不出，他便改行开书场。由于他生性懦弱，而且头脑不大听使唤，因而“道众”给他的绰号叫“汪吓昏”。在当时开书场之类，若没有一些“手面”（出手大方），是难以应付的。汪凤江既被称作“汪吓昏”，当然是吃不开的，而附近“机房帮”中的一些喜欢闹闹的人，就以“壶中天”作为嬉闹的对象了，那时没有更多可玩之处，也是一部分原因。于是天天将“壶中天”闹得乌烟瘴气，甚至天天有打局，他们的恶作剧是无所不为的。比如当我一开口之后，他们就立到凳子上去扭低洋灯的灯芯（那时没有电灯，是用铅丝架子挂玻璃洋灯的），使听客看不清我；我当然也看不见听众了。这样做的目的是要我说不像书。说书很重“借劲”，彼此看不见，哪来“劲”可“借”？这还不算结棍（厉害），有一天我上书台时，走到书台边上无法跨上去，因为整个书台口铺满了斟满茶的蟹壳青茶杯，使我无插足之点。后来汪凤江过来打招呼，摆掉了一部分，我勉强踮着脚上去。可坐下去后仍然不能说书，因为桌子底下也同样铺满了茶杯，脚没地方放，脚不着地怎么能说书。诸如此类，使我做得怨天怨地，几次想要剪书。我就和妻子说，这种生意，钱再多我也不想做，但汪凤江坚决不允，因为他那时平时只有二三十客，这次虽然每天有人瞎闹，有些正派人和女听客不敢来，但仍旧天天客满。正因为闹，有些人反而喜欢来看热闹，这说明了当时的社会风气，也说明群众因缺乏正常的文化娱乐生活而出现了歪风。最后，这档生意总算勉强度过。

生意虽然到处做得都不错，但自己只会说一部书总不是办法，所以日思夜想要补一部书。那时钟子亮和我很莫逆，他向我提出，说有这样一个机会，向潘莲艇补《三笑》，代价是五十元，方法是和潘拼档。我当然高兴。潘莲艇那时正搁在“茶会”上，于是一谈就妥。以我和他拼档的名义，向他补《三笑》。第一档生意接妥太仓“鹿鸣”书场（场东孙冬卿不要潘，经我说明情况后，才勉强接受），日里开《三笑》，拼档做，夜里“越档”，各做各。由于夜场是“面子”，听客要听我一人做，经我与潘研究，让他不开《三笑》（当然是开《三笑》对我有利），而开《落金扇》，才算勉强敷衍过去。

第二档做浙江新塍。第三档做昆山“老同春”。一来是他的书太糟，二来是他家三天两头来信催家用，他屡屡向我借钱，我也实在无能为力，再说，因为我和他拼档，我的收入也少，家中同样要开销，便只好无奈拆档。他欠我的百余钱也未归还，学书与欠债也都不了了之了。

在我26岁到27岁期间，上海“新世界”来信邀我。当时，我没有立即答应，原因也仍然是只有一部书，恐怕做“滥”。后来因推辞不了，与“新世界”才订了半年的合同（一般都订一年，我因为书少只订半年）。条件是很好的，报上大力宣传，日、夜两面各一小时，日薪120元（那时这些钱是可以踢飞腿过日子了）。我记得当时同台的有：夏莲生、十龄童（刘天韵）、石秀峰、何绶良、杨筱亭等。

第一天登台，一看很多都是老听客，而且这里较之法租界的“大世界”的听客，似乎要整齐些（那时的观点是以有闲阶级听众多为荣），女客另有专席是在后排。但当我唱完一只开篇时，前座有十余人突然离座而去，当时我莫名其妙，自己想想我喉咙也不错，开篇也没有什么纰漏，那么这些人为什么要走呢？如此三四天都一直是这样。幸好有些与我抱不平的人，在他们一离座后便自后面补坐上来，那样“开天窗”的窘态算是弥补了，但毕竟是不好受的。我平白无故被“触霉头”，心里如何咽得下这口气？便向“正堂”（茶馆负责人）何三打听，据说这十余人中，为首二人一姓张，一姓蔡，四十余岁年纪，是“长票”（可打折扣），风雨无阻，天天来的，出名“蔡眉”、“张允”（可能是三国人物），凡做“新世界”的同业，都认识他俩，并且都要买账三分，因为他俩要现开销的（当场批评的）。因我事前没有向他俩打招呼，所以便在背后说我太“假”（假正经之意），于是要触我的霉头。我听完之后很气，心想反正有人来“补天窗”，看你们如何？结果在三四天以后，他们听完了开篇也不走了。之后，有一天我在听宁波“滩簧”（花旦名小阿油，当时申曲正牌是三小新），正遇蔡、张也经过这个场子，他们和我打招呼，我也就顺水推舟和他俩敷衍起来，从此他们不再触我霉头了。

因为自己只有一部书，如果按照惯例，日夜拗断做，如日场说前半部，夜场说后半部，无疑又将捉襟见肘，因而这次我就采取措施，改为日场第一回起，夜场自第二回起（即第二回开书），过去在“大世界”做时，遇到老听客“接冷嘴”，猜到我即将说某一句话时，我就立刻放弃那一句话，或那一节书。这样岂非要放弃不少东西？这次我打定主意，不管下面说什么或接什么“冷嘴”，我还是一句不漏地照书而说，结果，克服了书短之弊。但一部书总是一部书，采取这些措施，只能稍稍改善，却无法从根本上改善。

其时弹唱《玉蜻蜓》的王子和先生的儿子阿毛刚死，原来他虽也授徒，但要拿到他的“底子”（脚本）比登天还难，因为他曾说他的真本事是传子不传婿的。现在儿子死了，他表示可以改辙，肯真正收徒了。这“收”字意味着肯公开他的脚本了。这时，我得到了叶声扬帮助，经他介绍，并出百余酬金，拜了王子和，学唱《玉蜻蜓》。那时拜师要请人荐送，我除了请叶声扬，还请了金筱棣先生荐送，各酬两元，师母也要送四元，另外是备酒一席。同时，还有这样的规定，徒弟离师之后，每年要送三元盘洋。因为艺人流动性大，正派的有预付；也有两三年未得机会而一次补付的；但也有一些拆烂污的人，打过门，赖掉的。因而以前在“茶会”上也有为此而争吵的。我自离福田先生后每年三元盘洋是只差时辰不差日脚的。但我有一次，想送三元盘洋那么小气，也不够卷气，而所谓“盘洋”，意味着赘的盘扎。于是我在那一年不送“盘洋”，改换五元左右礼物送去，心想岂不更好？谁知翌年师母竟面催盘洋。当时我心里糊涂了，想：若说盘洋，我不仅已送过，而且送得比往年大；若说先生等钱用，可谁不知张福田先生是有积蓄的人？此后我才弄明白，这是规矩，是非钱不可的。

据我所知，王子和收过这么几个徒弟：最大的是谢少泉（在浙江颇有名望，他的女儿就是谢乐天）。其次是李筱珊（常熟人，但没有出山）、俞筱云、曹筱瑛（曹啸君的业师）。一看就知王子和的徒弟都是“筱”字辈。因为我是先从张福田，而且那时已略有小名，故而未改为“筱”字。

我拜了王子和当然要开始听书，学《玉蜻蜓》了。当时，王子和日里做老闸桥（浜北）“玉茗楼”，夜里做老北门的“景春楼”书场。所谓“景春楼”是平屋，书场里地湿，灯暗，平时夜面百把人就算很好了，王子和先生却是“轧足”（客满）的，有230客左右。这样的生意，在这爿书场里算是大的了。他日场开《白蛇传》，夜里才做《玉蜻蜓》。这样我就必须停掉夜面才能听书。这在当时是很少有人肯“丢掉现的，去拿欠的”的，但我为急于开书，便与“新世界”经理洽商停掉夜面。我因为怕先生换书场时，夜面不开《玉蜻蜓》，所以曾当面要求先生，今后若换书场夜面务必要开《玉蜻蜓》。这点王子和先生特别好，当场应允，而且自我拜他学《玉蜻蜓》之后，他几乎从不开《白蛇传》。这样的关怀，我至今难忘。

王子和和张福田一样，说书是“阴功”。所谓“翡翠玉蜻蜓”，其实不仅是脚本好，还在于说得好、面风好。他说起书来，几乎一举一动都有笑声，面孔虽瘦，但脸上的肌肉极有松紧，笑起来特别甜，虽然当面无牙，但绝不漏风，个个字饱满，送得很远，功夫全在嘴唇皮上。

我听书是全力以赴的，连痰也不吐，决不让它漏掉一个字、一个面风。我认为现在有些人听书用笔记的方法是不对的。我就向来不在书场里记，因为一记就容易漏掉一些东西，特别是面风、手面。我听李金祥、沈友亭、张福田、王子和等人的书，我是从不记的，但很定心。当他一回书说完，我赶快到休息处去端正（准备）香烟之类给王子和先生。这时只见他鼻子两边、嘴唇上以及额头上全是汗珠子，纵然数九寒天也是如此。因此，有人说王子和说书不用力，是大错特错的。他不但用力，而且用很大的力，句句话发自丹田，怎么不费力呢？这就是艺术。要听客觉得他说书轻松，听起来不吃力，而他在台上却非常吃力，这才是真功夫。相反，听客听书很吃力，台上不吃力，那就糟糕了。所谓“阴功”就是不论说还是做，要飘逸惬意，不论多少听客都要听得清、弄得清，要达到这种境界，非一日之功，而且是十分吃力的。

要听客不吃力，不在于用的是“阴功”还是“火功”，“火功”到家的同样不会使听客吃力。谢少泉就是“火功”，一上台就很火爆，但听客很舒服。夏荷生不也是如此？

夏荷生那一路，完全是谢少泉。夏荷生从未听过谢少泉，怎么会像谢少泉呢？我想情况大概是这样的：夏荷生的先生钱幼卿，非常崇拜谢少泉，想拜他又未能如愿，便退而求其次，去拜谢少泉的叔父谢品泉补《三笑》。钱幼卿家传“龙凤”二书，即《玉夔龙》、《描金凤》，但学的却是谢少泉的一路。钱幼卿学谢少泉真是学到了家，惟妙惟肖，连放只弦子也像。因而，当时有听客说：“我伲倒想听听倷自己的‘物事’，可惜倷身上只剩下谢少泉了。”由于这个原因，夏荷生才酷似谢少泉。

再说“阴功”。“阴功”能在听客不知不觉中落回了，还让他们觉得不满足。这好比吃可口的小菜，大家未曾动筷菜就光了，还觉得馋涎欲滴一样。“阴功”主要反映在说功上，这种说功，可以说是非常难得的，而且是一种高级的说功艺术。反之，要是听客嫌你说得太长了，巴望你快点落回，这就差劲了。

等王子和先生下台后吸掉半支香烟，我便送他回家。我听过陈瑞卿的书，他和王子和都是有名的好瞎子。后来，我还专程讨教过朱耀庭伯伯，他告诉我说：“眼睛切忌睁大，大了眼黑就难藏。”我就照他指教的去练，把眼睛睁小半。练眼睛，难在不能对镜子模仿，只能请别人鉴定，别人来鉴定，总不及自己的感觉来得着实。

我为了练好瞎子的脚色，只要经过瞎子命馆，都要立定下来细细地观察。我本来就喜欢在街上看这类名堂。盲人由于心静、寂寞，即使在既无对象，又无所事事时，也是小动作很多的。亮眼人由于能通过眼睛来表达心情，在沉思时他可以全身不动，以用眼睛无目的的活动来表现，心里有事时，则通过身体的四肢来反映。而盲人一般都动得比较多些，如搓手、晃脑、牵动脸上肌肉，有时“蹩动”头颈，以及嘴里喃喃有词，等等。当然节奏是十分缓慢的。

表现“瞎子”的方法，也有“火功”与“阴功”两种。朱耀庭的一路就是“火功”，说话响，精神足，动作比较大；王子和一路是“阴功”，开锋小，说话轻而慢，一切静悠悠的。我认为后者比前者更真实且有典型性。

《玉蜻蜓·问卜》中何瞎子“起卜”时，念的一大段词，有姓名、年纪、月生等，不念得滚瓜烂熟是拿不起的，错漏一字全盘垮台，因此是很不容易的。整部《玉蜻蜓》中有一“课”、二“命”，这两段书都不容易说，“吃”熟很费功夫。我的《玉蜻蜓·问卜》中的词，不是抄王子和先生的，而是在我父亲旧货摊上的一本《玉蜻蜓》书的底子上翻到的。我父亲旧货摊上收下来的那本《玉蜻蜓》根据里面的署名，知道是丁少波的（丁也是响档）。丁少波的父亲丁秋波亦是《玉蜻蜓》名家，与王子和的父亲是一辈人。后来在听王子和先生说《问卜》时核对下来，一字不错。其实这是不会错的，不论哪一个说《玉蜻蜓》，纵然脚本底子不一样，但那几段词都是不会错的。我为了要补《问卜》和其他“二命”的书，掌握那段词和瞎子的表演，曾下过极大的功夫，因而生了一场大病，足足困了一个多月。

从“新世界”开始，我就一直和王子和先生拼双档。“新世界”结束后，曾做过“汇泉楼”。

“汇泉楼”在内行的心目中，它是一个打“擂台”的书场。凡是做过“汇泉楼”，而又有较好口碑的评弹艺人，都能被同业认可够格。其原因是，在这个书场里，有一部分的听客耳朵“老”，而且不卖情面，遇到艺人“口冲”、“漏洞”，以及“交代”不到，即要批评。固不待言，本事蹩脚，或稍微“软”些，也免不了当场出丑。因而“道众”对“汇泉楼”有着既胆怯，又非做不可的矛盾心理。

我和王子和先生一直拼到27岁那年的“扫脚”（年底的档期），从28岁开始出门放单档。这一年的年档我是去苏州，日场是汤家巷“茂苑”，夜场是察院场“彩云楼”。既然年档在苏州，那么必须年前到苏州参加“会书”之类的活动。那时做“会书”是没有钱的，到我30多岁时，才有五百文铜钿。而且去哪里做、做什么档次，自己也做不了主，是由光裕社执事一早写在红纸上公布的，艺人照单上所写的场子、档次，自己前往书场。因此，“会书”那几天，光裕社特别热闹（平时是冷清清的，因为“茶会”在“吴苑”），大家都关心自己做哪里、做什么档次，都要来会上看榜，不参加“会书”的人也很多，有些是回家过年的；有些是还没有接好生意的；也有希望场东到会上来请先生，或接替临时发生问题的。我因为来年年档做“茂苑”，第一天“会书”会上派我到“茂苑”做第三档，送客是朱耀庭、朱耀笙，前二档记不起是谁了。

苏州“会书”是一重关，听客可以随意喊停，当然最难的是送客，所以当时会上有所谓“跌送客”之说，即送客被听众喊下来了，届时立即到会上去追一档送客先生来填补。我那时，虽在上海已基本上立住脚头，但苏州听客对我并不熟，而当时“熟”是比较占便宜的，因为“熟”听客就有感情，听客对你的一路东西有了评价，就比较容易打开局面，内行说法：容易“触开”。

“茂苑”书场很大，坐满可坐四百人。那天大大超过此数，书台靠最里边的墙，艺人上书台就要横贯全场，而场中确实已无立锥之地，再加上加座在过道上听客的故意刁难（恶作剧，不肯缩一下脚或侧一侧身体），当时是在数九寒天啊！可我走到书台上已遍体流汗了，我一路走过去时，从听客中不时传来：“不认得呀！”“年纪轻呢！”“不知好不好。”“听听看呃。”“会书”听客又都是“晚爷”面孔，这对我来说是多大的威胁啊！

面孔陌生已吃亏三分，我的表演风格又不适应苏州“会书”。“会书”最好一上去就火力勇猛，两三句就全场哄笑，这样就能触开了，接下来妙语如珠，笑声不绝，那才合适。“会书”最大的要求是“噱”，正书说不到三句倒无所谓，而我传承两位先生的“阴功”，开口比较轻而慢，这样，哪能满足听众的要求呢？虽然那次开的是《文武香球》中“龙官保到徐州”，接下来“韭芽炒肉丝”是回有着较多“肉里噱”的书，但开口没有几句，后排不花钱而又有特权，还可以喊停的听转书的听客，竟恶声恶气地喊着：“听勿出！”“说得响点！”我闻声不胜战栗，急忙拔高三个“音”，书台上下来时我已力乏不堪，因而没有听到听客的“口碑”和听听送客的书，匆匆地应汤乃安的叔叔之邀，去他家吃年夜饭了。这个叔叔，虽然和我很知己，但他没有听过我的书。那天他去听书了，因而当我去他家时，倒是客人比主人先到了。待他听完了“送客”书回来，他还没有踏进房门就大声地说：“好极了，你真可算是说、噱、弹、唱（当时我的小喉咙还没全坏）四字俱全了。”我说：“这是你在捧我了。”他说：“不不，散书出来，大家都在说，你比耀庭、耀笙还硬。”我心里想，如果他们真那么说，也不外乎是他们听耀庭、耀笙的书太多，听我的书有新鲜感的原因吧。论本事，我当时哪能和他们较量呢？但不管怎样，这次“会书”下来，我在听客中有了个初步的印象，自己胆子也壮大些了。果然，第二天我就被会上排到“明园”（苏州府前街处）去做“送客”了，接着下来的演出，我似乎总是做“送客”档了。

这次“会书”我做了不少书场：桃花桥“新得仙”、临顿路桐芳巷口“群贤居”（当时临顿路上“四海楼”等还没有，只有醋坊桥“金谷”、花桥“九如”、临顿桥“壶中天”及“又一楼”等）。

苏州唱掉一节后，接着去洞庭东山。到东山我是第一次去，那地方只能坐船去。那时场东评价一个说书的身价，是看他到场时行李多不多，有没有太太，太太手上有没有黄货，黄货多不多，等等。因而，我们也在这些方面用钱比较铺张。那天一清早上船，行李带得不算少，我妻子不仅手上戴满戒指，而且梳了当时最时髦的横S头，四面别上四只金钗。我那时也穿得很体面，穿当时流行的缎背绸或绉纱面子长衫，因此在一般旅客中显得比较突出。在船上我发现有个穿得特别阔气、紫膛色面孔的中年人在注意我们。我心里很诧异，甚至有些忐忑不安。船到殿前上岸，场东秦宏兴带了堂倌来接我。东山没有车子，由堂倌给我挑行李。在途中先要经过一家叫“森福楼”的书场，门口悬着一块写着马子鳌开讲《东汉》的大红水牌。我心里想，明天清晨我是否要照光裕社规矩，先去拜拜客呢？因后到者要去拜先到者的客，然后先到者回拜。马子鳌是唐凤岐的先生。我们再走过没几家，就到了我要做的场子——“莱花楼”书场了。

“莱花楼”与一般码头书场一样，是茶馆附设的书场。书场在紧（最）里面，后门开出去就是野外。我的房间在楼上，小巧玲珑，倒也不错。

由于我刚学习的《玉蜻蜓》书比较生，放在白天“做”，晚上开《文武香球》。东山多泥水木匠，他们白天无空，只能晚上听书，《文武香球》这类书也对他们胃口，因此我开上去，白天只六十余人（后来逐渐增加到近百人），夜里却有一百二三十人。这个场子坐满约两百人。后来又增加到一百五六十人。

谁知，突然出事情了。记得有一天夜里，我正说到“劫法场”中超凡和尚在城门洞里大战官兵，有一个进场就立在靠后面的听客（听转书的是在木栅栏外面），接起冷嘴来了，起初还疏疏落落，后来几乎每句他都不放松。我一方面感到奇怪，所有的听客都不敢来干涉，另一方面我也实在说不下去了，因而我气急急地把弦子放下说：“我不说了！”谁知我的话刚哺出口，那个接冷嘴的人周围立起十余人，冲向书台，大有要打我的架势。那时，也有二三十个听客实在看不下去了，便站起身来阻拦，于是双方便厮打了起来，经过场方的百般劝解才停止。后来检查了一下，除了打破一些茶壶家生之外，还有一只收钱的笆斗（那时有的书场卖扦子，有的书场是由一个抱笆斗的堂倌逢人收钱，如在晚上，笆斗边上还插支蜡烛）不见了。我白做一个夜场还是小事，心里更担心的是接下来此事不知如何了局呢！当听客散掉之后，一个住在斜对门的业余镶牙齿的听客，名叫陈友卿，他告诉我说：“那个接冷嘴的叫颜寿根，你别看他一只眼睛有毛病，他是这里的一霸，绰号叫老犬，还有一个真名叫陈继芝的是他的徒弟。”我说：“我又没有得罪他……”陈友卿接着说：“他们日里吃太阳，晚上吃月亮，也许看你生意好，要诈你的油水吧！”接着他对我讲了几个他们霸道的事例，一个是陈友卿本身的遭遇：陈友卿是个安分守己的独立劳动者，平时从不与人有什么争吵。他有个十三岁的儿子，不知怎么无形中得罪了“老犬”，他竟派人抱了条狗来，要陈友卿给狗装金牙，弄得陈友卿实在无法，最后带了儿子到“老犬”家里，跪在“老犬”面前苦苦哀求，才算了结。这还不吓人，还有一件事：一个算命测字的人，到东山做生意，没有到“老犬”处拜会，人家劝那个算命人去，他为人耿直不愿意去，可能当时讲了些什么，结果“老犬”派人把那个算命的活活地打死在殿前。一个卖粢饭的也遭到差不多的命运，说要他拌了冷水包粢饭。

我听了真是冷汗直冒，但又怀疑那“老犬”为何这样有势力呢？陈友卿又告诉我，当地的官吏都要卖他三分账，因为他的亲戚是当时的财政总长严文藩。怎么办呢？幸而场方秦宏兴也不是没有“来历”的人。他原来当过当地一个在外埠搞“盐务”的叶姓官僚的“跟班”，而那个姓叶的当时退休在家，是地方上炙手可热的人物，因而秦宏兴对我说：“你放心，明天我陪你去见我‘东家’，有他帮助你，照样可做下去！”我当时已是个无任何主意的人了，当然同意。那个姓叶的是高个子，蓄着八字须，人倒好像是很正派的。待秦宏兴把经过一说，那个姓叶的对秦宏兴说：“你陪他到殿前茶馆里去买点东西送给‘老犬’，当面打个招呼，我看就没事了。”之后，我们就退出来了。当时我心里还是提心吊胆的，想这明明是不肯帮忙的样子，叫我们自己去打招呼怎么行呢？然而没有法子，便在路上买了两只野鸭，跟秦宏兴到殿前的一家茶馆。一看这茶馆很神气，一些地方上的“要人”都坐在地板房里。我由秦宏兴“拉场”（介绍），上去向“老犬”打招呼。原以为不那么容易，但出乎意料，他笑嘻嘻地对我说：“倷认得我吗？那天和你同船的。”我一想，原来就是那天在船上注意我夫妻俩的那个紫膛脸色的人。心里抱怨自己，要是当时在船上就跟他打个招呼，也许就没有昨夜的那件事了。然而，我又怎能预知他是这里应该打个招呼的所谓“老犬”呀！事情就这样得到了顺利的解决。事后才知道，在我们去叶家时，早就有人去“老犬”那儿通风报信了，因而他就这样顺水推舟地落场了。由此可见，那个姓叶的人士在当地是多么威风。

东山下来卸南浔，从东山到南浔，照航线是要跑冤枉路的，就是从东山乘船回到苏州，再换船到南浔。从地理上说，东山在苏州与南浔之间，问题是从东山到南浔没有轮船，只有航船。坐航船（靠人摇的，客货兼之）飘太湖是有些吓人的。后来秦宏兴拍我胆，说：“倷尽管放心，只抄一只角，从早上八时许开船，中午就到了，人只有省力。”虽然多少有些担心，但听秦宏兴说，只抄太湖一只角，也就稍稍定心了些。这样，我才敢放胆尝试从东山坐航船赴南浔。一清早上船，船不大。这种航船以装货、寄信为主，装客不是主要的，因此那天连我夫妇一共只有四个乘客。

船往南行，“欸乃”声声，徐橹前进，于壁陡高峰之下，一路浏览太湖风光。船很颠簸，一扯起帆，船身倾斜度极大，半只船底朝天，斜贴在水面上，船快如飞。我们夫妻俩都不习惯坐船，虽然隔夜买好了“支酸”、“杨梅干”，但仍呕吐不止。我妻实在难以坚持下去了，就在船上铺被而睡。我虽也感到头昏脑涨，但不愿错失这浏览水面风光的机会，因而我犹抓住船沿，四处瞭望。忽而见远方天空黑压压一片，犹如一朵乌云似的东西迅行空间，问船上人，始知为野鸭；一会儿宛如一匹黑布似的泻向水面，忽而又鱼贯冲向天空，点点渔船撒网于风浪之中，颇为壮观。一条大鱼从我们那条船擦身而过时，我见渔夫是那样悠悠然，若无其事，我心中不胜感叹。我夫妻少不更事，太湖上就心惊肉跳，入海漂洋又将如何呢？这种生活经历，对我后来说《玉蜻蜓》，尤其是说到“沈方哭更”一书时是极有用处的。航船11点钟进港，又摇了50分钟后，终于抵达南浔。我去的那家书场名为“北彩凤”，坐落在冷落的北栅头。“北彩凤”也是茶馆附设书场，房子的靠墙已很坍败，到楼上去的扶梯很差，走在扶梯上感觉“险凛凛”的。我住的房间在书台边上，出房门只要二三步就可以上台。书台是用板临时搭的，书桌下用甏搁脚，夜里书桌上点一根蜡烛。场方名叫何巧林，很穷，但为人不坏。“北彩凤”虽在冷落的北栅，但有一批基本听众，加上我去时的一股风头（每个艺人初到一个码头，总有一些风头），日夜有200客之多。

按照规矩，我在第一日开书的日场之后，要去南浔中市的“凤春”茶园，拜会正在那里演出《珍珠塔》的李燦烽（杨月槎之徒，赵斌峰之师弟)。一路走来,我感到北栅与中市的市面大不一样。因为我一上岸就是北栅,那里实在是冷清,因此我就认为南浔是个穷地方,但到了中市一看,才发现南浔不仅不穷,而且比一般的市镇还要好。有人说这是我国最富的村镇,实际上是商业较发达、资本主义比较成熟的地方。“凤春”茶园比“北彩凤”要好上百倍。

当我在北栅开书五六天后,镇上一个名叫赵新箴的富商,找我去做“堂会”,一日一元,共做了二十余天。因为书场里的巧林要他每天加一角钱的拿家生钱而停做的。这又多么奇怪,从赵新箴这家人家的房子来说,真是一个厅接着一个厅,雕梁画栋,广漆广油,而且他在南浔的家,也是难得回来住住的,终年住在更为豪华的上海寓所,女眷也都是我在上海“新世界”的老听客,可是他为了一角钱,竟然当面侮辱我。为了向他拿堂会钱,我和巧林半夜里,而且又是冷天,在外面的轿厅上一等就是好几个钟头,而且还听尽了里面碰台拍凳的骂人声,可见这些资产阶级为富不仁的丑恶。

赵新箴除了每晚喊我做堂会听书,还喜欢听我当时在书场里经常加演的“三弦拉戏”。说起“三弦拉戏”,倒有些讲头了。“三弦拉戏”是北方的玩意儿,南方有这样的名堂,我是第一人。那么我又怎样学会的呢?这还要追溯到我跟张福田先生做“天外天”游乐场时,当时每天下台以后先生走了,我便到各场子里去闲逛。有一次,我在北方曲艺场上看到“双簧”(这是北方东西)很新鲜,便停下来看,接着是“三弦拉戏”,更加感到惊奇了。关于弦子上弹戏,当时百代公司曾有一张王万兴(也是北方来的)灌的唱片,我已经十分喜欢了。弹戏全靠“滚”,是很吃功夫的玩意。这张双面唱片,一面弹的是《洪羊洞》,一面弹的是《空城计》。所以当我在“天外天”游乐场亲眼看见“三弦拉戏”,我是更欢喜了。

“拉戏”的人名叫邱聘卿,大胖子,左手还戴一只绿色的嵌宝戒指,我记得清清楚楚。我听完后回去,便躲避了先生,去买了一只弓装到弦子上去学着拉，但没有声音。奇怪，为何没声音？第二天再去听邱聘卿“拉戏”，发现他常用一个纱布包擦弓弦，我想一定是松香，回去如法炮制，甚至在鼓边上像胡琴似的浇些松香，果然声音有了，但没有邱聘卿拉的声音响。再去看，方知道我用的是“书弦”，而他用的是“鼓弦”，比我用的大得多呢！所以它拉得出声音。由于我稍稍懂得些京戏，于是我就偷偷地练了一个时期，居然给我练像了。我学拉三弦的事，“三多”（朱介生）和陈雪舫都是知道的。“拉戏”的音，全在食指上，因为模仿人声全靠滑音，因此我当时手指面上都是血痕。有人建议我戴皮套，但我一试觉得不灵活，于是仍旧咬牙练下去，后来指面上有了老茧之后就不痛了。我刚“出道”时，每逢三六九加送“三弦拉戏”作为噱头。因为南方从来没有这个东西，因此很受听众欢迎。不过当时我有原则的，如同埠的说书艺人他不奉送“戏法”或逢三六九送“大套琵琶”来拉听客，我也不加“拉戏”。反之，你要耍“大套琵琶”我就要“三弦拉戏”，以此竞争。这也是没有办法的办法。但“三弦拉戏”我没有拉几年，不久先生对我说：“你已有名，何必再靠这左门旁道呢！”后来我就把这一门艺术给荒废了。后来，上海“新世界”出现了个盲人沈逸书“拉戏”，而且红极一时，我也去听过。经人介绍，我们认识之后，他告诉我，他原是在太仓做算命先生的，有一次听书，听我“拉戏”，他才回去学了“三弦拉戏”。原来如此！沈逸书“拉戏”，加了把胡琴，不仅好听，而且拉的人也可省力些了。后来苏州的顾伯年、潘新之加上全副“场面”（京剧的乐队），可以说是“拉戏”的全盛时代。我在南浔时，正是我常常加“三弦拉戏”的时候，那家姓赵的喊我做堂会的目的之一，也正是要听我的“拉戏”。

上文说过，南浔极富，当时有一句谚语：“庞顾张刘嬲个周（嬲音鸟，纠缠、戏弄之意），虎豹狮象夹只狗。”那个姓周的已是家财万贯，可他才是只“狗”，可知庞、顾、张、刘四姓更为豪富。庞莱臣是全国首屈一指的收藏家。据说唐伯虎的画在他的藏品中还只是三四流而已。因而日寇侵入南浔时，第一件事就是到庞家去抢书画。这是我国文化上的一个大损失，应向日寇追讨的。

我29岁那年，正式离开王子和，自己赴码头上唱《玉蜻蜓》了。第一个码头是震泽，白天听客一般少于晚上，我就日场开《玉蜻蜓》，夜场开《文武香球》。这时，我对《玉蜻蜓》还比较生，虽能说，却不时要出些毛病，脚色也就更差了。当时第一天日场只有十六人，夜场还好。后来日、夜也渐渐增加到六七十人（那时码头上说《玉蜻蜓》的人很少）。虽然六七十人并不理想，但对我来说却是一个鼓舞，增强了我说这部书的信心。于是我决心在这部书上下功夫。两年后，我说这部书的把握就更大了。第一天开书是在常州晋中的“文明”书场，白天演《文武香球》，晚上演《玉蜻蜓》。这档生意是由说《隋唐》的张少伯的父亲张震伯介绍的，我就是接他的下脚。我由上海直接去常州，到常州时，正值他夜场的最后一天。我进书场一看，场子很蹩脚，电灯很暗，听客只有二三十个。我心里想：“糟了！明天的情况一定不会好的。”谁知相反，白天有两百多听客，第二天有三百多听客，夜场情况更好。没几天工夫，书场挤得满满的，有几个名艺人，在常州还先后被我漂掉呢！

王啸泉的父亲王斌泉是说《双珠凤》的，是有名的浙江老虎。他在常州碰着我，我做“文明”书场，他做“武进”，我那时35岁。我场子里挤不下，他那里生意却很冷清。又有一次在浙江塘栖，我那时42岁，又遇到王斌泉，漂得他夜场听众只有几十人。45岁那年，我仍在常州“文明”书场，白天开《文武香球》，晚上开《玉蜻蜓》。这时说《倭袍》的程筱舫在“大观”书场说书，他前一档在无锡“蓬莱”书场说书时，票都买不到，谁知，这次在常州连书也开不成了。有一天晚上，我处挤得不得了，“大观”的老板张渭也来听我的书（他的票也是开后门搞到的），我觉得奇怪，后来才晓得，“大观”当晚没有听众，只好停场。第二天一早程筱舫就来我处，说漂在我手里倒不气，气的是他认为他的艺术水准并不差，怎么会弄得开不成书？更可恨的是老板娘，见他生意不灵，把他房间里的电灯也熄了。

谁人能料到，我在30岁那年遇上了一桩飞来横祸。那时我家已不住在苏州乔司空巷口了（一度迁沪，是时又迁返），那次到苏州说书，日场做平江路卫道观前“小沁园”，夜场做临顿路“方园”，业务情况很好。

有一天夜里已近小“落回”了，那时我正说到“董文、董武去碰头新科状元”，只见买筹台子边上坐着五个人在讲话，而且越讲越响，有些听客耐不住，便喊他们轻一点。谁知，他们是有心来闹事的，当然是对此求之不得的，于是乘机就吵起来，直至大打出手。他们只有五个人，书场里的人多，打下来的结果，五个人是吃了点亏的。临走时却对我说：“蛮好，倷喊流氓打伲，明早到‘吴苑方厅’浪来！”同时还告诉我说，他们五个人中被打得最多的一个是姓颜的（另一个叫汪知新）。

他们走了之后，有人告诉我说：“这五个人今天喝饱了酒是有心来闹书场的。他们从观前过来，几乎没有一家书场他们是没有进去的，但看看生意都很平常也就走了。但到了‘方园’，才算找准了对象，算倷触霉头。”我听后真是啼笑皆非，被打的是《市乡公报》主编颜新介的侄子，看来是不会给我便宜的。怎么办呢？场东方炳章（方玉峰父，绰号“开路神”）虽然在警察局里当点小差事，但当时的报馆，说是“无冕皇帝”，实际上就是“文氓”，他是没有能力去解决这个问题的，我又没有好亲好眷的，这飞来之祸如何了局？回到家里一夜没有合眼，急得只有哭了。

第二天天亮了，我只能硬着头皮到“吴苑”去。一路上想，先到自己的“茶会”上，求“茶会”帮我的忙。到了“茶会”，发现很多人都已从书场方面得到消息，大家都知道我一向是循规蹈矩的，是个胆小怕事的人，纷纷表示不平，但又有什么办法呢？“方厅”还是要去的。叶声扬一向是很爱护我的，王耕香又是我的要好朋友，杨月槎老前辈一方面是会上的负责人之一，一方面他也是爱护后辈的，由他们三个陪我一起同去。

走进方厅，只见烟雾腾腾，擦肩接踵，真是人头攒动。他们领我走到靠西角里，见一只特大的交椅中坐着一个身穿花缎马褂，戴金丝边眼镜，黑苍苍面孔的胖子。他们说："去叫一声颜先生！"我心里想，他一定就是那个主编颜新介了，于是战战兢兢走上去，叫了一声颜先生。谁知他却面孔一板，台子一碰，高声说道："倷作啥打我阿侄？"四周桌子上他的"门生"们便一齐胡调，说："现在人打坏了，要他把句闲话在这里。"我哪敢申辩？！只好弯腰低头连声称是。接着那个颜新介说："现在闲话少说，先拿两百块出来搭俚去医伤！"接着又说："今朝起倷勿许做场子！"天呀！两百元我怎么拿得出来？杨月槎等人左说右说还是不行，上午没有解决这件事。

我急得走投无路，只能在家里哭，最后幸得徐老帮忙，介绍我去碰头一个叫徐立珊的，由他出面调停。最后结果是二百元没有出，而由我请四桌酒，并在方厅上点一对蜡烛。另外到"文氓"头子陈玉尘家里做了一个月没有报酬的"堂会"。最苦的是一个月不许做生意。

在上海说书有我一席之地，那是因我在24岁那年，在"群玉楼"得到了"鲜头"（开门红），而"鲜头"得在一个"巧"字上。事情是这样的：吴玉荪不做书场，专做"大世界"之类的包账业务。当时，他是十分受大批资产阶级欢迎的名艺人。那一年，因包账价目，他和黄楚九闹翻，坚决不做"大世界"而去做"新世界"。我那时正在做"新世界"，也颇受观众的欢迎，吴玉荪要做"新世界"，于是"新世界"经理刘鸿庆就介绍我去做"大世界"，约莫做了一年的时间，我和吴玉荪打对台，最后居然被我站住脚跟。以当时在群众中的威信来说，无疑我是远远比不上吴玉荪的，但这样一来，情况大变，我的名字顿时像镀了金一样，红了起来。一年不是短时间，而且是日夜做两面，《文武香球》拗断做。日夜单做《文武香球》，那是"推板"不起"一眼眼"的，这对我来说，既是个重大的考验，也是个教训。因而，后来我不惜任何代价，集中全部精力去补

《玉蜻蜓》这部长篇。当然，上海就有了我一席立足之地。

在我30岁时，我在上海做“东方”书场的开“青龙”（指新书场开张，请第一档艺人演出）。谁知这一做，竟然在“东方”书场连续做了十余年。

记得我31岁在上海做“东方”书场时，沈俭安、薛筱卿都是当时的名艺人。有人说要听沈、薛拼档的书，夏荷生便真的撮合他二人拼了双档，放在“东方”做头档。消息传播出去后，站着听转书的人不知有多少。轮着我送客，日脚难受，沈、薛档一下台，就有部分听客散出去。事后，我与老板争吵了一场。

34岁那年，我又到“东方”书场做。那时共四档书：黄兆麟《三国》，朱耀祥、赵稼秋《啼笑因缘》，我的《文武香球》，李伯康《杨乃武》。当时我很吃香，李伯康送客却苦了。后来李对他的学生徐绿霞说：“我送客从勿曾买过账，今朝碰着‘阴死人’（当时人家称我阴间秀才）真正触霉头。”

我从30岁到50岁的二十余年里，基本上都是在上海做，偶尔出码头，即使出码头也是短暂的。30岁到上海是住在大马路（炒面街）业师张福田家里。那时基本上已经说《玉蜻蜓》了，并有了一定的声誉，也做电台了。那时陈子桢开的“国华电台”，日里只有我和“蒋朱”（蒋如庭、朱介生）两档节目。

灌唱片当时叫“拍”唱片，拍得较早的有魏钰卿、蒋宾初、王畹香、杨月槎、杨星槎等。当时，我由朱介生介绍，也去“拍”了几张唱片，如《玉蜻蜓·云房产子》、《文武香球·张桂英托终身》等。当时唱片公司只有“大中华”一家，与我差不多时间“拍”的有沈俭安、薛筱卿，后来他们“拍”的较多，主要是《珍珠塔》注重唱，适宜灌片。我当时灌片是不拿钱的，算是清高，由唱片公司送我飞歌收音机一台，落地双发条唱机一台，和五十多张唱片（约值五百元）。

由于唱片公司送了我这些东西，我在张福田先生家里住的那间吃饭要靠抽屉拉出来搁了板的小房间已不够我用了，此外，苏州家里着火后

（烧剩一个烟囱和一只猫），父亲等都到上海来了，我就非搬家不可了。因为搬家，我和福田先生处得很不愉快。

我先搬至满庭芳那里，但由于地段不好，满街流氓，而且楼下“关行”（运输公司）里全是男职员，夏天睡觉不穿裤子，女眷们受不了。于是，我又搬到富华里（即现在的长江公寓底子里），由于我当时生意好，要出五百元预付费我也不在乎，独家独户，十分称心。

当时生意好，有人说，这是因为苏州家里被火烧而烧发的。其实我自己心中有数，主要是因我说了《玉蜻蜓》。王子和的这部书比其他《玉蜻蜓》都来得净、细、雅。

那时，曾出过这样一件事，至今记忆犹新。有一次，我接了“萝春阁”与朱耀祥、赵稼秋、朱耀良、许继祥越做，张福田得讯后，便坚决反对。因当时光裕社有规定，凡先生做的场子，学生要做，要首先通过先生，而这次因没有得到张福田的点头，于是就闹出了一番纠葛。当时，我之所以没有通过张福田，是这样考虑的，其理由有二：一是，我现在做的是《玉蜻蜓》，与《文武香球》的先生无涉；二是，在上海，不一定要墨守苏州光裕社的陈规。后经“道众”周旋，也就不了了之了。

其间，我吸上了鸦片。那时我经常做十来天，要停一二天，或是休息，或是因看戏。尤其是后者，凡好角儿（京戏）来沪，我是无不请人代书的。

上海北京路成都路口，有爿小菜店，过去叫“新法兴”，后来叫“新长发”。老板叫徐天生，绰号三老板，是个流氓。他另设“大美电台”于“新世界”旅馆南部的顶层。有一次他来邀我去做特别节目。所谓特别节目，就是把平时的节目停掉，一整天为“新长发”的糖炒栗子或者大闸蟹做宣传。当时我和月泉拼档，是做夜里七至八点钟的时间段，做完电台特别节目后，月泉先走了（他那时正是在浑浑噩噩地过日子的时候），我有个习惯，做完一档书后，一定要休息几分钟后才走。当时我徒弟较多，我走时，由徐伯菁等同志陪我，另有徒弟周伯庵，因他要留下听下一档刘春山的滑稽戏，所以他没有跟我走。

几天后，我没有拿到这笔“特别节目”的报酬，当然也不敢去讨。那天下午，我与月泉去做“富春楼”的头档，书场正是在“新长发”小菜店的对门。落回后，月泉坐车先去“玉茗楼”等我，这是老规矩。我休息了一会儿后，就穿上大衣出“富春楼”，刚踏上包车，一个耳光自后面打来，接着四五个人围着我拳打脚踢，直打得我几近昏厥、右眼中鲜血直流才罢手。这且不算，还不让我回家，一定逼着我去巡捕房。这使我犯起糊涂来了，打我的人反逼我去巡捕房，这算是什么道理？

到了巡捕房后，我又不知他们为什么要打我，也说不出什么名堂，巡捕房的人却把我骂了一顿，还逼我去宝隆医院验伤。我心里想这下好了，凭你流氓通天，外国人是不会买账的，一定会说句公道话。谁知，去了后医生竟骂我装腔，说我没有伤。这时我才恍然大悟，原来逼我去巡捕房和医院是故意造成一种假象，将来我就不能再去找那几个打手了。这些人我都认得的呀！都是“新长发”附近的。临走时，那个打我之一的姓江的肉店老板对我说：“侬还想‘迪笔’（这笔）特别节目的铜钿啊！”我说：“我没有要过呀！”他说：“吪没？侬勿是派徒弟勒电台浪等过吗？”天呀！周伯庵是要听刘春山的滑稽戏呀！他们竟然误以为是我留他下来，是为了等讨酬金的。回家后请伤科医师看伤，身上贴满了膏药，右眼上的血块半个月没退，打伤了还不许我休息，仍要我上场子，并且说这事还没有了。我实在没办法，托“富春楼”老板老豆腐出面（其实他们是串通一气的），最后我备四桌酒，点了一对蜡烛才算了局。

今天讲时，严雪亭也来了，他也说了曾被徐天生殴打的事，他说旧中国的艺人是没有任何保障的，每天出门都提心吊胆，像这种事可以编三部书。通过这件事，我初步认识了帝国主义和流氓，他们原是一家人。不像现在这样根本不必担惊受怕地过日子。这最能体现出新社会的好处。

我说了一世书，有一点是值得骄傲的，从来没有短少场方一个铜板。据说这种情况在艺人中是很少见的。在“合泽”做沧园时，这一档生意我输得干干净净，还欠下四元钱的伙食费。当时我就不声不响地把自己的一件长衫去当了六元钱，还清伙食费，而场方对此并不知情。

各具风格，我所知道的“道众”

前辈黄永年的艺德

黄永年，有不得了的大本事，是我最崇拜的前辈。他说的是《五义图》与《绿牡丹》，十三门半角色齐全（我是数不尽的），手面也是好得惊人。我在察院场“长乐”书场听他说《五义图》中的“大破双龙寺”，严秀被五个和尚围打，其清脱飘逸的身段、手面、开打可说是无与伦比的，而且所用兵器奇特，如月牙铲、戒刀、禅杖等一一都分得清，而且不搞错，这是多么不易呀！我在《文武香球·劫法场》一书中，说觉凡和尚在城门口打三个武将，就是从他那回书里学来的。也可以说，是从他那儿得到的“窍”。没有学说书之前，我就学他的五个打一个，五种面风，五种喉咙，五种手面，样样都不容易呀！他说书没有废话，甚至没有一个废字。他在台上有时心气不顺，就说：“你们听我的书里，只要有一句是没有派用场的话，如‘那末’、‘赛过’，这些话搭头，我即书钿奉还！”这句话虽不免有些夸张，但对后辈来说，却是一句名言。我听了这句话，当时颇有顿悟，不仅努力肃清自己在台上的语言中的废话、废字，而且在生活中也注意起来，慢慢地养成了习惯，口里就干净了。一个艺人要使得台上没有废话、废字，光在台上注意是不够的，在台下也要注意，而且在生活中，要经常地注意，不断地锻炼，才能渐趋巩固（黄永年的书，不能去一字，可见他运用语言之精确）。

另外，我从他那里还得到了一笔精神财富，那就是绝不含糊一字。

普通的情况，每说一句话，总是开头比较有力、清楚，待到结束时，由于用气不够而使咬字含糊、微弱，甚至字被吃掉了。我开始说书时也是这样的，有一次我从码头上回来，在“茶会”上遇到了黄永年，我崇拜他，而且很早就认识他了。我姑丈是老听客，住在他家的对门，黄永年与我姑丈很友善，他下书场后经过我姑丈门口，常进去小坐，于是我得以认识他。学说书之后，我与他更接近了，谈到《文武香球》中，张桂英月夜赶路的两句唱篇：“天涯何觅龙公子，如此钟情唯我痴。”他要我唱给他听。哪知他待我唱毕，竟拍案怒责：“这‘痴’字听客能听懂呀？啊！听好！要痴（读中州韵，吹也切音团声）！记好！这最后一字是最重要的！”触类旁通，于是我今后不论说还是唱，特别着重字眼的准确。之后，我听他在台上说：“我的书，当都当得起（当为典当之当，值钱之意），每个字都要送到你们的耳朵里的呀！”这更加强了我对语言运用的注意，通过不断努力，就养成了运气吐字的良好习惯。

过去说“会书”是一重关。有人对你有意见，常用这样的话来威胁：“倷勿要老，等做‘会书’拨颜色倷看！”因为当时有种风气，在“会书”中听客可以把艺人喊下来，而场方要另请一档补上去，直到王绶卿做会长，才规定喊下来不补，这才使得此风稍息。但这是后话，再回到前面谈。有一次黄永年在“吴苑”做“会书”送客，前面已被喊下来两三档，场内七嘴八舌，乱作一团，这“客”是多么难“送”啊！当时，大家都在等黄永年，而台上却无人，由于冷了台，场中更乱了，嗓声四起。突然间，在书台背后慢慢地探出个头来，一看是黄永年，大家一呆。他对大家一嘻说：“满！”于是满场哄笑，满堂喝彩声。他是什么时候走上去的呢？当时书台靠墙，艺人上书台是要通过听客席的，而他如何上台的呢？是个谜。他能突然出现在台上，可见其神通之大。

他不仅艺术造诣强，为人处世也是极好的。凡穷人去求他，他无不解囊相济；同业中自甘堕落（吸鸦片）者求他周济，他必先拍案痛骂，然后是一块、二角相助。他曾和我说过：“一个艺人台上台下要判若两人，台下要规矩老实，不能说一句谎话，嘴里不可有‘触哪’、‘赤佬’之类的下流话。不要不懂装懂，不能做‘侠客’，要讲信用。吃江湖饭，不能染江湖气，为人要宁吃三分亏……这才是大路。”他要大家爱惜别人的东西，我受他的影响很深。常常有人在码头上弄坏了场东的东西，好的艺人嘴上打个滚，不好的艺人干脆把损坏的东西藏起来。这使外界对评弹艺人产生了很恶劣的印象。我是深受黄老和张福田先生的教益的，一生中做人特别当心。记得在杭州，我打碎了只碗，便暗暗叫家人去买来补上，因为若说明了，场方一定不要我赔。这看似没占到便宜，但实际上是不吃亏的。我与场东关系好就在于此。黄老去世时，我正在盛泽演出。闻听黄老在“吴苑”中风，是由福田先生抱上洋车的。那时黄老是74或75岁。

听何云飞说书

在我17岁那年，与先生王子和在上海“喜春楼”，搭何云飞越做（两档合作）。那时他62岁，长条子，比黄兆麟还要高出一个头，削骨脸、鹰爪鼻，人很瘦，轻易不笑。他很喜欢我，经常叫我去给他买“人参再造丸”。有次我到他家去，看见窗台上放了一块东西，伸手碰了一下，谁知是一只老鼠夹子（听说这是巡捕房放的，定期来收），几乎将我的手指夹断。

何云飞说的书，我听了有近一年的时间。他开讲的是《水浒》。有人说他在《水浒·石秀跳楼劫法场》的这回书中，说石秀的一只脚跨在窗外、一只脚跨在窗里的这段情节，要说十五天的时间，这是夸大了的。我听过他说的这段书，只有一回半书（约一个半小时），他动手慢，嘴里也慢，吐字清，脸上带着戏，有点像盖老（指京剧武生盖叫天）。《水浒·杀庆》一回书，武松踏到楼梯上，一手执刀，打足精神看向里面的酒客，一直要看四五分钟，表情很丰富，因为武松不认识西门庆，借此观察动静，然后喊一声：“西门庆淫贼！”酒客中有认识西门庆的，一定看他的，这样，他就能找到仇人了。果然西门庆在距武松两间门面的地方陪客吃酒，听见喊，他随即立起身，一手朝锡茶壶上一揿，这茶壶立即变成一块锡饼。这种问讯和塑造人物的方法很好，非常真实，听来生动。

何云飞说书不大立得起来，他的京班角色很好。但他有一个毛病，就是喜欢炒冷饭，每天开书后的一刻钟里，总是说隔夜书。因此老听客常在他开书后十分钟进场。有人嫌他说得慢。但他却说："要慢繁难，要快容易。"他有"三收三放"的本领。有一次我在"大观楼"做，对过"一洞天"书场，是丁玲泉在开《三笑》。开始时我生意很好，丁玲泉本来有活大踱、二刁之称，怕敌我不过，就请何雪梅拼双档，两吃一。因此，我生意骤然下降。之后，何云飞接我下脚，"一洞天"登台的是谈伯英（龙凤台的学生，与尤少台是师兄弟），开讲的是《封神榜》、《济公》。何云飞因为喜欢炒冷饭，书路行得慢，生意清淡。老板周姚舜嫌他"勒"（即噜苏），但又不敢亲自去对他讲，就叫自己的老婆去跟何云飞的老婆说。之后，何云飞注意起来了，生意也一天好似一天，终于把谈伯英击垮。

何云飞在"第一楼"挂了三年牌（只做日场），因经风吹雨打和烈日曝晒，所以牌子容易坏，坏了就换，不知换了多少次。他开讲的是《水浒》，还有一部不知叫什么的书。"第一楼"的老板叫侯景庆。何云飞到苏州来不开《水浒》，光裕社规矩，除去王效松家的《水浒》能在苏州全部开讲外，外来的一律不准全开。所以他的前半部《水浒》，苏州听众都没有听过。我是因为当时在上海做，所以有机会能听全。

小辈英雄李伯泉

说起"老师兄"李伯泉，当时被称为小辈英雄。他为人正直，说书正派。因为他文化水平高，《文武香球》这部书，到了他的手里后，文学水平提高了。

我20岁左右时，曾在"春和楼"听他说过一个多月的书。那时他已40余岁了，乃真"老师兄"也。"春和楼"场子太阴暗，泥地，一般营业较差，也只有夜面。伯泉在做时，平常只二十来客，逢到雨天只有十四至十五人，但“老师兄”仍然一丝不苟。

他说书的原则是绝不放外插花噱头。但他说的《文武香球》书中的篇子（唱段）比先生多，而且平仄协调，绝不唱滑边的（平仄不协调）（当然现在有些唱滑边的，也是有道理的。如“一边两断×××，可恨×××”，但老先生们是反对的）。

平仄协调，在当时是不容易的，因为学说书的艺人，差不多都是穷苦人家的子弟。如蒋一飞、王抱良……都是轿盘头子弟，文化水平低，怎样弄得清平仄？都是在先生那里学艺时养成的习惯。因此，谁讲究平仄，谁就受人尊敬。当时讲究平仄的有魏钰卿、杨月槎、朱耀庭、朱耀笙、朱兼庄（霞飞父）等老夫子。李伯泉也是其中之一。还有谢少泉、王绶卿、朱兰庵、朱菊庵，以及朱氏兄弟的父亲朱寄庵。总之，那时不像现在，懂平仄的人可以说是极少数的。那时老前辈提倡“宁可调凑平仄，决不让平仄为调所失”，认为这才是大路。当然，由于我生在那个时候，接触那种思想多，因此，迄今我仍强调唱要合平仄，这才是大路。

我听李伯泉的书，是事先打过招呼的，但讲出口时，心里总是有些虚。因为那时总的风气是不同意同道去听书的，若然在台上发现有“道众”在听书，当场就可命场方去把那人轰出去。但我跟李伯泉说：“阿哥，我想听徐格书。”他总是毫不犹豫地一口答应，我心里很感激。事实上不只是我，任何人向他提出要求，他都很乐意地接受。这就是李伯泉为大家所称道之处。

李伯泉他为人厚道，台风稳重而有书卷气，让人觉得他十分高尚，因而人们都称他是道学先生。在这些方面，我都是很用心地向他学习的。在艺术上，我受他的影响也是很深的。例如《文武香球》书中的董文、董武是戆坯。而戆坯在评弹书目中，一般的表现方法就是骂人，胡大海、牛皋、焦赞、孟良、姚期、李逵等都是这样的。业师张福田的董文、董武，也是以接二连三地骂人来刻画戆的性格和逗听客发笑的。但李伯泉的董文、董武却不骂人，在艺术上要达到这一点，是很不容易的，尤其是要从“骂”惯了改过来，那更是要经过一番极其艰苦的过程。

另外，我听他说到张桂英投宿进赵家庄，闻听得山上有仙人要吃童男童女，便上山去除妖，一夜未归，员外着庄丁去寻，而庄丁们怕大仙，便胡乱答应，并说已“发现”了张爷尸体的头和脚，于是员外便命庄丁将自己的寿材抬去葬敛。后发现张桂英未死，便将棺木接回后放妥。至此，张福田对那口寿材是不关照了，但李伯泉却还要关照抬回来，寄在附近祠堂里（因过去的风尚，棺材抬出后，是不能再抬回门的），这点虽是小事，但若不交代，听客也会有意见的。而我从这点上得到了不少启发，在以后的演出中，这也为我解决了不少难题。如《玉蜻蜓》中的“文宣荣归”，在王定禀娘娘后，娘娘立即出现，但其中有一节正书，即芳兰从备弄出来见文宣，以时间计算，二人起码要花一二十分钟时间，如果娘娘出来，则将如何处理？因而就要加上一句：“娘娘关照王定，请文宣到大厅相见，自己进去更衣。”这样的处理，我觉得在时间的安排上就合理了。我师兄李伯泉，心细肯用功。张福田先生说杏花山在东门城外，李却说在西门城外，我听了去问他，他说济南东门外是海，因此给它搬家。伯泉师兄，在生活上、艺术上处处都表现得不卑不亢，不骄不馁，业务再差，在演出上仍然巴巴结结，一生奉公守法。这点不夸口，我是学到的。

落拓不羁的徐少云

说《玉夔龙》的徐少云，碰着石秀峰这样的名艺人也照样客满，我在“得意楼”跟他做，听客对他的反映很好，说听他的书，好像是一盆可口的小菜一样，吃上了味道，突然被人拿掉就感到有些舍不得。因而他很能粘住听客。

他的表演风格是软功，像牛皮糖。他本人白面孔，但生活上有些落拓不羁，不注意修饰，衣服总是破的，很脏，唾液连鼻涕，一副穷酸腔。

叶声扬说他这样打扮不是穷，而是江湖上的一派，叫作“哀党”。这样就很能引起听客的同情。我也亲眼看见有听客送鸦片烟给他吃。

关于谢品泉和谢少泉

品泉为少泉叔，二人相差十多岁，都唱《三笑》和《玉蜻蜓》，只是少泉的《玉蜻蜓》不全，而品泉是全的。

少泉的艺术功路火爆，品泉小喉咙很好，少泉说书带一点下流气，而品泉则书卷气较浓。我喜欢少泉一路，他起华太师、唐伯虎等脚色都比品泉潇洒。

品泉和少泉叔侄，有次他们听见闲人说了这样几句话：“谢少泉、谢品泉是个角儿，不过拼起双档来还不知灵不灵呢？”于是他们就决定拼双档试试。地点决定在宫巷口的“聚来厅”（先在“聚来厅”是有意照顾店主的，因茶馆老板是祥子的父亲，而祥子是光裕社的值勤），消息传出后，立刻轰动江、浙两省。“聚来厅”书场客满，听众甚至站到了马路上，连宫巷口的路都被堵住，听转书的人很多，台子都被踏坏了。这次下来后，他们被上海“汇泉楼”请去。

品泉有个儿子是美国留学生，任上海青年会处长，常叫品泉不要说书，认为说书损害了自己的面子。品泉因为自己是名艺人，不肯轻易抛却，还觉得赚些钱花花甚好，所以坚持说下去。

少泉无儿，有个女儿叫谢桐英，小名阿莲，唱文明戏的，曾登过台。

品泉自老伴去世后，跟一个娘姨发生了私下的关系。这个娘姨的丈夫是个游手好闲的人，当过兵，整天在外鬼混，经常到老婆处拿钱。品泉暗中也屡次塞钱相助。事隔十五年后，这人打听到妻子与谢品泉有染，就在暗中窥探其情。一日，品泉在“茂园”书场做，天下雨，一连在窗洞偷看了几天的此人，亲眼看见其妻送雨具给品泉，并搀扶品泉返家，他感到很气。就在某日夜间，在品泉散书场后回家路经曹家巷时，预先埋伏在此处并将其一枪打死。几天后，衙门捉住了他，收监，其妻探监，怪他不该行凶，说品泉已老，自己仍旧是他的老婆，其人后悔得痛哭失声，晚上就用手帕将自己勒死。

少泉是生病死的。上海各报都登消息，称“书仙归天”。

少泉的学生有这样几个：崔莲君、夏莲生、潘莲汀、郁莲卿（拉胡琴出身，后来仍旧去拉胡琴）、何俊飞（本取名何莲君，因其父何云飞是名艺人，故不照遵字排）、王逸泉（单干艺人王似馨之父）、傅莲英等。

石秀峰轶事

石秀峰到湖州说书，夫妻二人带皮箱五六只，全是翻领时兴大衣，不像说书的，倒像是湖州知县上任。场方堂倌点了蜡烛来迎接，看客不少。他共在湖州做了两个月，接的是我的下脚。我还同他碰头过呢！

他生意很好，两个月全是客满，票都买不到。他还对我说：“下次我绝不再到这里说书了！”他嫌地方小，交通不便，果然以后一直没离开过上海，连死也是死在上海的。死时大约四十二三岁。石秀峰开讲的是《金枪》、《绿牡丹》。

石秀峰打得一手好算盘。他先拜钱九皋为师，不知怎么后来又投在杨鹤鸣门下，钱九皋为这事还去与杨鹤鸣争论过。杨的学生是峰字辈，钱的学生是秀字辈。所以他的名字叫“石秀峰”。

石秀峰每次上台，都先脱去马褂，解去腰带，给人一种说书肯卖力的感觉。他起先说两部书，一是《金枪》，一是《绿牡丹》。后来因为书短，又向吴熊祥补了《乾隆游江南》一书。这书中有一回赌铜钿的算账书，石秀峰精通算盘，算账很是拿手，十三记青龙算得清且快，很受台下喜赌的听客的欢迎，常常令听客哄堂大笑。石秀峰的学生有顾玉良、高玉山、徐玉翔等。

《金枪》祖师金义成

金义成是说《金枪》的祖师，有活杨七郎之称，一声“哇呀呀”，屋顶灰尘散落，梁上老鼠惊跌下来。他的学生有杨鹤鸣、钱九皋等。杨鹤鸣的学徒有石秀峰、汪云峰、钱雪峰、王燦峰、许道峰等。钱九皋的学生有沈秀富。

人称“活赵云”的黄兆麟

黄兆麟拜许文安为师，许文安开讲《三国》。黄兆麟的父亲黄永年是说《五义图》和《绿牡丹》的，也会说《水浒》。他十三门半脚色样样都好，尤其是短打手面，短打武生，如起五个和尚，五种声音分得极清。

黄兆麟长、短打手面，脚色都很好。其父永年不擅长长靠脚色，因而他向父亲学的是短靠，长靠是向何云飞学的。就是从何云飞的“刀劈弈廷玉”里学来的。他出名的是关公的一把刀。

大书灌唱片，过去只有黄兆麟一人。《三国·古城会》中“俺老张来也！”这一句，可以说是前无古人！他手面漂亮，脚色清爽，喉咙透得出，人称“活赵云”，名不虚传。他之所以能这样好，一是业师许文安的书好，他的《三国》真是金精美玉，只是他没有脚色，一部《三国》全是平讲的；二是父亲的脚色好，他书中的脚色是得自其父黄永年的真传。

擅说挑滑车的程鸿飞

说《岳传》的程鸿飞，他对地理很熟。许继祥常对我说，他对程鸿飞佩服得很。他的书从来没有“漂”过，不少教师都爱听他的书。轮到他送客，场方常常用海报特别写出：“今朝程鸿飞先生送客。”这样的宣传，号召力也真强，几乎没有不客满的。有一次他在上海“柴行厅”书场接出名的钟家一条枪钟士良的下脚，《岳传》接《岳传》，本事不好就要“漂”，可是他仍旧日日客满，情况甚至比钟士良还要好。

许继祥对我说，在高宠挑滑车一回书中，程鸿飞说到高宠在山坳里时，那一马一条枪的场面，给人印象很深。

关于韩凤翔

韩凤翔是韩士良的叔父，黄永年的徒弟，说《七侠五义》。我11岁时他在闾邱坊“仁园”书场开讲此书。那时我还没有学说书，但很喜爱听书，白天听李金祥，夜里听韩凤翔。当时韩凤翔三十一二岁，“躺三股”辫子，一顶小帽，马褂袍子（枣红马褂，淡水灰夹袍），上书台时总在“西津桥”买包皮丝烟，手拿一只水烟筒。他手面极好，起白玉堂、欧阳春脚色很漂亮。听叶声扬说，他的手面，是说小书的谢少泉教的。

关于叶声扬

叶声扬是许春祥的徒弟，许继祥的大师兄（继祥为春祥之子）。他苏州房子很多，银行存款也充足，但他将金钱看得过于重，从不坐车。一次我与他在“汇泉楼”碰着，他对我说：“今天场方小菜有六七样，就是我吃不下，我只好硬吃些辣椒，强吃两碗饭下去。”他是为了省下几个钱才这样做的，因为这样就不用再去吃点心了，可见他对钱的看重。

叶声扬自己没有儿子，领了一个歪嘴阿荣，此人难看得很，讨了一个老婆倒很漂亮。这女人与人家乱搞关系。叶声扬在世时开的一爿“孔雀牌袜厂”也被他们败光了。

关于许继祥点滴

许继祥虽然浓眉大眼，但极清秀，人长得很高、很瘦，胸极薄，“衣架”极好，由于腰挺、背直的“坐相”，台下望上去三面都好看。

他的台上风度，学的是黄兆麟，而且青出于蓝。他人很风趣，打麻将牌赢了时很严肃，输了的时候反而总是嘻嘻哈哈，爱讲两句笑话。他生得腰板很薄，我有时跟他开玩笑，问他里面有没有肠子，他笑着道：“聪明的人腰板总是薄的。”不要看他台下是这个样子，可是到了台上就腰板笔挺，架子好，有大将风度，说到某某大将败下阵来时，手中一个模拟败阵的拖枪动作（手面），好看极了，没有哪个及得上他。

关于陈浩然

陈浩然在台上最突出的是能随机应变。他起“跑堂”很有特色，喊“点菜”的调子，比真正菜馆里的堂倌的喊点菜来得好听，而且夸张得也不过火。脚色有创造，比如雷鸣、陈亮这种“戆大”，一般都用粗嗓，他却用细嗓，起得像小囡似的，很讨人欢喜。他起的“济公”也用小嗓。

有一个时期他在常熟演出，学生去学校时，都在街上学他的雷鸣、陈亮的“戆大”脚色，可见其影响之大。

他善用帽子表演“猢狲出把戏”，这是他的绝活，一人饰两个脚色，卖艺者与猢狲靠翻帽子来表演（帽子夹里的红色是起猢狲时戴），灵活、生动。可惜他如陨星一般，死得很早。

关于朱品泉

朱品泉24岁时死，他八九岁就上台，13岁便红了起来，可惜死在“穿骨瘤疽”上。

从前有这样的说法：“说书朱品泉，唱戏周凤林。”可见朱品泉的影响。朱品泉的相貌极漂亮，徐玉泉曾见过他。

关于殷剑虹

殷剑虹肚里才学极好，三教九流他都能谈一套，善口技。在某码头上，有一个剃头师傅对我说，他学鸡叫很像，叫时气往内透，人家则往外面出。他的书在小码头上很受欢迎。

关于朱耀祥

朱耀祥到外面做生意，生意倒很好，就是后面跟的吃客，有时多到十多个，人家见了头痛，暗中对人讲：“朱先生包我发财我也不要了！”

关于王绶卿

王绶卿的才学很好，书卷气浓，没有江湖习气。上台常戴一顶小帽子，帽子上常套一只小箍，手指夹根雪茄烟，身穿花缎袍子，外罩一件马褂子，上台说书前常跟听众敷衍几句（说书先生都是这样的，唯有蒋声翔例外，听客却对他极有感情，这是艺术问题）。

关于蒋声翔

蒋声翔说《五义图》、《绿牡丹》。说到方驹方公爷黑夜赶路，一对双鞭搁在马上，遇到打闷棍的“一点红谈炎”，对方就是一伞（他的家生是包在伞里的），方驹起马夹双鞭叉住，两个绞花将谈炎的伞钳掉，露出棍子一根。两人继而再打，手面极好看，现在已经没有人会了，我曾去请教过他。

蒋声翔瘦高个子，阿胡子，人极静，是个噶嘴。不过他的噶嘴与人不同，是噶在鼻子里的，声音倒反而很好听，不少人都喜欢学他。蒋声翔是黄永年的学生，蒋声翔的小徒弟有两个，一个是陆凤仪，一是陈云朋。陈绰号叫“混堂和尚”，是苏州胥门“升园”的混堂小开。这混堂是当时苏州最出名的，道台、府台等都在此洗澡。陈云朋人很聪明，是说“会书”大王，乡谈尤好，一听就会，而且像，这是人所不及的。不过他一生生意不好，因为蒋声翔的真本事他一点都没有学到。陆凤仪原上海人，他倒学到了蒋声翔的一点东西，可惜三十余岁就死了。

评弹票友周凤文

周凤文（原名叫夜来香）京戏唱得极好，爱说书，跟吴小松、吴小石搞得很熟。每年腊月二十二日“新舞台”封箱停演，他就在“新世界”客串说书，开的是《玉蜻蜓·问卜》，我也去听过。那时，我还没有向王子和先生学说《玉蜻蜓》这部书呢，好坏也难分辨，总觉得有点外行。而且第一档书口软，上台屏住了，半天开不了口。

周凤文把吴小松、吴小石介绍给薛瑶卿学唱京戏旦角。我十八岁那年（1902年）还看见吴氏兄弟在“丹桂第一台”演出，节目很少，常演的是《打花》、《荷珠配》等。以后他俩因为一直唱第三册（中等水平）唱怨了，就不高兴再唱了，交给先生二千七百元钱（因为没有满师就离业），就此结束。

京戏前辈汪筱侬

京戏前辈汪筱侬那时到上海演出，做“丹桂第一台”（现在的福州书场），红极了，做广告也跟人家不同。玻璃窗里用电灯把名字映出来，上面写“文武状元、哲学大家汪筱侬”字样。据我所知，做广告用电灯，上海是从汪筱侬开始的。那时戏院的广告做得很多，一张叠一张，从不撕去，时间久了，贴得很厚。有的瘪三常把这贴得厚厚的“海报”揭下来，当衣当被。那时汪筱侬演出的戏码是《马戏泼水》、《刀劈三关》、《佐氏献曹操》、《张松献地图》等。那时常去“丹桂第一台”唱戏的有麒麟童、欧阳予倩、查天影等。

当时京戏界有个唱大花脸的“朗得三”，由于他登台唱戏只顾自己的嗓音，不顾别的人，因此，上海凡遇到这种只顾自己不顾别人的人，一律叫他“朗得三”。

京剧老生刘鸿生难敌高庆奎

刘鸿生第一次到上海演出《空城计》，不少著名的角儿都为他配戏。赵自然、俊卿饰老军，殷宝莲扮探子（名武生）、马俊山饰司马懿。高庆奎是代刘鸿生唱《辕门斩子》而红起来的。后来，刘鸿生在“大舞台”与在“丹桂第一台”的高庆奎唱对台戏，因生意做不过高庆奎而气愤致死。这一时期，在上海演出的有：吴桂芬、缪得生、吴堃芳、陈嘉祥（小生）、杨华亭（老旦）、朗得三（花脸）、刘寿丰（以刘最佳）、周五保（小花脸）、小杨月楼、常春恒、王云芳、董志杨、盖叫天等。

无意插柳的汪桂芬

我20岁在上海，这时汪桂芬在“天一仙”演戏。“天一仙”的老板是个“包打听”，有很大的势力，欠了汪桂芬很长时间的包银。汪桂芬有次向他讨钱，老板就把他架在“天一仙”门口一个余月。桂芬从此发誓不再唱戏，后来到龙华寺出家了。我在“山泉”演出时，听客中有个汪桂芬的朋友，偶尔谈到汪时，他告诉我汪桂芬有时在龙华寺也会唱两句戏文。汪桂芬从小是摆山芋摊的，很喜欢听戏。有次偷空溜进戏台喊嗓，被一艺人发现，认为他很有培养前途，于是就收他去学了戏，真是无心插柳柳成荫。这与梅兰芳家里的书童姚玉英一样，因为他常听梅兰芳的戏，自己也在房间里哼哼，被梅兰芳发现，教他唱戏，后来竟成了名。

京剧演员常春恒之死

常春恒有次在天蟾舞台唱戏，老板是诨号叫“江北老四”的顾竹轩，尽管生意很好，包银仍旧不付，常春恒又不敢向他讨。后来，他到杭州演出，唱了一个短时期，重新来上海，在“丹桂第一台”登台。后来，在一次他上汽车的时候，被顾竹轩派来的手下流氓活活地打死。

关于钟士良

钟士良做上海“柴行厅”，从年初一说到六月底。下脚是程鸿飞，也是《岳传》，生意更好，主要是“看实”——历史、地理头头是道，而且脸上有戏。

评弹艺人的各自特色

前辈中《珍珠塔》响档辈出，各有特点。人们称魏钰卿的方卿是潇洒方卿，朱兼庄为读书方卿，杨月槎、杨星槎是乡下方卿，可见是各有特色。

说《白蛇传》的邹鸿翔，说书送戏法，每天小落回奉送几套，逢三六九还要加送大戏法——水火戏法。

“拍露天”说书的李金祥

李金祥说书的场子，设在现在的玄妙观小菜场里。他的书台是一张板桌靠墙，桌上有一把“癞团”（蛤蟆）茶壶，七八只绿豆茶杯，是供听客喝茶的。

听客席位长凳排成三面凹字形，各有七八批（排）条凳。这种长凳比普通的长凳长约三倍，但比较窄。书台和长凳，待“书场”散后就寄在后面道士观中的破屋里。饭后，由李金祥的兄弟先去搬好，散书场后亦由其搬回。李金祥的兄弟是卖五香豆的。豆有软和脆两种，他不到别处去卖，就在李金祥的场子里卖。

李金祥会比其弟晚到约三刻钟。下午一时半他来书场时，肩背大褡裢，待坐定后，从褡裢里取出一些零钱，以便找钱时用，还有百余根小筹（像以前的面筹那样大，听客可预约购买，一铜元买五根，听一回付一根，合二文），放在板桌上。之后便坐在板桌后的高凳上吸吸香烟，和早来的听客瞎敷衍，待差不多时即开书。开书之后，其弟蹲在书台前面，眼观四方，一方面接受买五香豆的人的招呼，用眼睛看他一下就懂；另一方面，他要招呼迟来的听客落座。当李金祥一回书落回后，其弟便向听客收钱。

李金祥每回约说二十分钟，落回由其弟收钱。他坐定吸烟接气，待收至二分之一以上，他又开书了。这样可以节省时间，事实上在冬日，白天短，若不如此，必将影响收入。即使这样，冬天一下午也说不了十回。

李金祥的场子在玄妙观里是很突出的。那么些凳子，一开场总是座无虚席，而且外面总要围上三四层听转书的人。李金祥开书时，是坐在那个白坯高凳子上的，但没有几句就要立起来。有人说他说书有本事，但"坐勿落"是个毛病。其实"拍露天"说书，如不立起来是不行的，因说书人与听客一样高，"陷"在凳子里，他表演的"面风"听众怎么看得见呢？声音也难以送得远。当然日久天长也就养成了习惯，变得坐下去就开不了口。后来，他曾在闾邱坊巷口，在一爿由江北人开的老虎灶里"拍平台"（比我们书场的台略低些，这样光裕社就不会干涉了），我去听过，他仍然是立着说书的。

李金祥的生意极好，收入比正式在高台上做的艺人还要好。只是"拍露天"不能一年做到头，风去一半，雨落全无。那时，光裕社中的人一天有二元七八角收入，已是大响档了，他一下午就要收三四元，而当时米价只有四五元。李金祥冬天穿过膝的棉袄、扎脚管棉裤，长头发（如女人），戴毡栗子（像个桂圆壳），大襟是不扣的，腰间束布宽带。夏天下身着的是白竹布扎脚管裤（那时凡长裤，不论单、棉都扎脚管，那时男人是不穿单叉裤的，还有那时没有短裤，只有杀猪人才穿短裤，所以后来人们称短裤是"猪管头"），上身赤膊，披一条名为"花六尺"的白地青花，约有"尺半阔"（尺半阔为苏州方言，即一尺半）的夏布，因有六尺长，故名为“花六尺”。当时还没有汗衫，只有夏布马甲与短衫。因此凡做小生意的人，都用“花六尺”。由于“花六尺”没有扣子，他说书时，常常掉下来。布袜、蒲鞋面，常穿双面料布鞋。

李金祥有一个本事，在说书时遇到后来的听客找不着座位时，他会在书中插入：“这里有座！”如发现顽童挤进来，就说：“小弟弟出去！”并招呼其弟：“阿祥，这里还好安排！”妙在插口之后，总不会忘记，仍然会很顺利地说下去。

他嗓子奇好，边上有木偶京剧演出，他能压得住，因此，业务才不会受影响，可见他的功力之深。他嗓子好，脚色分得清，特别是大小喉咙全有，真是难能可贵。他还有特殊嗓音，如金玉那条“夹音”，我没有听过第二个人有。他口齿特别清晰，吐字个个饱满。他嗓子好，人们说他是因为南京人之故，意思是北方人体力好。一般人都是这样认为的。其根据是京剧演员一般都比南方戏曲演员的嗓音好，山东快书演员音域之宽、气息之长是惊人的。其实我想，原因是北方人吃的苦多，基本功训练得严格。

那时所有书场都是独档做的，因此光裕社中人，一下午顶多说一个半小时，而李金祥一下午则要说四个钟点。而前者在室内，后者却在室外，可见他中气嗓音之能力。他收入多也是由于室外演出时间长。李金祥家住永熙寺弄，是两间平屋。

我听沈友亭说书

我听沈友亭说书时，正值母死，那时才十岁，沈那时约四十五岁，长方脸，有极高的艺术修养。他说《大破延庆寺·捉超凡》，说超凡进木柜（比棺材长）后落销，后官兵到来，因超凡武艺高强且是持杖进柜的，官兵一时不敢开柜，于是请香山匠人，从“户头”上开洞洞。那口香山话说得极好，而且噱极。

“马姚赵王”四响档之一的王石泉

王子和、王绶卿及绶卿父王石泉，即所谓“马、姚、赵、王”四响档之一。四响档中石泉死得最早，其徒王秋泉艺术不亚其师，递补上去，仍保持所谓“马姚赵王”四响档。张云亭是王子和的胞弟，原名王子义，因招赘于张家而易姓改名。

常熟也是评弹名家辈出

从上面平仄协调这一点上，谈到了朱寄庵等人，使我想起了一件值得研究的事。评弹是苏州的地方曲艺，照说只有苏州人能从事这一行业，才能称职，也容易使有些人成名。因为，若是外地人，他们在口音上就是一个问题，而且当时光裕社是非常霸道的，凡非苏州人说书通称“外道”，“外道”是不能来苏州说书的，但光裕社却可以到“外道”地方去说书。上面说到的一些文化修养高、艺术上有成就的说书人，很多都是常熟人。如朱寄庵和兰庵、菊庵，还有说《水浒》的王季臣。王季臣他极有才学，在说《水浒》时，往往要加以评判。这里不说他的观点如何，但他懂平仄、四声，当时在码头上是大名鼎鼎的。杨月槎、杨星槎他俩也是常熟人（他俩后经王效松介绍入光裕社）。说《三国》的朱友良鼬鼻头，他有一个周瑜出舱捋雉尾的动作是绝招，听客似乎看见了那两根婀娜多姿的雉尾在芦扉篷的压抑之下经过芦扉边上，只一带就跳出来，伸展着它美丽的躯体，临风摇摆，如人们舒气一般。后来的顾又良做这动作也不错。朱友良“出”的张飞脚色，有活舌之称（舌露于口外，四处跳动），这动作也是一绝，而这些名家的确有本事。《三国》如黄兆麟可称得上好手了（灌过唱片过去唯此一人，犹如京剧武生杨小楼灌过《连环套》、《拿高登》一般），但若在码头上遇到朱友良，非被打败不可。如潘伯英、蒋云仙、饶一尘、华士亭、佩亭等都是常熟人，在艺术上都是有一定成就的，为什么常熟也能这样名家辈出呢？

光裕社与润裕社、普余社

说到常熟“道众”名家多，不由得想起润裕社也是人数少、名家多的。如程鸿飞一口上海白说《岳传》。朱少卿说《刺马》、《福尔摩斯》和大书《大红袍》，他儿子是朱伯雄，徒弟是潘伯英。谢鸿飞说《西厢》，李伯康说《杨乃武》（李伯康之父李文彬），郭少梅说《三国》、《聊斋》、《列国》，严焕祥说《西汉》，朱耀安说《隋唐》。杨星槎、杨月槎说《珍珠塔》，这些人中大部分是大响档。朱耀良也是润裕社出身。该社地处城里四牌楼，会长是说《金台》的凌云祥，其子幼祥与我极好。上海除润裕社外，还有一个宽裕社。“茶会”在五马路“品芳”，会长名叫周宾贤，只一耳，说《十美图》，蹩脚到听客都听不懂，但他另有一手，边远场子一把抓。李铁珊也是该社人。

而光裕社不仅不许润裕社进苏州，在外埠如谁家书场做了润裕社，光裕社就下通令光裕社的所有会员都不许做这家书场，以此威胁场方，使他们从此不敢接润裕社的人演出，可见光裕社之帮会作风。

润裕社同人之间极讲义气。如程鸿飞自编《刺马》，毫无条件地送予朱少卿。这在光裕社是绝不可能的。

女档名普余社。当它一出现时，光裕社就百般刁难，后来打官司至南京。当时我就和赵稼秋说，这官司是要输的，因为不许女子说书绝无理由的。果然不出所料，光裕社输了。记得当时反对普余社激烈者之一的王耕香，原系唱宣卷的，是与曹少堂、史鑑渊等一起的。王耕香是荡口人，肚子里历史知识很丰富。我和他极好，因而受益也不少，也一同到过南京。他的几个女儿后来也都学了说书（王凤琳、凤瑛等）。目下他已过世，而三个女儿却过着弦索生活。

艺术人生，观察体验学无止境

看戏、听书都为学艺术

我自小听书成瘾，日夜不辍，哪怕有病，只要能坚持，从不缺课，直到现在仍旧如此。当然，上了年纪，精力有限，但我上书场总要早些，这样至少可以听听上档。

我很喜欢看其他剧种的戏，尤其是京戏。多看戏有好处，戏曲不必说，话剧也极有用，不仅没有一句废话，而且没有一个废字，真正字字珠玑。在我一生中，用于看戏的钱是十分可观的，因为喜欢，即使请人代书，我也要去看戏。看一场戏，少做一场生意，一出一进起码要损失十几元。但我深切地体会到，那些钱不是白花的。正是因为花了这些看戏的钱，所以才能提高我的表演能力。我喜欢看京戏，是受了我第二个老师王子和的影响。我的爱好是多方面的，京戏是我的"老顾客"，我书中的脚色有些是从这上面吸收过来的。看戏是这样，别的也不放松，就说现在，身体稍好些时，便去阊门闲逛，玄妙观也去，连江北说书我也要听的。

看戏是一种学习，同样，评弹同行之间互相学习也十分重要。有的人认为，说"大书"的不要去向说"小书"的学习，同样，说"小书"的也不用向说"大书"的去学习。我认为这种观点是大错而特错的。我一贯主张：说"小书"的人也要多听"大书"，说"大书"的人同样也要多听"小书"。也许有人认为："你自己说了《文武香球》，因为里面有开打交兵之类，所以要听'大书'。"其实我倒不是为了《文武香球》而去听"大书"的，我认为"大书"一般说脚色比较好，手面比较多，特别是气势大，劲足。这是由他们所说的"题材"决定的。问题就在这里，正是由于"小书"所接触的中心事件，往往都是爱情之类的，涉及的都是些婆婆妈妈的事，因此容易流于小气，说得软绵绵。听听"大书"，就能在不知不觉中，使软绵绵状况得到改变。反之，说"大书"的可以从"小书"中得到具体细节的描写和能力。

从我来说，使我开窍的是李金祥，令我受益很多的是黄永年，他们都是说"大书"的，而我却是说"小书"的。韩士良的叔父韩凤翔说《七侠五义》，其中白玉堂、欧阳春等角色，谢少泉教得很多，"动手"场面亦然。我的体会是：说"小书"的艺人，要有些"大书"的底子，这是十分有用的。例如小生的点指，如无"大书"底子，出手就显得飘，有了"大书"的底子则会着实而有力。我在李金祥身上学到了不少东西，现在都用于《玉蜻蜓》的书中，这就是具体的例证。

练眼睛才能练出眼神

在台上演出时，演员眼神的运用十分重要。但眼神是要靠练眼睛才能练出来的。因我天生眼小，所以我特别用功地去练眼。练眼的方法，一是暮色中看飞鸟归巢。到了晚上成千成万的鸟儿归来，突然群鸟惊恐起来，我知道一定是来了什么克星，于是在群鸟中找，但天越来越黑了，只好拼命地去观察飞翔的鸟群；二是看翠鸟（俗名鱼虎子）掠水擒鱼。翠鸟擒鱼速度极快，极准确。看其擒鱼易使眼睛练得灵活。三是观察猛禽的眼睛。常熟杨舍白相人的“削鹰”，俗称“鸹鸪”，就是猛禽，那双眼特别凶，因此常熟人形容人坏，就说：“戳生格鸹鸪眼睛。”那时的白相人喜欢养鸹鸪，早晨上茶馆都带着它。像京剧《火烧红莲寺》中的罗汉，衣袖上装一段袖子，鸹鸪躲在上面，头上蒙皮帽（连头连眼睛都蒙起来），帽顶上有红缨，尾悬寸许牌子，上写着养鸟者姓名，以便鸹鸪迷路时，人家发现后可按地址送回。

鸹鸪专捕“紫胡头”（俗名青黄椿）。它不仅能捕捉比它小或差不多大小的鸟类，还能捕捉比它大的鸟。

放鸹鸪一般都在日书场散了之后，这样，我就有时间跟着去看。出市镇（杨舍有土城）有放鸟人在静候。那时，鸟仍旧戴着蒙着眼睛的皮帽（大概养精蓄锐的意思）。碧云万里，夕辉耀眼，突然，某一方向出现了灰似的一粒东西在移动，行家就知道是“紫胡头”来了。在这里，因有养鸹鸪的风气，“紫胡头”怀着战栗的心情，像逃一样越过这里，飞得又高又快。这一粒灰，眼睛必须特别用力地去看，才能进入人们的眼帘之中，渐渐近了，但它的大小仍旧还是那个样子。“紫胡头”飞来，虽由远而近，但飞的高度却由低变高了，因而看起来仍是一粒灰似的大小。当它将飞越近顶时，养鸟人才给鸹鸪去掉皮帽，鸟的眼睛更尖锐，尤其是鸹鸪。“烁！”一下子就发现了，在臂上就开始不安分了。此时，养鸟人一拍臂膀，鹞鹄就冲天而去。飞着的“紫胡头”也多少有些警惕，发现敌人来了，拼命地飞逃。鹞鹄冲上去时，蹿得更高，然后居高临下，俯冲下来，一追，一逃，渐渐远去。这时养鸟人在地上要追上去，我也跟着奔，顾不得脚下粪堆淤泥，眼睛要跟着看。一会儿，两点变一点，迅速下降。待赶到，只见鹞鹄用爪按着一只“紫胡头”在地上，养鸟人取来刀将“紫胡头”剖腹，取心给鹞鹄吃。

有时鹞鹄飞去，养鸟人追不上了，也就让它去，不追了，因养鸟人明白，第二日有可能会有人摇着船，将它们从三五十里地外送回来。于是鸟主人就设宴招待，将鹞鹄捕捉到的“紫胡头”作下酒之菜。

有次我做浙江硖石时，每天上东西两山上去喊嗓，看火车自远而近的运行，既练嗓子，又练眼睛。通过各种方法练眼神，到底是有作用的，特别是到了今天，这作用更为显著。

生活经验是艺术的根基

说书这一行，决定你艺术水平高低的因素有不少，其中艺人的阅历、生活经验起着很大的作用。有些人对生活中的各种现象和身旁的东西是不太注意的，看戏、听书都从单纯的娱乐角度出发，而我却不是，我看戏、听书都是要去拿东西的。每看一样东西，我都能很道地、仔细地介绍出来。像大庙前面的旗杆，大家是不怎么注意的，殊不知有时我们书中还用得着。这旗杆有斗口粗，用红漆涂没，下面用两根石条夹紧，中间用一根铁条穿牢，距旗杆顶丈余，有两只斗，有台面那样方圆，空的，一只写“风调雨顺”，一只写“国泰民安”，杆顶是一只锡的“葫芦”。这些东西现在不大看得见了，上海城隍庙前可能还有。要是不了解这些，就是缺乏生活阅历！书中说到旗杆就不能交代清楚。再是玩庙、宇、庵、观，《玉蜻蜓》书中庵堂书很多，为猎取素材，只要看见黄墙头，我绝不错过。庙门八字开，上写“南无阿弥陀佛”，六字，一面三字。照墙上写“佛光普照”四字。弥勒佛要塑造得肚子大，笑脸自然。他一手乾坤袋，一手罗汉珠。四大金刚都是坐着的（立起来房子要放高），揣摩架势，可用于书中武二花。一般庙中，四金刚脚下都有一出小戏，如“断桥”之类。韦陀背对弥勒面朝北，因北路妖魔多，所以他手持降魔杵。

平时我们要关注自己在生活中的点点滴滴。所谓活到老、学到老，而且现在自己觉得越来越学不完（有“越吃越饿”的意思）。只有爱好这一行，才能做到不断地学习，才能处处留心。昨天我和徐凌云老夫子闲谈，对“暴学三年天下去得，再学三年寸步难行”这句谚语颇有领悟，要是不继续学习提高，在书台上真是寸步难行呀！对评弹艺术来说，生活中任何东西，看在眼里，记在肚里，都是有用的。

小时候很顽皮，喜闲逛，看什么都有兴趣。如钉碗：钻那只弓，那么有节奏，抑扬顿挫，手那么灵巧。因为碗是瓷的，必须先钻开一个洞才能上“搭”。搭是黄铜的，一咪咪小，两头尖，当中阔。上搭时要用小榔头敲，用小榔头钉上去，那么小心翼翼，多么细微，小榔头敲上去记记有用，少而精。又如箍桶：这真是绝妙的艺术，一块块小木板，像开放的荷花那样躺在地上，那双手把底下的竹箍只一拍，全体肃立，然而用块相等的木板，一横一竖沿着竹箍“咚嗒，咚嗒”地跳过去，并且传出的声音极有韵律。所以说哪一行不是要有真本事呀！再如，上鞋子，也是一项很有看头的全身运动，穿针不用看，熟能生巧。

所以说书的艺人接触的生活面要广，要使听客听了你的书，能感到“实乎其事”，自己就要有广泛的生活知识，而这是不能“现吃现吐”的。缺什么补什么，当然是办法之一，但最主要的还是要有广泛的兴趣，处处留意，靠平时在生活中，对各方面知识的积累，方能多少解决些“书到用时方恨少”的情况。就拿这骑驴、骑马的事来说，对我所说的《文武香球》一书，就是很有用处的，而在当时，我却不是为了说书去观察生活的，只是感兴趣，到了要用时就派上了用场。

我小时候家住禅兴寺桥，那里的关帝庙前是“驴台”，关帝庙正门对面有照壁墙，上画“贪鸾”（头像龙，身如麒麟，脚如牛，腿上有鳞，四足踏暗八仙，头朝太阳），照壁墙前有两口井，井口外有木栅，木栅前是片广场，驴夫们把驴就拴在木栅上。因为当时还没有景德路，当时景德路分称“城隍庙前”、“××前”和“申衙前”，护龙街也很狭窄，所以显得“关帝庙”前就开阔了。那时，我家要买什么，并不要去观前，察院场那里样样都有。如察院场有吴福昌糖果店、义全元酱园。如果要去大一些的酱园，则可至马医科口的“庆泰”。其他还有五济美酒店、张小全剪刀店、太和堂药店等，当时的观前并不热闹，阊门才是唯一热闹的地方。“到阊门去”，在当时是桩阔气的事，如邻居换了件新衣裳，别人看见了就要说：“看样子今朝是要上阊门呀！”或“阿是要到阊门去兜兜？”

那时我积聚了些钱，就骑驴子到阊门去。我骑的驴子就是在关帝庙前雇的。那时的察院场很窄，与护龙街、城隍庙前和观前街形成曲尺形，驴夫立在曲尺形中间，借以三面兼顾，看到有客人来时，他们就喊：“戴铜盆帽的是我的！”“戴眼镜的是我的！”或“着蓝长衫的是我的！”被喊的人如果要骑驴，那生意就是喊的人的，谁喊着谁做，彼此很守信义。于是，一个驴夫牵着我骑的驴子在前面走，当然走得并不快，但这为我今后骑马打下了基础。我去阊门的路径是这样的：走范庄前，穿马大箓巷、包衙前，然后经吴趋坊入西中市。那时的阊门已有马路了，而所谓马路，就是现在的石路。这在当时是算阔气的了，至于大马路则更是新奇的道路了。

由于我骑过驴子，因此，后来跟张福田先生到吴家市做生意，当地的一霸徐六爷养着很多马，日书散场之后，那些马被马夫牵着去镇外放牧的时候，我也跟去，由于那些马夫也常听书，因而我都认识，我就要求让我骑骑马，他们也就答应了。但那些马都是没有装鞍桥的，只在背上披一块麻毯之类的东西，因而，在我第一次骑马时，魂险些儿被吓出了窍。记得一上马，由于没有鞍桥，人骑上去就坐不太稳，我像骑驴似的把缰绳一扯，哪知这种马都是比较好的，是徐六爷的徒子徒孙特意拣来孝敬他的，因此立即四足腾空地跳起来了。我要紧抓住领脊毛，两条腿拼命地勾住马肚，只觉得两边的田像水似的向后流去，风在耳朵边呼呼直响，背上的汗直流。原来只想兜个小圈子，谁知跑了不知多久，我实在发急了就拼命拉住缰绳，一看已经换了另一个天地，一问，这里离我跑来的地方已经有七里路了。回头跑时，那马跑得更加快，到了原地下了马，他们责怪我，说不该跑得老远。这时，我根本没有听进去他们在说什么话，只觉得心直荡，两腿哆嗦。照说，第二天一定不敢再去骑了，但睡了一夜，心里越想越有味道，于是，之后我又去要求再骑骑马，如此五次，骑马骑稳了。我自认为自己已是骑马老手了，这显然还是不知天高地厚。

有一天，我又去要求骑马，那个管马的说："今朝拨傒骑匹好马，它叫'野棠青'，是上海跑马厅里输下来的。"我听后想那是更有味道了，谁知一上去，就觉得味道不对头了。"野棠青"跑时，"的刮"（确实）比其他马窜得远，跑起来像射箭一样飞出去。我骑在马上眼睛看不出东西，耳朵边的风也不像骑其他马那样的感觉了，当时我只有一个想法，就是要骑牢，但哪里骑得住呀！觉得自己要跌下去了，要紧想抓住什么东西，但是屁股在马背上一弹，人像装了弹簧一样弹了出去，心里想这下可完了，不知要跌成什么样子呢。眼睛一闭，四肢缩紧，等待着险恶命运的到来。还好，跌在田里，当然，主要是当时年纪轻，否则是吃不消的。

这个跟头并没有使我气馁，相反，却增强了我能够骑马的信心。这之后，只要有机会我就去骑。在湖州做生意时，听客中有个米行小开，喜欢骑马，自己也养了几匹马，知道我也能骑马，常来约我，我当然求之不得。湖州街道狭窄，两人便上"教场"驰骋，互相追逐。当时只是为了满足自己的兴趣，后来"开窍"了，便把它用在《文武香球》的"父女交兵"及"一马双驮"的书中。其实，只要你熟悉的，并不太需要左右自己，在说到那种地方，它自然而然地会说出来。比如在“父女交兵”这回书中，侯月英逃，侯公达追，入山谷后，侯月英回声喊“爹爹”时，这在马背上回身的身段，纵然嘴里有一套：“挑转葵花镫，腾转波萝盖……”但若自己没有骑马经验，是很难想象的。而自己如果不能体会到，又如何让听客觉得如在目前呢？侯公达正在没命地追来，前面逃的人突然圈转马头，他一来没有准备，二来又担心有什么暗器，或回马枪之类，这一惊非同小可，而且要扣住正跑急的马，特别是大将的战马，要多大的劲？我这两个“身段”就是以自己的亲身经历，再添加想象而组织起来的。侯月英的转身是主动的，我就让她把马突然跑向斜路，呈环形，然后一个小圈子如S形转过去，而侯公达并无抵挡（准备），完全出于意料之外，是被动的。先是身体往前一冲，紧接着大刀一荡，单手一举，另一只手狠命把缰绳勒紧，人在踏镫上直立起来，然后“二顿”。这一段完全靠做，并不开口，自己感觉很真实，书场效果也不差。光有点生活经验还不行，因为我们纵然有点生活经验，也是现代的生活经验，而说的却是传统书。因此，我曾这样想过，两将相遇一定不是直线，马头对马头的，如果马头对马头，用长枪的还好刺，用短锤头的如何够得着呢？因此我想，马战一定是横里打的。例如“马打照面”，是X形这样的，那么不论用什么兵器都够得着了，而且一打之后就彼此擦肩而过了。这样就打第二个照面。既然从理论上这样合理了，那末在书台上说到两将交战时的身段、手面以及面风，就应该根据这样的情景来模仿，而且也只有这样才能有“边式”（好看之意）。如果直拔直地“打架”，恐怕就不容易好看。又比如“冲营”，如果用长枪，那末对方营墙上乱箭射来，还可播枪抵挡，如果用锤头直冲上去，即使舞得再密不透风，就其“围圆”（四周距离）来说，如何能上保其身，下保其马？那末，用锤头的将官如何“冲营”呢？我想一定要曲线前进才有可能，即S形，这样本身的目标就缩小了，这道理不知是否讲得通。

“周调”讲究“顿头捺脚”

说起“周调”，现在好像不仅大家会唱，而且似乎已是“过时”的老腔了，但是我所演唱的“周调”，是从福田先生与吴陞泉先生弹唱的“板腔”上化出来的，是煞费苦心的。

张福田唱“小杨调”，低弹高唱，小喉咙虽好，但过于书卷气——静，因此每档只唱三两声，而且很低，这种唱法，过去书场小还可以，如果放到现在的书场里这样低弹轻唱，那听众肯定是听不见的。

我一开始也唱“小杨调”，后来小嗓没有了，才另辟蹊径。用大喉唱，讲究“吃弦”，不光以“响”取胜，还要讲究“味”。这是从上海人欢迎谭、程，不欢喜小达子、高庆奎、刘鸿声上得到的启发。从“难”处入手，凡唱，慢比快难，以京剧而言，二簧慢板比快板要难得多，而慢却比较悦耳。“马调”流畅清楚，但总不抵“俞调”婀娜多姿。“周调”就从这种看法上（所谓看法其实是一种艺术理论）进行创造的。

慢就要注重腔，如“窈窕风流杜十娘”，“周调”唱起来：“窈 窕 风 流 杜 十娘——”每个字都有腔，字字着实。腔转得圆，如自行车转弯，硬转要翻，要转得好，就得花力气。尤其是小腔，没有足够的中气是不行的。因此，“周调”要有其功夫，句句唱腔都要起自丹田。

“周调”讲究是“顿头捺脚”，犹如写毛笔字，起落要有气势，中间要节奏分明，即所谓的“抑扬顿挫”。

“流派”离不开书目，四大名旦各有拿手杰作。马连良和周信芳的剧目就不一样，徐云志与《三笑》也说明了这个问题。

说书时要当心说出“漏洞”

我说《文武香球》“侯月英刺死姜青”一节，现在有个噱头（关于死人临死捏拳头），原来却是自己说书不到家的漏洞。事情是这样的，那一年我在上海“新世界”说侯月英当胸刺了姜青一剑，因为皮厚没有点着心，因此姜青虽然血流如涌，却仍能跳起来。侯月英一吓，逃到中房，姜青晃着身体追出来。侯月英定一定神，想：“他纵然是天神天将已吃了一剑，而且现在他手里没有家伙，我何惧之有？”于是又给他一剑。姜青此时头晕眼花，只见一道白光当胸而来，便起两手一抓，若然是棍子之类，抓住了可以一拖，再加上一腿，但现在是剑，两面快的，抓上去“噼里剥落、叽里各落，指头纷纷落地，也是月英眼光好，剑在原洞中进去，前心通后背，德国医生看不来”。姜青倒地，由于身大力不亏，临死还在地板上挣扎一阵。我先生张福田就是这样说的。但我却在姜青倒地后再加上一句，“拳头捏紧，身体一挺，死了”。下台之后，有个老听客对我说：“指头噼里剥落，叽里各落哉，拳头那哼捏个？”我那末没有闲话回答。从此以后，我就把此漏洞，作为噱头放了。可见说书是少一句不行，多一句不得的。

功夫越深，越不轻易暴露

说小书最忌“脂粉气”。所谓“脂粉气”，一般的说法，就是“娘娘腔”，年纪轻时起女脚色，太做足也会使人肉麻，何况上了些年纪的人。我听何骏飞（云飞之子）说到祝枝山看灯、周文彬改女装时，当丫头给他梳头时讨好说：“二少爷，倷两根头发实头好个，真是一木梳要梳到底得来！”拗头旋颈，尖声尖气，失之自然，一看就是假的，感到十分不舒服。同样，张福田到暮年时，照样起金花、银花，王子和先生牙齿都掉了，出个把丫头脚色，还是那样俊俏而青春焕发，不会勾起听众一丝不惬意的联想。可见年纪大，起女脚色并不是绝症，问题是还在于方法。我是很注意这个问题的，现在不要说起丫头之类的脚色，即使是金大娘娘和三师太这些本来就比较庄重的脚色，也得小心翼翼。因为我虽然没有像我先生晚年那样留起胡子，但毕竟是鬓斑皮宽了。如果还像我年轻时那样处理，虽说当初我不会让人觉得肉麻，但年龄不同了，恐其也会使人不舒服。现在我首先把住“外盘”，尽量“藏”一点，从身份、年龄、脾气秉性，捉摸人物的腔调，新的说法叫作“掌握精神状态”。即不追求形似，只希望有这股味道就行了，或者就叫作“神似”吧。具体地说是力求语言准确，手面、面风尽可能少用，即使使用眼神，也宁可不足，而绝不有余，严格防止装腔作势。心里应想到脚色，但也应想到自己，我毕竟已六十岁了。

谈艺点滴

1. 毛子建评钱幼卿：“你学少泉是到家了，但却因此而没有了钱幼卿。”

2. 熟能生巧，书熟了便能独门心思起脚色。

3. 我说书，人家看我脸上不出汗，不吃力，其实是蛮吃力的。现在（冬天）日夜场下台，上身总是汗淋淋的，第二件衬衣也渗潮了，身上冰冰冷。

4. 有的“点（些）书”，电台广播就好听，有的“点（些）书”则书场也好听（当然也有两者兼有的）。周老说，他的书静，需借助面风、手面，电台不见便宜，尤其是实况广播，手面、面风都看不见。做电台必须靠说，处处要交代清楚，以语言代替手面，举手投足都得说明白。

5.《文武香球》是部破书，要人说书。董文、董武两个戇大，出起脚色来，动作要快，面风、位置、声调等都要分得出，不能有同一的感觉。我起脚色受盖老（盖叫天）的影响很大。陈发祥的喉很有力，但不及盖老的漂亮。主要是因为陈把什么都拿出来，显得拖沓，人家没有回味的余地。盖老则能去芜存菁。

6. 我在书台上，常借动作精简一些可有可无的语言，碰到“那末里去”等常一甩手表示。当前说书要人家听得懂，听不懂就不行。

7. 大家说我的说书是“阴功”，有些关于这方面的介绍，值得研究。很多从未听过我的书的人，听到“阴功”这个词，总以为我是“阴阳怪气”、“有气无力”的。但实际上我在发音和拨劲上是用过苦功的。因此，我在上海“东方”书场做时，声音能传至玻璃门外。就是夏荷生来说，也不见得能达到这个效果。

8. 台风有大路的（如石秀峰、许继祥、夏荷生），也有小派的。

9.“整旧”贵在动灵魂，不动形式，或者说应努力保存形式。梅兰芳的《贵妃醉酒》、周信芳的《杀惜》都是范例。因此《庵堂认母》、《云房产子》等都要入手整理。

10. 如果台下只有十几个听客，而且又是“老耳朵”，你在台上“起”大踱、二刁，究竟是啥味道？所以说《三笑》“漂勿起”，而《珍珠塔》因内容扎实，唱篇多就“漂得起”。

11. 放“噱头”要视时间、情况而论。一般说，刚开书“放噱”和落回时“放噱”，现场效果虽好，但对书是不利的。因此我宁愿现场情绪较冷，也绝不在那种地方“放噱头”。

12. 两个脚色对话，位置不能搞错，尤其是隔了一天。比如，张桂英和龙官保对话。张朝左坐，龙朝右坐，但往往因插了一段“表”，方向倒了，要是隔了一夜，则方向倒了的可能性更大。像《珍珠塔》“婆媳相会”，要有好几回书，就更有可能要搞错。这虽是小事情，但极为重要，如错了，听客就要混乱。这些枝节，我当初也没有注意，后来是蒋如庭给我指出的。他说：“这方面要用死功夫来‘敲煞’。”

闲谈漫话，《玉蜻蜓》与《文武香球》

申贵生为何易姓金贵生

《玉蜻蜓》书中，申贵生改名金贵生，申大娘娘改为金大娘娘，是有一段故事的。

前后共两次禁说《玉蜻蜓》。第一次禁演是在清光绪年间，第二次禁演《玉蜻蜓》事件发生在民国十五六年间。

申家，是苏州的一个大族，申家祠堂现在还在苏州。在清朝、民国时期，申家都有人为官。清光绪年间，会唱《白蛇传》和《玉蜻蜓》的艺人吴陞泉，在皮市街“隆畅”开《玉蜻蜓》，苏州劣绅申振刚的父亲借口侮辱名贤，认为《玉蜻蜓》一书所描述的故事，对申家是一种侮辱。书中有申贵生进庵堂与师太志贞生下徐元宰（后复姓归宗为申）的情节。这样，就等于说申家是尼姑生的，因而不准说此书。将吴陞泉一把辫子拖下书台押于班房之中，并动公文至吴县衙门，意欲禁唱《玉蜻蜓》一书。当时评弹已由光裕社组织，“道众”说犯禁不犯法，也动呈公文，说这有关艺人的生计问题，尤其是对只说这一部书的艺人来说，不唱焉能生活？！吴县县长李子鳌为此事件曾行文公告，意思大略是：“得全生计，离城十里更姓弹唱。”这张告示，光裕社曾把它凿刻在社里的一块碑上（现已不见），从此《玉蜻蜓》便不见演唱于苏州。而到了民国军阀混战时期，申振纲势力更大了，便想再严禁《玉蜻蜓》，他原是大军阀齐燮元的亲信，那时上海警察厅的厅长徐某被刺，齐燮元（江苏督军）便派申振刚前往补缺，此人系南京宪兵学校毕业。不料淞江督军卢永祥已先派亲信去任职，双方闹僵，据说这也是江浙交战的原因之一。在民国六七年间，苏州警察厅厅长崔凤麟死，申振刚便趁机到苏州来补缺。当他到苏州，任苏州警察厅厅长后，即号令苏州评弹艺人不准再说《玉蜻蜓》。当时艺人恨死了他，说他不会长寿，初上任，政事不问，却来禁书。

当时，又有一种说法。当禁演《玉蜻蜓》后，在“道众”中，说《白蛇传》和《玉蜻蜓》的吴陞泉，因为在外码头生意不灵，而长篇《白蛇传》在苏州也不吃香，所以他在临顿路“壶中天”书场，偷天换日，以弹唱《芙蓉洞》为名，偷偷地开《玉蜻蜓》（这时已改申为金）。因为《芙蓉洞》即是《玉蜻蜓》。来源是沈俊卿长江遇盗后，跟李东湖上山。有一次，李东湖之妻趁俊卿一人在书房时，欲调戏沈俊卿，被沈斥责而去。俊卿被戏后，独自在山路上解闷、泄气时发现一个山洞，名为“芙蓉洞”，故借此命名。吴陞泉做《芙蓉洞》生意颇好。演出两天后，不知为何让当时在苏州任警察厅厅长的申振纲知道了，他私下便来书场听书。当他证实了果真有人是在说《玉蜻蜓》后，便将吴陞泉押进警察厅关了三天。吴陞泉答允悔过后，方才被放出来，并被勒令今世不准再说书。吴陞泉因此气出病来，半年不到即身亡。随后，申家的一个太太也去世了。有人便借此传说是吴陞泉活捉申太太去的，以解心头之恨。当时，光裕社曾为这事上诉南京，说在我们艺人中，有的艺人只有这么一部书，他们是要靠它来维系生活的。南京批文下来，要求把申姓改掉，除苏州以外可以说。事后，《玉蜻蜓》一书就由申姓变为金姓了。再有一说，申家是一个大族，在苏州黄鹂坊桥处尚有“申衙前”，可见势力之大。清朝光绪年间，说《白蛇传》和《玉蜻蜓》的田少山，是出名的“田痴子”，他的“蜻蜓能说得会飞，白蛇说得会游”（形容他的艺术之好）。申家认为侮辱了他们的子弟，借淫词为口舌，动文禁演。经过交涉，就改申为金（申与金是地支中的对称语，申就是金），在外地演唱。那时，申家做官的人大约是申士娥。

当我在27岁补《玉蜻蜓》这部书时，《玉蜻蜓》在苏州已被禁演很长时间了，所以说此书的艺人是很少的。当时，只有张云亭（王子和嗣出的弟弟）、俞筱云、俞筱霞和谢品泉（谢说《玉蜻蜓》、《三笑》，因《三笑》红，《玉蜻蜓》不常说）曾说过这部书。在这种情况下，我仍坚持要学《玉蜻蜓》一书，那是要有勇气和毅力的。苏州是评弹的基地，这部书苏州不能说，生意损失就很大了。我因为爱上了这部翡翠《玉蜻蜓》，才放手去学的。

《玉蜻蜓》先后被禁要有十余年之久，直至抗战前才重新说唱。在封建社会，艺人因一句话触犯了当地贵族豪门的利益而被禁书、禁演的事是举不胜举的。拿评弹来说，就有荡口不准说《三笑》（为当地劣绅华鲁达私禁），因书本中有大踱、二刁两丑。太仓不准说《双金锭》（说王阁老赖婚有损王家声望），诸如此类的事件是时有发生的。

《玉蜻蜓》书中沈俊卿之金钗的几种处理

（1）传统的处理方法

“金钗”是沈老太太从北京买回送给沈三娘的，二房一直很眼热。沈俊卿去襄阳寻金贵生时，三娘将金钗插在俊卿头上以表相思。沈在长江遇盗，上山与李东湖义结金兰。一日东湖操练喽兵，俊卿身感不爽留在书房。不料，东湖之妻，因东湖只知武行，不讲夫妻之情，由怨而羡沈俊卿，派了丫头水仙送信到书房，被沈俊卿厉声斥责，这就是“关子书”《戏叔》。事后，沈俊卿外出散心，兜至后山，遇一芙蓉洞。进洞，见两个金银财童对自己在招手，沈俊卿向前一看，原是五路财神。身旁有车，全是金银元宝。俊卿想这是义兄东湖的财饷，应该归他。财神不准，命二童拦阻俊卿。俊卿欲回去叫义兄李东湖来取财，不料，插在头顶的金钗被上面松枝刮落。财童便将金钗送给财神，财神便以这金钗为“骑藏簪”，将财饷运至沈家花园。这时，沈家误认俊卿已死，香烛牌位俱立。谁知，财神也会失算，一噱。因此，沈方拾钗造成冤枉。后来俊卿高中荣归，途遇沈方哭更，同返苏州。二嫂咬定三娘与沈方有染，虽俊卿反复说明仍然无用，为明真相，请乡邻挖财宝以辨真假。随之，在沈方拾钗之处，挖地四尺，见一石板上刻有四句话“拒拆书阴功莫大，赐黄金天理无亏……”。俊卿抬头见五路财神在空中，身旁车子已空，撬石板共计五缸，三白二黄。这是沈俊卿之金钗如何从头上到苏州沈宅花园里的一种最老的说法。

（2）蒋月泉的处理方法

俊卿上山后，修书叫喽兵送至苏州，并附金钗为凭。喽兵不慎把信丢了，只好写条说明情况与金钗一齐丢进沈家花园，后被沈方铲草时看见拾起，从而引出“拾钗”风波。

（3）曹啸君的处理方法

沈俊卿长江遇盗时，金钗落在船头，被必贵拾回。他生性爱赌，有一次输空，他便在花园里偷看金钗，刚好沈方至此铲草，必贵心虚往草堆中一塞，后为沈方所见。

（4）我的处理方法

当沈俊卿出芙蓉洞时，不慎失落金钗，喽兵拾去不肯交出来。这喽兵在苏州有个表妹，后来山上散伙，他便到表妹处，为获取路费就将金钗当给表妹。一日，表妹送成衣至沈府（这人家以裁缝为业），当她路过花园，去采石榴花时，不料金钗被树枝刮落，后为沈方觅着。

关于《玉蜻蜓》的传说

据徐玉泉说，申家是苏州的大族，真的申贵生活到六十多岁。志贞是申家的婢女，跟贵生有染，后被赶至庵堂，生下了元宰。申大娘娘则与王定总管（年纪不老）也有私情。

《玉蜻蜓》相传是由明朝的一个大官王阁老所著。他与徐元宰同代，俩人年迈告老还乡后，俩人相互戏谑。元宰写了一部《猩猩传》。内容触及王阁老，说有一位宰相是猩猩生的。从前在唱“宣卷”的人中，还有人唱《猩猩传》。王阁老也善笔墨，便写了《玉蜻蜓》，借此，说他申家乃是尼姑后代，以示报复。两书逐渐形成两桩故事四处流传。后由评弹艺人田锦山（说《白蛇传》的）把《玉蜻蜓》故事化成弹词的说唱脚本，之后，因生意清淡，穷困潦倒，向朋友告借不成，赌气把《玉蜻蜓》脚本卖给某旧书店，洗手停唱。后被人发觉出版，故《白蛇传》与《玉蜻蜓》开篇相同，所异者只是与《白蛇传》相比，换了一些韵脚。

《文武香球》的简介及其他

老前辈们说，从前只有《武香球》。后来嘉兴出了一个张鸿涛，此人才学极好，人称浙江马如飞，他说的香球被称为《文香球》。之后，人们把两者合称《文武香球》。

《文武香球》在“一马双驮”开始之前，还有几回书，松亭分手，龙官保与董文、董武义结金兰。把龙官保这条线放掉之后，就从张桂英四处追寻龙官保开始。接下来就是侯月英乔装好外出，抵杏花山，杀盗称王，劫法场。侯公达领兵剿山，父女交兵后父上山。张桂英至曹家庄捉妖患病。龙官保到徐州，寄宿蒋家后进京投考。张桂英遇董文、董武后，同赴京城寻找龙官保。双美成亲。龙官保得中状元游街，被二董看见，三人来状元府拜访新状元，而新状元不愿接见。张桂英打擂台而得武状元，带龙官保领兵剿杏花山，后为侯所捉，最后夫妻团聚（五美团圆）。

张福田的祖父张鸿涛，书艺极佳，因系嘉兴人，故被誉为浙江马如飞。他说到《文武香球·一马双驮》时，起张桂英一侧身间，能使听众觉得其背上真有一个龙官保。他晚年留须，但“起”金花、银花，非但不肉麻（没有脂粉气），而且极像。由于是浙江人，苏白不纯，“小姐”说成“雪姐”（有些人为了学他，明明是苏州人却偏偏读别。这在艺术领域中并不鲜见）。

张鸿涛授二徒，一名朱品泉，绰号白牡丹，一名陈子祥，绰号黑牡丹，书艺皆精，尤其是朱品泉，不论面风、说表、弹唱都能学像其师之九分。

陈子祥书艺虽不错，但“口冲”极多，有“勿说错勿落回”之“雅誉”。陈子祥有姐陈丽云，说《小金钱》、《双珠凤》。

书坛杂谈，艺人的书品和德

谈谈说“会书”

有句俗语叫“苏州说书，北京唱戏”。意思是说“苏州的书”、“北京的戏”都难做，动不动就要被人家喊下来（苏州是指“会书”，北京不知是否单纯指会戏）。有人对说书先生有意见或跟他过不去，也说：“你做‘会书’看我的！”

开始说“会书”，艺人是不拿钱的，收益全归光裕社。这些钱与艺人每月交的付费钱（会费），是在每年三皇祖师生日时，作为备酒水费用的补贴，以及艺人家属的鳏寡孤独的生活补助和潦倒艺人的丧事费用补贴，等等。后来有人建议，说唱“会书”是性命钱，艺人应该拆账。起初时，一档书是100铜钿，以后增加到500铜钿，最好时增加到2000铜钿（生活水平也提高了）。因为说“会书”有了收入，一些家境非常穷困的说书人，艺术水平一般，由于生活有困难，明知上台要被人家喊下来，为了钱也只好硬着头皮上去（喊下来也有钱领的）。还有这样的现象：这人白天“会书”被喊下来了，晚上他又对执事要求让他再上台。执事对他说：“你不行吧。”那人就苦苦哀求，目的是为了拿到这么一点钱。当然，也有一些艺人对说“会书”是头痛的。李汉臣，他是曹汉昌团长的师叔，他最怕说“会书”，逢到“会书”他就要躲起来。而范玉山，他就是说“会书”而红起来的。早先的范玉山在农村码头演出极红，但苏州还没有人知道他。有一次他到“吴苑”吃茶，人家对他说：“这次‘会书’你来一档吧。”他欣然答应。于是便排了他一档。这天“会书”演出共有四档书：第一档史竹庭，第二档范觉亭，第三档范玉山，最后送客是许继祥。范玉山说的是《济公·嫖堂子》。他一上来不用表白，就起脚色，噱极，听客个个叫好，要求再来一个。许继祥一上台，台下很乱，但他是有“会书”经验的，在“会书”中素来极有威望，遇到这种情况，他脸不改色心不跳，毕竟是老手。一上台就放了这样一个噱头：“今朝我勿来事，人家都来犯犯我了！”听众大笑（犯犯由范范而来，因前两个都是姓范的艺人），从而稳住了台面。

我也尝过“会书”的味道。二十五六岁时，皮市街“隆畅”书场的老板阿中，到我家来对我说，他那里“会书”已经弄不下去了，三四个人都被喊下来了，要我去压台。我那天上台说书，简直如同被绑上法场，书场里一片嘈杂声，我便说了一回《文武香球·龙官保吃韭菜炒肉丝》，效果很好。这里说书还有一个诀窍，尤其是说“会书”，就是说书要符合听众的愿望。如说《西汉》，霸王吃败仗，听众心里就不快活；《三国》书，说到曹操被刘备打败，听众就高兴；但在华容道书中，听客又希望关公放走他，否则，听众就不称心。

谈谈收徒和出版脚本的看法

（1）收徒

现在的收徒太马虎了，只要领导关照一下，仪式也不举行，头也不用磕，只是鞠个躬，喊声“先生”，有的连躬都没有鞠，更谈不上拜师金了。我这样说并不意味着我是要铜钿，我是说老规矩仍旧是要遵守的，磕头不磕头看似关系不大，但实际上是有着很大的关系的。不磕头，先生在学徒面前就没有威信，学徒也很难学好。过去蒋月泉拜我，磕过头，至今蒋月泉有时还会在别人面前说："不知为何，我见了老师，话会说不出的。"去年（1962年）上海团在苏州演出，吴子安、严雪亭、陈希安就专程叫我去隔壁（上海同志住在周老隔壁，文企公司楼上），问我这里的收徒情况，有无拜师金。我告诉他们情况后，他们都怪我这样做不好，说上海收徒是照规矩的，不仅在红毡上磕头，而且还有拜师金。据说在上海团里，贫苦的学员出不起拜师金，评弹团便替学生出。他们的做法与我们文化局的做法是两样的。盖叫天老先生也说，这样收徒弟是不应该的（指不磕头、不收拜师金）。

（2）出版段子书、广播

把说书的脚本公开出去，将来是否会害说书人？现在把脚本出版，又把书广播，大家可以记录成文，只要会弹弹唱唱就好钻空子说书了。我们苏州会弹弹唱唱的人很多，听说前几天在公园里吊嗓的许多人都是想说书的。这样下去如何是好啊！

书场中有为听众装水烟的

那时书场中有装水烟的，那个烟筒的嘴特别长，内行叫"目苗子"。烟有两种，水烟和皮丝烟。吃客吸烟后，并不立即付钱，待将散场时，那个装水烟的卖烟人，他老早就坐在出口处的高凳上。一方面，他要对听客一边"打扦"一边不停地喊着"明日请早"，由于他面朝里，而且也是练就一身功夫的，所以喉咙响亮嘣脆；另一方面，他在等着收吸烟钱。吸烟的听客散出来时，正好经过他身边，吸烟的钱大都准备在手里，所以都能很快地将钱付给他。这里有个"记性"问题，谁吸的、吸的什么烟他都能记住，这是不容易的。

李金祥场中也有装水烟的，但不是散场收钱，而是每吃两三次付一次钱，因为那是在广场上，一散就抓不住了。

说书计时是靠点红蜡烛

那时还无电灯，一般书场都点烛，一回书点一根半“八堂”（即八文一根，“四堂”是四文一根）的红蜡烛。当全根点完时，正好“小落回”，那时堂倌上台去冲开水和送毛巾给说书先生，同时，也正好去接那半根蜡烛。其间，停七八分钟，老先生们就吸吸烟或嗅嗅鼻烟。初时是将蜡烛插在木凳头的铁钎子上，后改用锡蜡扦就漂亮极了。逢到刮大风，便要用玻璃罩的台灯罩。

书场里的堂倌喊“开书”，在当时也是一门绝技。好的一声“开书哉”能跑大半条巷，而且嗓亮悦耳。在我的记忆中，“隆畅”书场的阿七喊得特别好，声传全巷。

要讲艺德并善待他人

场东即书场老板，当时被称为老板的当然是“资产阶级”。中华人民共和国成立以前，有些艺人，特别是“响档”对场方会提出各种千奇百怪的条件。每天一定要几荤，并且要点菜，要什么样的房间，早晨起来吃什么样的点心，有的一定还要带全家去住，却不付饭金。张某某甚至规定每天要几斤酒，顾某某等会提出一些额外要求。有些个别“恶作剧”的艺人，如不合他们的意，他们就会做出小菜不好倒在抽屉里，白帐子擦黑皮鞋，新的丝棉被头烧香烟洞，床底下脏东西成堆，临走时为了逃扦（卖票的签子）还要吵一架等对抗行为。他们不仅认为这些“恶作剧”的举止是合法的，还理直气壮地去宣传。

我却不以为然。我认为用这种行为来对抗，不是正当的斗争手段，更何况用来对付书场的场东。尤其是在我年轻时，他们不一定够得上资产阶级，很大部分场东也只能算是小生产者。他们自己参加劳动，烧开水、卖筹、冲水、烧饭，供艺人使唤。有的场东甚至是十分清苦的。如三十年前，青浦木匠公所鲁班殿“同乐”书场的寡妇老太，因为看守鲁班殿的收入是不够生活的，所以做做书场以添膏火。又如昆山“老同春”书场的场东阿荣。我十九岁去那时，还见过书场老板阿荣的父亲张庆春，现在恐怕阿荣也不在人世了。阿荣的女婿华佩亭故后，其女在爱情上十分坚贞，矢志不改嫁。这场方很是清寒，穷到烧火柴都没有，可待人极好，宁可当、卖、借，也要烧条鱼什么的来请艺人吃。对这样的场东，如果艺人再订有什么刻薄的“条件”，岂不是很残酷？其实，那些人之所以那么说场东的不是，也不过是为自己开脱恶劣的行径而已。同时这些艺人，对堂倌更是作威作福，把人家差得“碌碌乱”（晕头转向），一旦不称心还要发脾气，到“茶会”上还要去宣扬哪家堂倌怎么不听话，哪家堂倌又是如何恶劣。我半生以来，也做了不少书场，但从未与堂倌吵过，自己也尽量不差遣他们去做什么事情，要实在不得已时才请堂倌帮忙，即便如此，也总是诚意恳托，彼此关系十分融洽。诚意待人总不会错。当然，这些作威作福的人，在艺人中也是少数，然而却是“害群之马”，给群众留下了极坏的印象。因为码头上一点小事全镇皆知，茶客就是听客，他们耳闻目睹，同时场方在怨自己命苦时也要讲的，这种“恶作剧”的坏印象很快就会传开。张福田先生在“老同春”做时，一条鲫鱼只吃一点点，原因是他知道场方困难，留些给他们吃。我看见过不少老先生，他们不论场方拿什么菜来，总是两碗饭。一般的地方，堂倌都等艺人吃好，把他们吃剩下来的菜用来给自己下饭，如果您吃得精光，那叫他们吃什么呢？“老同春”是更惨，他们自己还不吃，晚餐时将鱼翻个身又送上来给先生吃了。这在某些艺人看来，是件岂有此理的事。事实上是他们实在买不起，也是出于无奈。而张福田先生不仅不气，反而将道理说给我们这些学生听。

我跟师时，发现张福田先生不管到哪里，小菜总只吃四分之一，留下大部分给场东和堂倌吃。这深深影响了我以后的为人作风。

总之，这是个品德问题，现在虽不再存在，但还可请青年人注意，对人要和气，要尊重人，遇到和场方不融洽时，应先检查自己，处处要想到，这不光是个人的问题，处理不好就会影响整个评弹界的声誉。

似乎话扯得远了，但我仍要说，一个艺人的品德十分要紧，切忌贪小便宜。如过去上海“堂会”做得多的艺人，由于他们做出了偷烟泡、香烟、糖条之事，而给人留下了极坏的印象。人家不是就某个人来提，总是说“格班说书的”怎么怎么不好，会影响到整个评弹界的声誉。

评弹书目及其他的“切口”

《三国》——大王、《三笑》——小王、《落金扇》——摇风、《双珠凤》——双飞、《文武香球》——武佬、《双珠球》——滚佬、《描金凤》——描飞、《玉蜻蜓》——飞老、《珍珠塔》——钻老、书台——桥梁、弦子——柳条、琵琶——扁拎、生意好——蓬海、没有听客——田鸡。

历史知识，生活中的趣闻轶事

清朝时期苏州的衙门景况

明朝时期的苏州分一府两县（长洲县、吴县），到了清朝为一府三县（增加了元和县）。那时，三大宪（道台、臬台、藩台）和织造的衙门都在苏州。织造在带城桥，管进贡宫廷用的绸缎货物，任职的全是满族人，好差使，汉人是轮不到的。

臬台衙门在现在的（20世纪60年代）市政府（人民路饮马桥处）处，职务相当于财政长。光复时的“臬台”叫朱瞎子，平湖人，公事极熟，件件文件都能交代明白，西太后也很赏识他。他常乘轿子从护龙街过，所以我曾见过他几次。他总是静坐于轿中，头戴红顶丝帽。后跟三四十人，还有两人扛一只箱子，比半桌大一些，稍阔些，一二尺厚，叫行箱。里面放罪衣罪裙，准备皇帝降罪时用，表示自己的忠心。箱子上涂满红的广漆，外面罩一绸套。

藩台衙门在现在的学士街。府台在大太平巷。吴县衙门在吴学前。道台衙门在桃花坞。元和县衙门在现在的市一中后面。

凡是衙门都是在城里的，我过去说到沈俊卿荣归回苏时，总是说“城里城外的官员都来迎接”。过后，有听客跟我讲，衙门都是在城里的。可见说书这一行样样都要懂得点才好，否则就要出差错。

苏州府下面共分四守备，两个中军，权力最大的是府台，其次便是中军。我幼时，苏州府有两个中军，一姓章，另一姓曾。章中军衙门在和桥头，他们都是武人，常操练。

苏州三大宪每逢初一、月半都要到关帝庙来捻香磕头，来时防务森严，别人不能进去。我人小，他们不注意，常能溜进去，很有意思。拜毡都是自己带的，上面是一层牛皮广漆，下面是红毡毯，全是方的，上面配有两个襻，能拎着走。捻香时一排一排排好，第一排当中是红顶子（织造），第二排站的是三大宪，第三排是县官，半边有掌礼，他们喊：“拜——掀。”拜时左脚跨出一步，右手护胸，右脚曲跪，当差的替他们扶住花翎，以防落下。

从前苏州设有“地方”（小官），专管几条巷的民情。他也有“衙门”，内设“地方下处”，凡因闹事而犯轻罪的人就常被关在这里。我父亲曾被关过，所以我也见过里面的情况，里面有六七张床铺。“地方”的薪金是由府衙发的，但这些“地方”每年要过两次生日，光收钱不备酒，其实是搞外快。

清朝套在犯人头上的枷是方的（明朝是长的），罪轻的人常被“枷”在闹市处，早“枷”晚归，没钱的住在“地方”处，有钱的买通“地方”便能住在家中。这些犯罪被枷的人，怕羞，常出比较贵的钱，向差人买来一张草纸护住面孔。

我小时候有一次去玄妙观玩，看见六七个农民坐在石条上，旁边有人看，叫“闭佃户”。一歇工夫来了一个小官，后跟六十余个差人，审讯时打每人屁股二十记，据说是打了就不要佃税的。那些差人一脚跪，一脚曲，板子举得高，这板约二寸来阔，农民被打时要喊“老爷，痛煞哉”等语，否则定会被多敲几下。据说如不喊，对老爷是不吉利的。这些公差就像上海的包打听，死要钱。我就曾看见那些被“枷”着的农民，每人给了公差二百铟。

火烧玄妙观处弥罗宝阁

弥罗宝阁在现在的观前影剧院位置（现玄妙观后面），高三层，每层有两层楼高，底层是六十花甲子星宿神（一面三十），供玉皇大帝。

我16岁那年，七月十六，傍晚七时左右火起。我家住在乔司空巷劈对面。初以为是范隆盛炒货店（那家西面）捅烟囱，后才发现是弥罗宝阁。火起自二层，因而火开始是从二层冒出的。我跑去看（当时没有小菜场，这一带都是民房，必须绕道西脚门进玄妙观），那天是东南风，火往西，靠西立不住，我便到牛角浜口看。那时没有“泵浦”，玄妙观内有两条洋龙，观东的叫同仁洋龙，观西的叫××洋龙，具体是哪里，我也记不清了。那天全苏州洋龙都来了，甚至陆墓（现陆慕）等处的也来了。那时的水龙要挑水进去，水全靠牛角浜，但水浅不抵用，而且人多地窄转身不易，火势爆飞，不过三小时，一座宝阁便化为灰烬。据说，那火光连浒关都能看得见。

我所知道的光裕社的几任会长

第一任：沈友亭（俭安之父），说《双珠凤》、《白蛇传》。

第二任：王绶卿（徒唐凤春、俞荣春），说《倭袍（唐家书）》、《珍珠塔》。

第三任：王效松。

第四任：张福田。

第五任：黄兆麟。

之后有黄兆熊、杨斌奎、严雪亭等。

艺人无知名度和天赋差的遭遇

有一天沈友亭生病，其子勤安代书（俭安之兄，25岁左右）。当时书场票价连茶三十文，不连茶二十四文。用的是竹筹，买筹桌在书场门口，是一张破的账桌，桌面上七翘八裂，上置钱板。书筹由铁钎子穿在绳上。沈勤安一上书台就开口说：“今朝我爷有病，叫我代书，说一回《白蛇传·盗仙草》。”话未说完，已有听客起立，忿忿然走出去，走过买筹桌时，把书筹猛力摔往买筹桌，乒乓作响。接着听客陆续起立，于是“呼嘭”之声不绝于耳，原有几百听众，后仅剩十余人。说书难在威望，不够者人家一句也不听你的，叫你有力无处使，可见威望之重要。

艺术工作者，天赋确有三分优势。一代名家王绶卿曾出过一个不成器的徒弟，名叫俞荣春。由于他面架子宽大，颇像“加官”，于是大家就叫他“加官”，渐渐地真姓名倒反而生疏了。此人跟先生的时间特别长，要长达十年之久，可是书说不好，长期没有生意。人们讽刺他是“十年窗下的韦陀菩萨”。意思是讲：跟了十年会（韦）长的徒（陀）弟（韦陀），却一直孵（菩）煞（萨）辣（在）茶会浪。他没有生意只好蹲在茶会上等。他三弦调不准，上台说书一定有口冲、漏洞，如把“玉兰得得得得走到刘氏身边一立”，说成“玉兰得得得得奔到刘氏交椅把手浪一跺”，把“从戴纱帽轧到着草鞋”，说成“戴草鞋轧到着纱帽”，有人说他：“勿说错，勿落回的。”

当然，我认为艺术成就固然与天资有关系，但钻研更为重要。此人每天吃得酒水糊涂，尽在“茶会”上瞎缠，根本不在艺术上下功夫，焉能上进？！

破旧简陋的书场，考验艺人的本领

那时的书场一般都是茶馆带的，因而有好些书场都只做夜面。由于是兼做，晚上的书场都是临时布置的，书台是临时用板（栅板——牌门板）和长凳搭的，因此若像现在这样用力跳，那书台是吃不消的。这种书台稍用些力，台就要颤抖。

考究的书桌是用半桌，蹩脚些的是用很糟糕的饭桌。一根“八堂”蜡烛，点在下手（必须在下手，因说时的面孔朝左的多）一个“木凳凳”上的铁钎子上。半桌下搁脚的，是一个小甏（脚跟放在甏口里是十分合适的）。那时场子里若能容纳一百四五十个听众，已是很大的场子了。

那种场子往往是旧式房子，声音出口就散，又没有现在那样的扩音设备。因此，不练好嗓子就说不好书。这样的环境，大概过去也给每个艺人施加了必须要下苦功练好嗓子的压力吧。

我亲眼所见的校场杀人

这是我小时候的事情，我家住在护龙街乔司空巷口，只要看见有衙门里的人掮着“皮榻子”过去（很像现在的帆布躺椅），就知道今天要杀人哉。因此，在我家附近的人，若有人不信今天要杀人，我就说：“啥人骗倷，‘皮榻子’都过去哉！”“皮榻子”成了杀人的广告词和预告牌。当“皮榻子”过去之后，约莫再等十来分钟，便有两个刽子手的徒弟或伙计，一人捧鬼头刀，一人提剪刀，挺胸凸肚，杀气腾腾，急匆匆地过去。鬼头刀三尺来长，五寸多厚，四寸左右宽，头是平的，刀柄有七八寸长，柄头上装木雕小鬼头，这刀是寄在我家附近关帝庙里的，杀人时去“请”。用过了之后仍寄在庙里，大概算是有神明保佑吧！剪刀大概是“抢”（剪）犯人衣服用的。每次杀人前去关帝庙前张小全剪刀店拿取，不给钱。这是因为店家名义上是“当差”的，至于用过的剪刀如何处理就不知道了，可能成了行刑人的油水。说到“当差”，杀人时，很多店家是一定会轮到的，比如杂货店供草纸，酒家肉店遇到那些江洋大盗，临死前为表现“吃价”（不畏惧）而提出要吃时，店家就很爽快地免费供应等。当然也有胆小的犯人想用吃酒来迷糊自己，企图减少痛苦。两个伙计过去之后，正式“道子”（当官的仪仗）来了。先是几个皂隶，下来是刽子手，后面就是犯人。犯人圈坐在“髲裹”里，背上插着斩条，由两个人扛着。接下来约有一百名洋枪清兵，这些清兵的打扮是：玄色布包头，身上是红色黑边对襟的“号褂子”，前后各有白色团团，前写“清兵”，后写“勇”字，黑裤子，外系“挡腿布”，花布绑腿。其后是官员坐的轿子，轿后还有几个随从。

犯人在刑场，面孔朝演武厅，洋枪兵站成圆圈包围，行刑的时候，一齐放一枪，是空包弹，刽子手手起刀落，犯人像开了盖，血直冒，那时看的群众要拍手高喊，名为“拍威”，算是吓退鬼魂的，否则就要跟人回去。然后差役齐呼：“回衙门哉！”便整队回去。死尸原应由地保看守一夜，第二日由家属领回去，无家属者，由地方上弄一口薄皮棺材收殓。

死人头是放在裤裆中的，在这一夜中，很可能给野狗拖食。因为谁肯在这种地方看守一夜呢？后来，行（加）了一个木罩子，才避免了野狗的乱拖。

在常熟山前河上看龙船

每年的农历三月二十，常熟的山前河上有划龙船，各地来看热闹的人很多，因此那时山前河岸上，真是人山人海。特别是河里，除了龙船，更多的是游船（也叫看船），其中有私人雇的，有摇船做买卖的。做买卖的船两个铜板一客，一船约坐二十人，坐满了就开往山前河兜圈子。还有的是打拳船，这种船没有木栅栏，或者可以说是赤膊船，船上放着刀枪剑戟等十八般武器，五六个人在上面耍，单刀破花枪、飞钢叉等，好看的是在他们舞弄时，船行得很快，沿着河边飞快地航行在太阳光里，耀目惹眼。

河边岸上游人如织，各种摊头都挤满了人。私人雇的看船有“单夹弄”、“双夹弄”之分。舱头分头舱、二舱，紧里边还有房舱。头舱上挂着明角灯，小桌小椅，整齐清洁，两边窗框等处都雕着精巧的戏文之类。

龙船是两头翘的，前面龙头略高，看上去很有威势。龙船上有棚，棚上插旗幡。摇桨要有十八个船夫，一面九个，划起来很整齐。船艄上有一面大锣，一只大鼓，各有一个人伺候，船上快慢的操纵都在锣鼓声上。

龙船的舵是一把木制的单刀，梢上还扯着百脚旗（我现在《看龙船》唱篇中的“百脚……”就是由此而来的）。

当初，我看时无非是逢场作戏，想不到后来学了《玉蜻蜓》后，却大派用场了。

旧时“考究”的书场和书台

三十年前的书台与今天的书台不同，是用木板临时搭的，台上放一只烛台，椅边一只坛，供搁脚用，对面一张状元台。那时唱戏，戏台是四角方的，三面好看戏的，面前有两株庭柱。台下看戏的桌子叫“正桌”，长方形的，每桌坐十人，这是给有钱的人来看戏坐的，桌上常放一只吸烟的“烟文具”，红木做的，配有白铜铸链，能拎的，烟枪有一条软皮管子，可以弯转着边看边吸烟，所以又叫作“皮带枪”。戏台的两边叫边厢，无桌子，只是一排排的长凳。楼上叫包厢，一间间隔开，谁出钱包了，别人就不能进去。

苏州传说中的“周王会”节

当时，每年的阴历六月十三，是苏州地区传说的“周王会”节。“周王会”又叫“解饷会”，是玉器帮匠人集伙搞的，在所有的“出会”中要数它最为可观了。“出会”起来着实好看，前头一只浑身雪白的马，鞍坠流苏，遍体挂满红绿彩球，尾拴珠蝴蝶，是供老爷骑的。马后跟着两个人，手执两柄扫帚，预备扫马屎的，扫帚上也满挂着紫蝴蝶。跟在马后面的是一顶“暖轿”，装饰得极漂亮，八个抬轿子的轿夫一色号衣，旁边还有八个人搀扶。抬轿子的人要边走边喊：“当心上面招牌，下面西瓜皮。”暖轿背后有一把短柄的鹅毛扇及三顶大伞。第一顶伞的伞面是大红绉纱，圆台面大小，四周挂满“苏（须）头”，这伞叫万民伞，是户主合伙送的，凡出钱的人都绣有名字，此伞平升三级，伞骨子等为白铜所制，装着一根较粗的茅竹柄，由一个“白相人”撑着，另一个人用一把钢叉叉牢；第二顶伞为蓝绉纱面，百灵台面大小，柄长二尺余，上面缀有许多镂空的白玉福字（玉器帮人说：周王是他们的祖师，所以特别注重）；第三顶伞是红绉纱，上面配有翡翠的绿字。这三顶伞分别被称为福、禄、寿。

跟在“暖轿”后面的是“仙轿”，是一张藤椅，有人抬的，说是供周王坐的。随轿子后面的马队共十八匹，大概是“解饷”的。其中一个坐马人的背上，背只玉鸳鸯，二尺来长，当中是用红木做的，头却是玉的，价值很高。还有一只亭子，比八仙桌略微大些，当中供只翡翠的三脚蛤蟆，由四个人抬，人们说它是活的，用后供在周王庙里（后来被日本人抢走）。马队后面，有不少掮三角旗的，旗是黄色底子，上绣凤与龙。

“出会”队伍的最前头，有二十余个西乐手，后随十番锣鼓。当队伍到玄妙观后，就把周王老爷的轿顶取掉，换朝服，用丝轿抬到弥罗宝阁。带来的“饷”（元宝之类），便丢在冲天炉里。这时钟鼓齐鸣，抬轿之人抬着“王璠头”朝见玉皇大帝。有人说，周老爷这时额骨头上都是两样的（胆小出汗）。见过玉皇，再让周王见东岳，随后抬回三官殿，使老爷恢复原来的样子。这些抬轿的人便在玄妙观里随意小酌，等一会就回去。

对于“周王会”的盛况，有十字山歌（张继良老艺人从前会唱，现只记得五字抄录于下）：

一字写来一划长，周宪灵丘去解饷，
六月十三天气好，雷响落雨出太阳。
二字写来上下分开，向导用起元县人，
“路由牌”好像夜明珠，“马六铳”还在后头跟。
三字写来上高山，吹箫弹曲音落板，
小武松登在前头走，穷凶极恶一座万民伞。
四字写来四角方，红衣背相对大锣党，
珊瑚、玛瑙、古董、玉器在街坊上走，
千斤重担最难当。
五字写来像盏灯，碧玉青蛙大将军，
八人抬仔同步走，红“苏头”相对明角灯。

在苏州的传统风俗中，除“周王会”以外，还有“贤圣会”、“下山会”、“双阳会”、“三节会”等。

“双阳会”又叫“网船会”，六十年出一次会，是在水上出。路径是从横梗泾口到泾闸再至横梗泾。我有一次乘船到杭州去，刚好遇到“双阳会”尾声，很多船队都是全国闻名的。

“三节会”是在清明节、农历七月半和十月初一举行，苏州的一府三县都要到虎丘去祭台。据说这是从明朝朱洪武兴起的。因为他登基时父母下落不明，四方遍访不遇，于是下令在清明、七月半、十月初一这三天，苏州一府三县都要去虎丘祭祀他的父母，故有祭台的习惯。

苏州乔司空巷有小财帛司，学士街有大财帛司，更有阴长洲、阴吴县、阴元和县（与长洲县、吴县、元和县相对）和府城隍（县的为县城隍）。“出会”起来，城隍菩萨走在最后头，故苏州有句俗话：“走在后头的人为城隍菩萨（老爷）。”

在出“三节会”时，一定要经过“吴趋坊”（那时无金门，要出老阊门的）。苏州人常说：“吴趋坊看还老灯。”说这个“灯”，可能在出会时，有一班叫“四军夜”的二十四个皂隶，他们在夜里从虎丘回来，每人都手执碧绿的灯笼，为此有“吴趋坊看还老灯”一说。

出会的人回来的时候，每人都要到三塘街顾德记酱园店里买些酸老卜、酸大蒜和“酥泥”、香豆腐等。

苏州民间年俗的送灶、接灶

每年的腊月二十四和大年初一，是苏州传统的送灶日和接灶日。送灶是将灶老爷烧掉，接灶也就是换新的灶老爷。

过去人家的灶头上都有一个供灶老爷的龛子，老爷是纸画的，有灶帘、灶锭（两串纸锭挂在角上），灶头上有一个灯架，里面放一盏铁制的或瓦制的灯盏头，里边放两根灯芯，供照明用，一年换一次，到腊月二十四这一天，将它取下用红纸包好，并用红头绳缚牢，再用两根小竹棒穿在里面做轿杠（轿杠是向小贩买的，上面涂有红水），然后将老爷放上油盏处的瓦罐内，算是坐轿子了。一切停当后，再把它放到供桌上。这时，供桌上摆有粉皮面筋（共二到四只盆装），还有水果，两只杯子，一只盛酒，一只放些茶叶，在茶杯里稍加些水，叫仙茶。供桌上还供有一碗糖元宝，饧糖做的，说是灶老爷吃了甜的，上了天就能为这家人家讲些好话，以盼望来年能消灾降福。

接灶时（一般多在当天上午的八点到十二点钟之间），主人先在门口铺好柴火，然后把灶老爷和供桌上的柏枝、冬青、芝麻萁等物，一齐拿出来放在柴火上面，再用“火夹”夹牢轿子，不让它倒，然后将火点着，等烧剩至一成，主人即用夹子将瓦罐夹住了往家里奔，怕掉下来，特地用饭箩张好，边跑边喊：“元宝来哉、元宝来哉。”大人怕羞，喊得特别轻，小孩子就喊得响。当奔到家里，就把这只烧红的瓦罐，往灶膛里一丢，算是财气进门哉。

百姓送灶一般都在农历十二月二十四日当天送灶，而大户人家（指官府）都是在二十三日当天进行的。这名堂叫“官三、民四”。苏州有句俗话叫：“唔笃是二十五（音读‘念鱼’）送灶，七颠八倒。”意思是说没有这样的事。

幼年时，因放鹞子而引出祸来

我幼年时，很欢喜放鹞子的，那时鹞子的种类很多，有乌菱鹞、百脚鹞和月亮鹞等。我最爱放的是乌菱鹞。经常在乔司空巷的高墩子上放，那里空野的地方很大，直到观前，高墩子下面都是桑园。有一次我向南放了一顶百脚鹞，线很长，不知怎么的，百脚鹞翻起跟斗来了，结果落在富仁坊一家人家院里的大树上，损失了不少钱，我当时伤心得哭起来了。

又有一次，我在放乌菱鹞的时候，差点闯下大祸。事情是这样的：那天风很大，我放的那顶鹞子高达七尺许，本来下面要结两根长长的绳子作为尾巴后方能放，而我恶作剧，把邻居红木作坊里的一个小孩缚在鹞子的尾部，叫同伴扶住，我便抓牢线头放起来。这下出问题了，鹞子附地拖了一段路后，便向天上蹿去，大约离地三尺许时，吓得这小孩哇哇大哭。过后，有人告诉了他家的大人，小孩也哭着回去告诉了父母。于是，这家的家长把孩子领到了我家来找我父亲谈话。此事着实费了一阵唇舌，由我父亲买了一大堆肉给小孩吃，才算了事。

有关“三皇祖师”的一些传说

（一）光裕社执事张耀祥（叶声扬之师弟）在管账时揩了油。当他死后，“道众”到他家里去吊丧时，死人躺的门板突然断作两段，尸体倒在地上，奇怪的是尸体不是仰面朝上，而是“合坍”（背朝上）跌下，而且死人竟还跌断了鼻梁。“道众”说这是“三皇”的威灵，怪他在世时贪用了公款。

（二）我20多岁时，到上海演出已经渐渐地红起来了。当时，在我心里有三桩愿：一是做“大世界”；二是灌唱片（那时魏钰卿、黄兆麟、沈薛档都已灌了唱片），当时，上海唱片公司有两爿，一爿是“百代”公司，是外国人开的，另一爿是“大中华”公司，是中国人开的，但他们都不来请我；三是补一部书（《文武香球》书短，不够应付）。后来，经努力第一个和第三个愿望都实现了，就是灌唱片没有如愿。我就求“三皇祖师”帮忙。那时，正好“三皇祖师”身上的一件袍破旧了，我就到苏州的一家绸缎店里花了一百多元钱，买了一件新袍送给“三皇祖师”，趁正月二十四“三皇”生日，“道众”聚会之际替他换上。这样一来自己也有面子，同时也希望“三皇祖师”能帮我实现第二个愿望。果然，事隔一个月，“百代”公司来请我灌了六张唱片，即《文武香球》中“张桂英托终身”、“一马双驮”等选回。

（三）光裕社替“三皇祖师”讨家眷。“三皇祖师”的屁股破了，没有及时补，因而在“道众”中，曾一度出些“屁精”——专门在外面轧姘头。于是不少人说，这是因为“三皇老爷”没有家眷的缘故。会长张福田提议，为“三皇”讨家小。那个家小的塑像塑好后，要为塑像点睛。点睛时，“道众”一夜不眠，待等天亮时，当听到第一声声音时，就把塑像的眼睛点上。

苏州街头巷尾的趣闻点滴

（一）三十年前，苏州的街道很狭窄，像现在的颜家巷（是指20世纪

60年代）一般，两对面的朝奉，都能伏在柜台上与街对面的同行攀谈讲话：“喂，倷阿曾吃饭？”“吃哉。”那时的苏州不要说是汽车，连黄包车都没有，苏州用电灯还是在我10岁时开始的。

（二）和尚吃斋，菜只能一只一添，还得由别人来加，饭自己盛。吃饭人再多都是没有声音的，食后桌上极干净。

（三）我6岁时，沪宁线路上通火车。我记得父亲是掮着我出阊门（那时还未开平门）去看火车的。那时可以直接上月台（站台）上去看。当火车来时，站上人挤人的情景我至今记忆犹新。

（四）苏州装电灯，观前街上有两家大铺子装得最早，大有万人空巷之盛。全城居民入夜后，都争先来看这不要加油的电灯。护龙街装电灯那年，我12岁。在未装电灯前，夜行之人均持灯笼，当有了电灯后，我们这批顽童，晚上可有了玩的地方了，如在路灯下滚铜板。

（五）谢毓菁的母亲谢桐影也是新剧演员。谢桐影的父亲就是赫赫有名的谢少泉。

（《回忆录》原文，由何云龙、钱江记录整理）

周玉泉评传

傅菊蓉

评弹听众都知道，在20世纪30年代，评弹界最负声望的艺人是被称作“三双档”和“三单档”的几位。沈（俭安）薛（筱卿）、蒋（如庭）朱（介生）、朱（耀祥）赵（稼秋）为“三双”，“三单”便是以响弹响唱著称的“描王”夏荷生、创造“糯米腔”的徐云志和人称“阴间秀才”的周玉泉。

说起周玉泉，人们眼前会出现这样一位艺人：他有温文尔雅的相貌、从容飘逸的风度，说起话来慢条斯理。

提到周派艺术，人们更不会忘记他那醇厚清劲的“周调”唱腔，勾勒洒脱的说表风格以及他塑造的一个个活灵活现的角色，而概括其总的艺术特色，一般都称之为“阴功”。

周玉泉创造的“阴功”艺术风靡书坛近一个世纪，至今保持着强劲的生命力，仍然为广大听众所喜闻乐见，仍然为许多艺人所醉心模仿、钻研。这就有必要探讨这一艺术发展过程，回顾周玉泉走过的道路。

爱听书的“拆天”

苏州的人民路，以前叫作“护龙街”，从南门到平门，南北贯穿苏州城。19世纪末，护龙街乔司空巷口开着一家很不像样的旧货店，店主周锦山，夫妻俩小本经营，勉强糊口。这一年（1896年），周锦山的妻子生下一个男孩，周锦山给儿子取了个很吉利的名字——天福。他，便是后来红遍书坛的说书名家周玉泉。

周家虽然贫苦，但对独生子也寄予厚望，巴望他日后有出息。天福6岁那年，父母送他进了私塾。天福读书从不知用功，却总能第一个流利地背出“云淡风轻近午天，傍花随柳过前川”等诗句。先生惊叹这孩子的资质，却又不知多少次，因为他调皮捣蛋而用戒尺打肿过他的手心。天福太顽皮了：撕坏同学书本、捉小虫吓唬人是常事，玩到天黑不回家，见父母找还故意躲开，三清殿前那足有几米高的露台他敢跳上跳下，动不动与人争吵，三句话不合意将小辫子往脖子上一绕就动手打架。这些不算，还有更可气的事：一次他扎了一只很大的鹞子，不装鹞尾，却把邻居家一个孩子缚在鹞尾上放了起来，那孩子被鹞子凌空带起好几尺，险些闯了大祸。类似的事情多了，他得了一个绰号——“拆天”。

“拆天”也有安静的时候，当父亲拉起胡琴或弹起三弦唱起各种小调，就不再吵吵闹闹。周锦山很有音乐才华，会唱苏滩、弹词和各种民间小调，还会弹奏多种乐器，爱独自拉拉唱唱聊以自娱。也许是遗传，小天福也爱音乐，也只有耳边响起音乐声时他才能安静地坐下来。可以说天福出世后，就接触了音乐，耳濡目染，他六七岁时就能哼出不少调门，和父亲一起唱上几段了。天福最爱听琵琶的叮咚声，为了让父亲替他买只小琵琶，他哭闹、央求，不知流了多少眼泪。父母商量、盘算了好久才咬着牙答应。天福终于用自己的手指在琵琶上弹出了叮叮咚咚的音阶，他高兴得跳了起来。不久，他就能弹出《大九连环》、《三六》等好几首完整的曲子了。

天福又迷上了听书。天福家离隆畅书场和玄妙观露天书场都很近，常去听“戤壁书”。10岁那年，他因母亲去世、家里更穷而辍学，更成了这两处书场风雨无阻的“小老听客”。每当傍晚，隆畅书场堂倌阿七那声震四巷的嗓门喊起“开书哉”，人们就能看到一个眉清目秀、拖着过腰长辫的男孩奔向书场档木下，聚精会神、一眼不眨地盯着书台，那股认真劲，远远胜过他在私塾念书，一丝没有“拆天”的模样。白天，这个“小老听客”会出现在玄妙观露天书场，一下午站三四个钟头，从不见他喊腿酸。大书的说噱和动作，小书的弹唱起脚色，连说书先生进书场、走上台的一举一动，无不使天福入神、入迷。一次他听了邹鸿翔、邹凤翔父子双档的书，见邹凤翔与自己年龄差不多已经上台说书，羡慕极了，产生了学说书的愿望。

学艺的艰辛

天福学说书是在他15岁那一年。他拜的先生是说《文武香球》很有名气的张福田。张福田的学生以“泉”字排行，他给天福起的艺名叫“周玉泉”。

张福田身材魁梧，好嗓子、好功架，更像一个京剧武生，而说唱却非常讲究文雅和书卷气，擅起各类脚色，到了暮年蓄起胡须演青年丫环照样自然俊俏，因此同行谑称他为“强盗千金”。张福田的说书风格，对周玉泉以后形成独特“阴功”有着极大的影响。

和那时大多数艺人一样，周玉泉的学徒生活是很苦的。侍候先生连同他养的十几只鸟，帮师母做家务，这都是分内活。吃剩饭、睡百脚凳他也能熬，最苦的是时常被先生打骂。张福田的粗暴脾气在评弹界是有名的，且有武功，膂力过人，挨他的打，那滋味可想而知。

但所有这些，都妨碍不了周玉泉孜孜不倦地学艺。对说书艺术的喜爱，加上为父亲分挑家庭重担的心愿，他是多么想马上学成，像模像样地登台说书啊！可学说书并不容易，他首先遇到的就是嗓音问题。十五六岁的男孩正值变声期，那嗓音就像小鸡初学打鸣似的，别人听着不舒服，自己也觉得别扭。当时，初学说书是必须先用假嗓学唱俞调的，可这时的周玉泉根本没有假嗓。先生呵斥道："还是趁早改行！这条喉咙好吃开口饭吗？"又命令他："越是哑越是要喊，喊出来就好了。""喊"的方法，现在很多人都认为不科学，但周玉泉倒确实是经过半年的"喊"，喊出了一条嘣脆的假嗓来。

尽管周玉泉幼年时的"拆天"脾性这时还会常常流露，但在所有师弟兄中，学艺要数他最用功。他每天天不亮就起身吊嗓，一上午要唱完十几首开篇，接着练唱陈调和各种曲牌，有时唱得先生都嫌烦了："好歇歇了！"先生上场子了，他随黄包车一路小跑；先生上台，他坐在下面身子挺得笔直，一眼不眨地盯住先生，唯恐漏听了一个字；回家路上他又念念有词，把刚听的书背上一遍，以免忘了某一段；夜深了，他还在小本子上默记，或学着先生的样子起脚色、做身段。

周玉泉第一次"插边花"是在宫巷"聚来厅"，那天许多同行前辈都到了场，在先生说书前唱一个开篇，按理他是有把握的，但初次上台太紧张了，脸涨得通红，背上直冒冷汗，两眼朝着天不敢往下看，一曲唱完逃也似的下了台，在场的老前辈纷纷开了口，许文安劈口就问："天福你怎么独看上头？"王绶卿、王效松等更是一面埋怨一面开导："你想吃这碗饭要好好改这毛病，干吗仰起了头，等天上掉些啥？"还好，头一次"插边花"，在同道中留下了一些印象："张福田有个小学生弹唱不错。"

跟师未满一年，周玉泉就和先生拼档说书了。第一次说书是在常熟湖园。几十年以后，周玉泉还能清晰地记得这第一次说书的若干往事，之所以能记得真切，不仅是因为"第一次"，更是因为这"第一次"和十个月后的"再一次"一同储存进了他的大脑记忆库。17岁的周玉泉，少年英俊，嗓音脆亮，还弹得一手好琵琶，可算一块"好下手"的"料"。但初出茅庐，说书没有抑扬顿挫，不懂进入脚色，和先生的搭配还不免出些纰漏。常熟的听众可都是“老耳朵”，他只能眼看着听客一天比一天少。距离湖园不远有家仪凤书场，被誉为“钟一枪”的评话名家钟士亮正在那里说《岳传》，湖园的听客纷纷转向仪凤，张福田师徒“漂”了。周玉泉很伤心，更听尽了先生的埋怨。然而周玉泉是有志气的，他把“漂”和先生的埋怨当作激励和动力，将自己关了起来，不管外面有多少吸引他去玩的地方，“两耳不闻窗外事，一心只顾练说书”。十个月过去了，他们又来到常熟，真叫无巧不成书，“敌档”又遇上了钟士亮。这一次的情况大不一样了，周玉泉十个月的苦功奏了效，他和先生搭配默契，无懈可击，张福田的“说”娓娓动听，周玉泉的“唱”呖呖莺声，令常熟听客刮目相看，“老耳朵”们被征服了，“钟一枪”败在他们手下。

周玉泉对说书渐渐入门了，这时的他觉得单学自己先生的本领是不够的。“兼收并蓄，触类旁通”，也许那时他并不一定能说出什么道理，但聪明人能体验到多看、多听对于丰富自己的益处。当时弹词艺人中最有声望的要数谢少泉，周玉泉对这位“弹词状元”十分仰慕，一有机会就去听，怕先生不高兴便偷偷地去。谢少泉起老生的“痰嗽”、“抖袖”都十分漂亮，周玉泉学了后，使用在《文武香球》的脱脱丞相身上很合适；谢少泉表演《三笑·小厨房》中一个僮儿的眼神、身段有独到之处，周玉泉就将它移植到《文武香球·龙官保到徐州》这回书的老四身上，使这个脚色活了起来；吴陞泉是“唱状元”，周玉泉下死功夫一字一句学，大大丰富了自己的唱腔。

尽可能地多听书、向同行学习，在以后的几十年里成了周玉泉的习惯。听弹词也听评话，听好演员也听书艺一般甚至很差的演员。他说过：“再蹩脚的说书，有一份生意，总有某些好的地方。”他还爱看戏，话剧、京剧、越剧、川剧、文明戏、滑稽戏，甚至街头卖艺小热昏、卖梨膏糖，他什么都爱看，其他地方的曲艺，如相声、大鼓、苏北说书等，只要有机会他绝不放过。博采众长，为我所用，这是他的成功经验之一。

先生看着学生的翅膀渐渐地硬了，可以出道、独做了，先生是怎样想的呢？说心里话，张福田对周玉泉这个学生是满意的，比起自己那又笨又懒的儿子沁田来不知要强多少倍，论本事是该让他抄脚本离师了，可留下这个下手对自己的业务大有帮助，这孩子又特别听话，有时书场挂了张福田、张沁田父子双档的牌子而叫他上台，他对这替师兄扬名的活，从不表示异议。张福田决定留下他，能多留一天是一天。周玉泉呢？他倒不在乎“替师兄扬名”，更不计较先生不给报酬还收他饭金，却受不了先生继续那样无缘无故不分场合的打骂，他已是十八九岁要皮要脸的小伙子了。在一次遭毒打逃跑未成后，他请父亲向先生提出了离师的要求。拖了好长一段时间，张福田才总算答应，但既然是学生提出要离师，抄脚本的事就“免开尊口”了，好在周玉泉和先生拼档的日子不短了，差不多的唱词、说表都已记在心里。

从此他要背包囊、走官塘，靠自己的力量去挣钱糊口了。这一年他19岁。

出道前后

好天赋和下苦功，是一个人事业成功的两大要素。周玉泉正是具备了这两大要素，所以他一开始独立演出，就得到了一致的好评。

周玉泉22岁那年，受上海汇泉楼书场的聘请，登上了这家被内行称为“考场”的书台。这是周玉泉走向成名的第一个台阶。

汇泉楼之所以被视为考场，是因为这里有一批听书非常挑剔的老听客。艺人说书“交代不到”或有“口冲”、“漏洞”，就要遭他们批评，书艺差的更不免当场出丑。凡做过汇泉楼并有较好反响的艺人才被认为“够格”。出人意料的是，年轻的周玉泉在这里一炮打响，爱挑剔的老听客对他竟无可挑剔。他们赞赏周玉泉的出色台风：映白罗长衫，一字襟马甲，湖色束腰带，跨步慢而稳，脸上常带几分笑，翩翩少年，潇洒风流。他们更赞赏周玉泉的出色书艺：这位少年老成的“小先生”比起他的先生张福田来已经毫不逊色了，有的甚至还高出一筹。比如张福田的唱过于书卷气而流于低沉，而周玉泉的“小阳调”却唱得又响又糯，十分悦耳；张福田起的董文、董武常以满嘴脏话来逗人发笑，而周玉泉以类似京剧大面的发音、性格化的语言和笨拙憨态的动作来表现董文、董武的颟顸可爱，给听众的感受更为清新。

在汇泉楼的“考试”，周玉泉得了个相当不错的分数，从此上海有了他一席之地。此后一年多，他辗转玉茗楼、富春楼、得意楼、龙园等十几家书场演唱，声誉鹊起。

周玉泉23岁那年的下半年，得了一个促使他“窜”出来的好机遇：进“大世界”演唱，和吴玉荪唱对台。

进“大世界”演唱的机会是十分难得的，因为到这样的游乐场演唱收入高又容易提高知名度，艺人们都很热衷。当时的《申报》就有这样的记载：“若寻常（光裕）社员，其希冀入游戏（乐）场，难犹登天。”擅说《玉蜻蜓》的吴玉荪颇有名望，他常年在“大世界”演唱，一次不知什么原因和“大世界”老板闹翻转而去“新世界”演唱，补吴玉荪空缺的机遇意外地落到了周玉泉的头上。他兴奋之余，心中又不免忐忑：很明显，自己是和吴玉荪唱开了对台，而这唱对台的双方实力太悬殊了。对方家学渊源，是说书名家吴西庚之子，说《玉蜻蜓》已十多年，有“活佛婆”之誉，早已红遍苏沪，而自己一个“外打进”（并非家传），最可怜的是还未出道（周玉泉成名早出道却晚，也许是先生记恨他过早离师，还居然少年得志，因而有意拖延，他放单档好几年后，先生才带他出“茶道”，“出大道”要到他26岁已是很走红的小响档那时了）。果然，周玉泉和吴玉荪唱对台的事传开后，听众和同行都为之瞩目，当然，人们都认定周玉泉必输无疑。而事情结果却是：周玉泉在“大世界”整整唱了十四个月，生意蒸蒸日上，连吴玉荪的老听客也买了他的“长票”，而“新世界”吴玉荪那里，生意始终没能“轰”起来。有人说，听客听腻了吴玉荪，因对周玉泉陌生而产生了新鲜感，“拳打不识”帮了这个青年人的忙。而周玉泉自己知道，这十四个月里自己是下了苦功的。不说别的，就说苦于书短，既要设法将书拉长，不至于捉襟见肘，又要不使人觉得噜苏拖沓，他苦思冥索，度过了多少个不眠之夜啊。一点不错，本领，是逼出来的；响档，是轧出来的。

顿时，“周玉泉”三个字好像镀了金，几乎上海所有的书场都争相邀请他，外埠的书场老板也纷至沓来。这时候，周玉泉选择了回苏州演唱。他知道，自己在上海已经有了名气，却还没得到苏州听众的承认，而一个说书艺人不得到苏州听众的承认总是不够格的。再说，这几年他确实经常在惦记家乡小巷里那些熟悉的书场和一个个似曾相识的听客，还有许多当年热情鼓励自己学说书的亲戚、街坊和幼时一起嬉戏打闹的伙伴，他渴望去为他们说书。他在苏州第一次说书是从25岁那年春节开始的，日场在得福楼，夜场在壶中天，这两家书场每天被挤得水泄不通。周玉泉“壶中得福”一时成为美谈。这样的轰动，与他年前做“会书”的影响是分不开的。

时逢过年，“会书”是评弹界惯例。周玉泉刚接到要他参加苏州年底“会书”的通知时心中很紧张。俗话说难事莫过于“北京唱戏、苏州说书”，“会书”更是一重关，同台演出的艺人少则三四档，多则七八档，各人使出最精彩的招数，表演最拿手的段子，争奇斗艳，很有些“打擂台”的味道。“会书”时，还有一个令一般艺人却步的规矩：假如听众对哪个艺人的表演不满意，可以当场将他赶下台。“会书上看颜色”着实是一句对说书艺人很具威慑力的话。周玉泉知道苏州听众对自己不熟悉，而在“会书”上，陌生面孔是很吃亏的。果然，第一次参加“会书”的周玉泉，一上台就吃了“陌生面孔”的亏。那个书场，艺人是必须经过听众席方可登台的。听“会书”听客多，早无立锥之地，周玉泉一路从人缝中往前挤，一面还要与听众打着招呼，而恶作剧的听客却不肯让一让，人群中还不时传来“不认得呀，年纪轻呢”、“不知好不好”、“不好叫他下来”这些叫人听了要心慌的话，虽是数九寒冬，周玉泉早已汗流浃背。一开口说书，他文静的说书风格又吃了亏。“会书”上需要的是“热闹”和“噱”，最好一开口就声震四座或妙语如珠，他说的这一回《龙官保吃韭芽炒肉丝》虽然噱，却是“阴噱”、“肉里噱”，含意隽永，需要仔细体味，这种“噱”显然不适应当时吵吵嚷嚷的气氛，场内无法安静下来，有人恶声恶气地喊了起来：“听不出，说响些！”周玉泉不胜寒栗，立刻将嗓音拔高好几度。当他说完一回书，浑身好似散了架，一路下台，连听众们的一片哄哄声在说好说坏他都听不清，他只庆幸自己没被赶下台，不奢望更好的评价。不料，后来同行们告诉他：“苏州听客对你的评价是‘说噱弹唱，四字俱全’。”他的书艺是经得起考验的。

周玉泉的《文武香球》得到了各方面的好评，所到之处听众欢迎，场方开颜，尤其在上海，他的名字已经常在报纸上出现，他的地位开始从“稳档”步入“响档”。但是，一个新的矛盾逐渐产生了，这就是随着他越来越受听众欢迎，前来邀请他的书场越来越多，一部《文武香球》也就越来越不够应付了。

拼性舍命学《玉蜻蜓》

补书（学另一部书）迫在眉睫。可补什么书，向谁补呢？他看中了故事性很强、人情味很浓的《玉蜻蜓》。又根据自己师承张福田而形成的文静的说书风格，他考虑拜说《玉蜻蜓》以“阴”见长、人称“翡翠玉蜻蜓”的王子和为师。

但要实现这一愿望，有两点必须慎重考虑：一是学了《玉蜻蜓》后不能再到苏州演唱了，因为苏州是禁说《玉蜻蜓》的。其原因是《玉蜻蜓》的主角姓申，有人牵强附会说申贵生与尼姑志贞的私生子元宰便是明朝阁老申时行，申时行的后代在苏州一直极有权势，多次与官府一起严令禁唱《玉蜻蜓》。到了1920年前后，苏州警察厅厅长申振刚又借口《玉蜻蜓》侮辱名贤，呈文吴县衙门禁唱。评弹艺人的行会组织光裕社为此提出申诉，“有关艺人生计，不得不唱”，要求开禁。官府就来了个折中的办法，行文公告，大意是“苏州城内禁唱，离城十里更姓弹唱”。就这样，申贵生变了金贵生，而苏州听客连主人翁改了姓的《玉蜻蜓》也无耳福享受了。这个规矩一直延续了好多年。放弃苏州这个评弹的基本阵地而去学《玉蜻蜓》，值得吗？二是王子和肯不肯收自己这个学生呢？王子和的《玉蜻蜓》被誉为“翡翠玉蜻蜓”，描摹细腻清脱，噱头冷峻逗人，周玉泉素来十分崇拜；但王子和的保守也早有所闻，说是“真本领传子不传婿”，收了俞筱云、曹筱英等好几个学生，很久都不给学生底子（脚本）。周玉泉面对这两个十分现实的问题，一时下不了决心。

不久，周玉泉听说王子和的儿子阿毛死了。独生子年轻夭折，年届花甲的王子和失去了嫡派继承人，悲伤之余，他表示“今后要真正收徒了”。“真正收徒”四个字意味着肯公开他的脚本了。周玉泉听到这个消息，学《玉蜻蜓》的想法一下子又抬了头，他实在太爱这部书了。他顾不得不能进苏州演唱而造成的经济损失，又一次在红毡毯上磕头拜师，投在王子和门下。这一年周玉泉27岁。

人们都知道周玉泉的《玉蜻蜓》更能体现他的“阴功”特色，《玉蜻蜓》使周玉泉大红大紫了几十年。然而“梅花香自苦寒来”，学《玉蜻蜓》的两年，周玉泉耗去的精力甚至超过了第一次拜师学艺。几十年后，周玉泉回忆学《玉蜻蜓》的往事时感慨地说：“我的《玉蜻蜓》是用钱和性命换来的！”

说到钱，除了拜师金，为听王子和的书只能停掉自己的业务，“丢了现的去拿欠的”，损失不小。这还不算，为了早些拿到脚本就要讨先生喜欢，而要讨先生喜欢更免不了花钱。先生抽鸦片，周玉泉买烟土孝敬；先生身体不好，周玉泉送去补品好菜；先生爱看京戏，又非名角不看，周玉泉一面出钱请人为先生代书，一面买票陪先生去看戏。余叔岩、程砚秋、马连良、荀慧生等名角的戏票价很贵，只要先生想看，周玉泉是毫不吝啬的。

王子和虽然说过“肯真正收徒”，但要他拿出脚本还真是困难。周玉泉小心翼翼地试着问过了几次，先生不是推说“你师母没拿出来”，就是冷冷的一句“急什么”，有时干脆不理不睬。这也难怪，那时艺人不保守的极少，有朝一日学生便是对手，所以不留一手是不行的。

也许是让学生的孝心感动了，也许是要学生拼档必须让他抄脚本了，终于有一天，王子和取出了脚本，让学生每天午饭后去他家里抄写。周玉泉为了多争取一点抄写的时间，每天早早地吃过午饭就赶到先生家里，其实早去也是白搭，他必须耐着性子等先生起床、洗漱、吃饭诸事完毕，躺下吸鸦片时才能见到脚本，没抄上几页又要上书场了，只能搁笔把脚本奉还师母。如果仅是速度慢，周玉泉想“磨细了肚肠做”也就罢了，可先生还不让他抄全。一次周玉泉抄到《问卜》那一段时随口问了一句“瞎子是很难起的吧”，先生立刻伸手将脚本连掀几页，说：“那么《问卜》你就别抄了！”就这样，周玉泉的《玉蜻蜓》少了一段《问卜》，当时哪敢和先生争辩？事后，为了补全《问卜》和另外好些先生没让抄的唱篇，他请人在先生演出的时候去偷听偷记，出高价收买。

周玉泉花了数不清的钱，《玉蜻蜓》脚本总算是全了。而只有唱篇和韵文的脚本是无法搬上台的。为了早些将书“吃熟”，周玉泉果真用性命去“拼”了。那时，他除了做王子和的下手说《玉蜻蜓》外，为了赚钱维持生活，还必须赶几家书场单档演唱《文武香球》。记录《玉蜻蜓》书路、说表的工作就只能放在半夜以后了。每晚散了书场，他关紧房门在灯下疾书，把白天听老师说的书一字一句记录下来，直到天色微明才上床休息。为了练好几回瞎子书，他更是废寝忘食，背起算命的词要做到一句不漏、一字不差，起瞎子要使听众只见眼白不见眼黑，经常练得头昏眼花，不能支持。

就是这样，不管盛夏酷暑，不管严冬腊寒，周玉泉夜以继日，为了《玉蜻蜓》，为了他钟爱的艺术，真可谓拼性舍命。整整两个年头，《玉蜻蜓》学成了，而他的身体却被拖垮了，一场大病躺倒四十天，差点丢了性命。周玉泉学说《玉蜻蜓》是用金钱和拼性命得来的，一点没有夸张。

大红大紫

周玉泉的大红大紫是在他进入而立之年的时候。他在30岁前后的几年里完成了质朴、醇厚、流畅、飘逸的“周调”流派唱腔的创造。形成了独具魅力的“阴功”说书风格，加上一个个演来活灵活现的角色，“阴间秀才”风靡了整个书坛。

人们都知道周玉泉的《文武香球》说得好。要说好《文武香球》并不容易，这部书里有不少在一般弹词中不大出现的“武老戏”角色，还有许多擂台比武、战场交兵之类的大场面，“大书一股劲，小书一段情”，而说《文武香球》却要具备小书大说的本领。周玉泉说唱俱佳，功架又好，说起《一马双驮》、《七夕笃巧》等回目着实有“一段情”，对《父女交兵》、《擂台夺魁》这种“一股劲”的书也掌握娴熟、表演自如。所以在他离师独立后不久，就已经有人评价他超过了他所有的师兄，是张福田学生中最杰出的一位。

而人们对他的《玉蜻蜓》评价更高。那时许多“长衫听客”（即较有文化的听客）以崇尚文雅为荣，周玉泉的“阴功”正好对他们的胃口。加上《玉蜻蜓》的故事性强，全书充满夫妻之情、恋人之情、弟兄之情、父母子女之情、主仆之情的描写，说起来比较容易“讨俏”，周玉泉有了说《文武香球》的功底，又刻苦钻研《玉蜻蜓》，自然得心应手了。不久获得了这样的口碑：自王子和去世后，周玉泉就是说《玉蜻蜓》之执牛耳者。

周玉泉从30岁起的二十年时间里是在上海的书场里和电台中度过的，这里既有《玉蜻蜓》不能进苏州的原因，更由于他特别受上海听众的欢迎。百听不厌，久演不衰。人们印象最深的是他在东方书场连演了十几年的事。东方书场是上海第一家设施讲究的新式书场，周玉泉是去东方书场“开青龙”的艺人之一。此后，一发而不可收，合同一签再签，他每年总有几个月在东方书场演唱。东方书场是花式书场，是由几档艺人同台演唱的。有时，场方也请别的说《玉蜻蜓》的艺人来演出，可因为周玉泉的《玉蜻蜓》格外有号召力，所以宁肯让别的《玉蜻蜓》改成《芙蓉洞》或《金钗记》等其他书名，也绝不让周玉泉离开。评弹界有句行话叫作“近复必漂”，周玉泉却创造了“复得近，复得频，越复越走红”的纪录。他在东方书场所得“包银”，也是所有艺人中最高的，这自然是因为老板注意到了他的“票房价值”。受周玉泉《玉蜻蜓》的吸引，东方书场多了一大批“长衫听客”和女同胞，这些人中有许多原来是不进书场的，因一般的说书在他们听来总不免粗俗浅陋，而周玉泉以其高雅的说唱和潇洒的台风争取了这一批新的听客，无怪乎书场老板要格外厚待他了。

周玉泉早已放弃了用来招揽听客的“三弦拉戏”（当时不少评弹艺人有以奉送大套琵琶、变戏法等来吸引听众的“招”，周玉泉的绝技是“三弦拉戏”，即在说书用的三弦上装一只弓，拉出整段的京剧、梆子，不但有过门，还能模仿男女嗓音唱戏，惟妙惟肖。成了名的他不再需要被先生张福田称为“左门旁道”的“招”了），还脱离了“四十个档”（一些艺人自愿结成的小团体，旨在相互提携，介绍业务），他从不需要为了接洽业务而上“茶会”（评弹艺人同书场老板之间的演唱业务往往是在茶会上联系的），他越来越频繁地被邀请，书场老板上门请他“送客”，电台安排他在黄金时间播音，还有数不清的堂会，真是应接不暇。

他还成了当年为数不多的“灌唱片先生”中的一位。他的《文武香球·张桂英托终身》、《文武香球·一马双驮》、《玉蜻蜓·云房产子》、《玉蜻蜓·志贞描容》等唱片发行量很大，进一步扩大了他的“阴功”艺术的影响，直到几十年以后的今天，人们提到“可笑当家没主张”（《玉蜻蜓·云房产子》唱词）、“垂眼沉吟君即临”（《志贞描容》唱词），还是那么地津津乐道。

20世纪三四十年代的苏、沪报纸杂志，登载过许多赞扬周玉泉书艺的文章，说他是“弹词界一位不可多得的‘杰出人才’”（40年代《明报》），“光裕社数一数二的大响档”（30年代《上海生活》），“艺有骨子，可以留名后世”（40年代《铁报》），赞誉不绝。

同行们对周玉泉的“阴功”艺术更是推崇备至，润裕社的响档先生陈筱舫说：“漂在周玉泉手里不气不怨。”说《杨乃武》造诣颇深的李伯康说：“我送客从来没有买过谁的账，今朝碰着‘阴间秀才’才真正触霉头。”严雪亭说：“我学到周玉泉不少本领。”连自负有名的一代“描王”夏荷生也都说过这样的话：“我长表白不如周玉泉……”

不愧名家

人们推崇周玉泉的“阴功”艺术，觉得欣赏他的说书，就如同观赏一幅疏密相宜、浓淡适度的写意水墨画，令人赏心悦目，又好像品尝一盘清淡可口的珍肴那般津津有味。

他独创的“周调”流派唱腔，一问世便受到了听众和同行们的极大兴趣和一致好评。“周调”的形成，得来非易。周玉泉天赋好嗓子，但在他单档弹唱《玉蜻蜓》后不久忽然倒嗓了，经过一段时间恢复，虽真嗓清亮依旧，但假嗓失润了。失去假嗓的他再也无法唱“俞调”和“吴调”（吴陞泉艺人的唱腔）了，可当时的书调，除了“马调”外都是需要有假嗓才吊得上唱的高腔，所以他唱起来感到费力极了。许多艺人都有过这种倒嗓的经历，因而有不少艺人对“唱”就失去了信心，而采取一种“马虎一点”的办法去应付，周玉泉却不肯马虎，他就想到了要创造一种适合自己嗓子条件的新的唱腔。

20世纪20年代，用本嗓演唱的申曲、常锡文戏已经很受上海一般市民的欢迎，京剧界的谭派、马派都用本嗓演唱，比起小达子、高庆奎等人过于“高、尖”的唱法更使观众倾倒。周玉泉从中得到了启发，故他另辟蹊径，以张福田唱腔与“吴调”（吴陞泉艺人的唱腔）为基础，避开必须用假嗓演唱的高腔，代之以中音区一系列韵味醇厚的声腔，在速度上，他用的是比一般书调稍慢的中速，听来稳重、舒徐、醇厚、质朴、响亮，比他唱“俞调”、“吴调”更加悦耳了。很快，人们就接受了他那别具风格的调门，并称它为“周调”。

“周调”的划时代意义在于：开创了用本嗓演唱而具有较强音乐性的弹词唱腔的先河。“周调”之前，“马调”用本嗓演唱，但这种字多腔少的吟诵体的“讲唱”，强调语言因素而忽视音乐性，“调无余韵，仿佛说白”（葛元煦《沪游杂记》卷二），周玉泉鉴于“‘马调’虽然流畅、清脱，但总不如‘俞调’婀娜多姿”，就在“字正”的基础上着意强调“腔圆”，既做到咬字清而口俏，又使音乐性大大地被加强。它有“马调”的流畅干脆，又比“马调”婉转有韵，有“俞调”的华丽多彩，又比“俞调”更具阳刚气质，使弹词声腔达到了一个新的高度。“周调”承上启下的功绩是显著的，在“周调”的基础上，派生了影响深广的“蒋调”，以至于后来出现的最受欢迎的“张调”、“丽调”等弹词唱腔。分析其唱腔、伴奏的音乐因素，可说是都与“周调”有着继承借鉴的内在关系。

周派“阴功”艺术体现在说表方面便是“清、静、神”三大特点。

周玉泉说书的“清”包括嗓音清亮、口角清晰、角色清新、书路和书情清楚等多方面。这一些看来似乎是所有好演员都具备的一般特点，书路、书情清楚更是对一般说书人的起码要求，“表书不清、听客不明，衬托不到、洋盘（听客）直跳”嘛，但事实上能做到像周玉泉那样出色的“清”实在是为数不多的。

听过周玉泉说书的人无不对他的“口俏”赞不绝口，觉得他的“说”也如他的“唱”那样具有一种特殊的韵味，分外“惹听”，好嗓子加上极科学的用嗓（中低音胸腔、鼻腔共鸣尤为优美）和颇见功力的吐字运气，“说”才有可能达到“惹听”的境界。

周玉泉的“角色清”，更是有口皆碑。男女老幼，生旦净丑，他“起”来一个个行当分明、生动逼真：忠厚可爱的少年龙官保，勇敢多情的女英雄张桂英，好色凶悍的山大王姜青，憨态可掬的董文、董武，情意绵绵的三师太志贞，圆滑世故的门公周青以及信口雌黄的关亡婆，随机应变的胡瞎子，善良诙谐的老佛婆，还有一些一般弹词艺人“碰”都不敢碰的武林高手、番邦大将等，他演来无不活灵活现，听而难忘。有人说，书台上的周玉泉很“正功”，生活中的周玉泉也很“方正”，起“下三路”角色恐怕不行，事实正相反，因为平时“正功”，起“下三路”就格外“显”，肩膀一缩、身子一歪，形象得很。

说书的“清”，除了有合情合理，道理“清”的意思，还应该包含繁简结合，粗细得当，正如画画，有疏有密才是“宜”，周玉泉的说书就正是这样。“玉蜻蜓”是《玉蜻蜓》一书的重要道具，理该仔细介绍，他这样描绘：“玉蜻蜓在太阳光下一照，哧……放出五色光芒，玉最好的是汉玉，汉玉是白里夹红丝，红丝里夹黑点。这只玉蜻蜓天生有五色，一双眼睛碧绿，两爿翅膀蜡黄，背脊通红，肚皮雪白，六条腿墨黑。”细致形象。《文武香球·张桂英看殿试录》一段更细。周玉泉说，张桂英深信龙官保必中状元，但又不想一下子就看到第一行赫然写着的“山东历城龙官保”，觉得这样没味，因此她用手将第一行“啪”揿没，从末尾看起，看到第一行了，她还要一个字一个字地看，先见一个“珠”字，心花怒放，以为“诰命皇封竟然叨”（唱词），慢慢地将手移开，“啊呀，怎么是‘蒋’字？‘龙’呢？唉！好好的龙生状元被夺了去，把你这姓蒋的千刀万剐，也难使我心中恼恨消”（唱词）。真可谓细针密缝、描摹入微，把张桂英对龙官保的思念之情，表现得淋漓尽致。周玉泉又深谙“细腻并非烦琐”的道理，类似“用过香茗茶罢收杯”这样的废话他是绝对摒弃的，介绍人物往往寥寥数语，一叶示秋。例如，说明《玉蜻蜓·夺埠头》一书中的女人阿招是个女流氓，他只用了“阿招是吃吃戤柜台酒的”短短一句；在刻画《玉蜻蜓·兵库府西厅宴》书中，一班道貌岸然的“正人君子”时，他说“西厅顿时毕静，他们都在拼命吃酒”。他还常以一挥手、一转身的动作或嗓音的变化来表示“此人走了，又来了个谁”。有些表书在别人那也许要说上一大段话，而他常常只需三言两语，《文武香球·萨登陷害张桂英》这一段过程很重要、很繁杂，周玉泉只用一百来字便完成了交代书情和刻画萨登奸刁狠毒的任务，粗针长线，毫不拖沓。

其实，语言的美，不仅在于语言本身和字面上所表现的意思，更在于语言暗示了多少东西，传达了多少信息，可以让听众感觉、想象的情景有多广阔？言外之意、弦外之音往往更美。反之，一览无余就乏味了。周玉泉说过这样的话：“省吃俭用不是不吃不用，而是把钱用在刀口上，说书也要懂得这个道理，要言不烦，点到为止。”有人赞誉周玉泉的说书到了增一字则过烦，减一字则太简的程度，看来不是过分的捧场。

周玉泉说书最让人称道的是“静”，也有人把“阴功”称为“静功”的。“静”是周玉泉说书最显著的特色，“阴间秀才”之雅号也由此而来。他的“静”，或者说“阴”，首先体现在他发音吐字，讲究一个“静”字上，这个“静”不是不用力，相反，句句自丹田，字字用口劲，前排听众不觉刺耳，后排听众字字入耳。当然，周玉泉“静”最突出体现在放噱头时的静，这就是人们特别欣赏的“阴噱”。周玉泉偏爱从人物性格、书情内容产生的“肉里噱”，常常轻轻一句或者几个字就能引起满堂哄笑，甚至达到越想越好笑的效果，比如在《玉蜻蜓·问卜》一书中，他起胡瞎子，在回答金家下人是否已经吃饭时，他轻声咕：“点心末吃哉，中饭末早着点。”又在《玉蜻蜓·文宣荣归》的书中，芳兰从门缝里偷看未婚夫时的咕白：“比前头（以前）壮哉……比前头黑哉……俏倒俏的……黑里俏！”《玉蜻蜓·恩结父子》沈方半夜坐船，从船窗向外解手（小便），周玉泉低低衬一句：“横风，有人当仔落雨。”

配上恰到好处的面风，叫人忍俊不禁。此类噱头在他书中比比皆是。他偶尔也放些“外插花”噱头，但从不游离书情很远，并总是另有一番情趣。比如说到某人很瘦的时候他调侃道：“我这个人本来自以为夹夹壮壮（很壮实），哪知道前几天坐黄包车赶场子，那车夫歇歇（常常）回过头来看，连看几次，我问他看啥，他说我看看先生你啊坐在车上，怎么没有分量的。”自始至终没说一个瘦字，却早把“瘦”字形容得绝倒，令人捧腹。

苏州人一般把“噱头”作“滑稽”讲，那么“阴噱”是不是等于“冷面滑稽”呢？不然。周玉泉的“阴噱”，机敏、冷峻、含蓄，讲究歇后回味，比起“自己不笑却能引得旁人大笑”的“冷面滑稽”来显然更高一筹。恰如当年一位评论家评论周玉泉说的：“非有冷眼观世之旷达，透练人生之熟识，不易为也。”

周玉泉的“阴功”这样富有魅力，但他清醒地意识到：“说唱喉咙响不一定好，但过分“阴”了听众也不欢迎，烧食物用文火焐之前要先烧滚。”周玉泉这句话辩证地解释了说书“阴”与“火”的关系。就是说，“阴”的中间必须有充分的“精、气、神”。

“神”，是周玉泉“阴功”艺术的又一显著特点。评弹艺人用以说书传神的方法，除了“说”的功夫外，不外乎还有手面、眼神，动作、“感情投入”等几个方面。周玉泉在这几个方面都是有他独到之处的。

周玉泉天生大眼睛，“眼神”又是经过苦练的。他的眼神可以带着听众一起置身书里，他的眼神可以让人一下子分辨角色的正邪。他常在用很平稳的语调说了一段后，突然将声音提高许多，使听众为之一震，随即更加全神贯注。这样的效果，周玉泉称之为“拎神”，有时说着说着，他声音越来越低，低得几乎听不见，但听众则完全被他的眼神、面风、动作所吸引，丝毫不会走神。这样的效果，周玉泉又称之为“抓神”，在这种时候，他的眼神无疑起了关键的作用。

周玉泉在书台上的“动作”优美更是有口皆碑的，无论是老生捋须、抖袍袖，还是小生唱喏、踱方步，甚至是女角万福、挥手绢，他都能表演得优美自然，特别难得的是，作为一个弹词演员，他还擅长各种“武老戏”的动作，起霸、撩脚拦裙、挥刀使枪，甚至两马对阵，他都能演得手到眼到、形神兼备、浑身是“戏”。周玉泉还有一个绝技，不开口而依靠动作、手面、眼神来完成交代书情、刻画人物的任务。这种哑剧的表演手法在《玉蜻蜓·庵堂认娘》中，得到了充分的展示：从徐元宰敲庵门、志贞开门、元宰出示香烛、志贞关门、“请”，直到俩人同往庵中去，足足两三分钟没说一句话，所有的对话、思想活动全用动作来“说”，这样的“说”往往会赢得全场喝彩。

前辈艺人沈沧洲说过这样的话：“现身中之说法，戏所以宜观也；说法中之现身，书所以宜听也。”动作（现身）并不是评弹最主要的表现手段，却又是必不可少的。尤其像周玉泉这种恰当场合的恰当运用，是能收到“神”的奇效的。

当然，周玉泉用以“传神”的最主要手段还是“以情传神”。周玉泉的学生华伯明曾与老师拼过较长时间双档，在回忆老师说书技艺时，他说：“每次说到《玉蜻蜓·文宣哭观音》，总有不少听众要流泪，说到《玉蜻蜓·贵生临终》，听着先生形容形如枯槁的金贵生，在眼前出现妻子张氏，忽而又变成志贞这样的幻觉，场内更是一片唏嘘，我在一旁也老觉得鼻子酸酸的。”感染力如此强烈，可见周玉泉说书的“情真意切”。形式的“阴”和内在感情的饱满，在他的书中得到了完美统一，演员和听众同时全“神”贯注，这也正是周派艺术能吸引诸多听众的主要原因。

有些很少听书的人，听到“阴功”二字，以为即是阴阳怪气，有气无力，这实在是天大的误会。有人打过这样的比方：假如把火爆、以“力”取胜的说书算作“硬气功”，那么周玉泉的“阴功”便是貌柔实刚的“内丹气功”，比方不十分恰切，却能说明一些问题。周玉泉，他不愧是对评弹艺术有特殊贡献的一代名家。

老来俏

中华人民共和国成立时，周玉泉50岁了。作为演员，50多岁着实是不小的年龄了，许多人到了这个年龄早被淘汰了。而周玉泉毕竟不同一般，虽然他也渐渐觉得精气神不足了。虽然随着人们欣赏情趣的变化，男单档已渐渐不那么“吃香”，但他凭借过硬的功底和精湛的技艺，在台上仍然那么光彩照人，不管到哪里演唱，依然到处受到欢迎。尤其是一部分有较高文化水平和欣赏情趣的听众，依然执拗地迷着周派“阴功”。

1955年底，周玉泉参加了苏州市评弹团。从此，周玉泉又一次焕发了艺术青春，周派“阴功”艺术出现了又一个高峰。

加入团体的周玉泉，不用再辗转城镇超负荷地演唱了，加上拼双档有了下手的配合，人们欣喜地看到，周玉泉说书更“神”了。虽然他两鬓染霜，但是精、气、神不亚青壮，嗓音依旧那么洪亮，口劲依旧那么有力，“哇呀呀”一声爆头，棒小伙子也甘拜下风，眼神、身段的运用还远胜以前，《玉蜻蜓·庵堂认娘》引得全场喝彩的哑剧表演，就是1960年一次内部观摩演出时的精彩表演；隔了几年再听他书的，无不都说他返老还童了。

“阴功”艺术，随着时代的发展而发展了。20世纪50年代以后，周玉泉的艺术观有了很大更新。由于服务对象的不同，他将说书的速度加快了。他在长篇演出中不断尝试运用新的表演手法，他在《文武香球·一马双驮》中，同女下手的对唱令人耳目一新。他对有的演员在“起”解放军连长时运用“洋嗓子”大为赞赏，认为“很形象、有气派”。面对新的听众他更加注意用语卫生，骂人的话即使出于反面人物或“戆大”之口，他也尽可能换上较文明的语汇，就连“底下人”、“小强盗”之类，也代之以“佣人”、“喽兵”等用词。最难得的是周玉泉毅然对《文武香球》、《玉蜻蜓》两部传统书做了全面的整理改造。《文武香球》和《玉蜻蜓》是周玉泉几十年心血汗水的结晶，也是他赖以生活、赖以成名的“家底”。对这两部书他有着旁人难以理解的感情，改动，是要下大决心的。

《玉蜻蜓·游地府》书中的内容很是荒诞迷信，《玉蜻蜓·逗留法华》难免黄色庸俗，《文武香球·五美团圆》以赞美的口气宣扬了一夫多妻，他都毫不惋惜地加以剔除。

周玉泉的艺术生命大大地延长了。1963年，他以67岁的高龄参加赴京演出队。北方听众听了他的表演说“真是一饱耳福”，曲艺界同行和理论工作者们更为赞叹，甚至认为“高不可攀”，叶圣陶、顾颉刚等文化界前辈，也对他只用短短几句，便有条有理地把听众引入故事的本领，赞赏备至，说写文章也要学这种简洁的方法。

中华人民共和国成立后，周玉泉说过《信陵君》、《梁红玉》、《卖油郎》等多部二类书，还说过新书。其实年近古稀的周玉泉没有说新书的“任务”，但对艺术刻意追求的他，曾和一些中青年演员一起排演了新短篇《习惯成自然》、《活观音》等，还说过歌颂雷锋的《车厢一角》。《习惯成自然》中一个随地吐痰、习惯成了自然的人，经周玉泉淋漓尽致的表演令人捧腹。《活观音》中周玉泉起的是一个有迷信思想、被巫婆愚弄的农

1963年秋苏州市评弹团赴京演出合影

村老太，他起的这个老太有《玉蜻蜓》中老佛婆的影子，又活脱一个无知识、令人怜悯的农村老太，生活气息十分浓厚，至今留在人们脑海中。

周玉泉说新书是成功的。"阴功"艺术同样能表演新的内容，周玉泉孩子般的为之高兴，他喜滋滋地对人说："我呀，还能唱它十几年！"

最后的岁月

周玉泉万万没有想到，在他生命的最后几年，竟会遭受那么巨大的磨难。

在旧社会，周玉泉作为一个名艺人确能赚许多钱，但是社会地位也和所有艺人同样低微。艺人应邀到人家家里演唱是被称作"堂差"的，"堂差"即是妓女出外陪客！侮辱艺人竟至如此程度！周玉泉带头将"堂差"改成"堂会"二字。然而，一字之改的抗争，并不能改变艺人任人欺辱、任人宰割的地位。他忘不了无数次被流氓敲诈勒索，或者连唱几个月堂会却拿不到分文报酬，更忘不了被流氓恶霸殴打致伤，反而摆了酒宴向打人者赔礼的屈辱……

再看看新社会，周玉泉忘不了是新社会使他重新焕发了艺术青春；忘不了共产党给了他那样高的政治待遇，他当上了人大代表、政协委员等；忘不了在国家经济困难那几年中，他受到的特殊照顾；忘不了自己在会上、会下多次表示要多参加演出，否则，非但于心不安，也时常"技痒"，而领导上说他年纪大了，要他多多休息；忘不了那年在北京参加国庆观礼那激动人心的场面；更忘不了受到周总理接见那永生难忘的时刻。那是在1963年北上演出期间，那晚周总理听完演出，走上台和大家亲切握手，总理特意在周玉泉面前站定了，笑眯眯地对他说："我们同年龄又同姓，都不老，能为人民服务……"总理的关怀和勉励，周玉泉一直铭记在心头。他深深感激共产党，常常由衷地说："没有共产党和新社会，我这样的人早死了！"可惜在造反派一片口号声的批判会上，他这些出自肺腑的由衷之言，再一次被斥为“狡辩”。

周玉泉从此沉默了。沉默，不仅因为他当时说的任何一句话都会被横加批判，并且他确实是无话可说了。周玉泉一生只知道钻研艺术，对其他一切都很淡漠，只有在谈到“如何说好书”时，才会滔滔不绝的他，处在“谈艺术等于放毒”的年代，也就只能沉默了。

可是有谁知道，周玉泉表面是沉默了，胸中依然跳动着一颗深爱艺术的不沉默的心。当他看到那时人们把评弹唱得歌不歌、评不评、戏不戏时，他是多么想上前帮助纠正一下啊。他时常在心里唱着熟悉的唱段，有时不小心竟唱出了声。当他被安排看传达室时，又情不自禁地自嘲：“我是周青。”（周青是《玉蜻蜓》书中金府里的门公，也是被周玉泉演活了的一个角色）一次，几个当时有些权势的人，不知为什么突然要他说一段《玉蜻蜓》，他因害怕而没敢说。可事后，他却一直为没趁此机会“过”一下说书“瘾”而懊悔不已……

1974年冬季的一个夜晚，周玉泉与世长辞了。他死于肺癌。带着“没能唱死在书台上”的遗憾，带着对评弹事业前途的忧虑，无声无息地离开了所有爱他和因不理解而并不爱他的人们。在他生命的最终时刻，陪伴他、安慰他的只有他的一批老听众，他们热爱他的艺术，同情他的遭遇，只有他们不避嫌疑、不怕牵连，举香为他送终，为他守灵……

今天，人们正在致力于振兴评弹的艰苦工作，大家都无限怀念这位为评弹艺术的发展做出过杰出贡献的一代名家，周玉泉的艺术和人品获得了人们高度的评价。

可以告慰周玉泉在天之灵的是：“周派”艺术后继有人，他亲手栽培的周派“阴功”艺术奇葩，正在文艺百花园中，散发出更加浓郁的芳香。

（本文选自上海文艺出版社出版的《评弹艺术家评传录》。作者：苏州市文广局剧目工作室一级编剧）

我的恩师周玉泉

龚克敏

恩师周玉泉是苏州评弹一代名家，生于1897年，今年是他诞辰一百二十周年。每当想起老师，正如他的成名书《玉蜻蜓·志贞描容》里说的那样，“想起大爷金贵生，要画一幅俚格遗容。志贞勒书桌里坐定，眼睛一闭，金贵生如在目前”。今天提到周老师，眼睛一闭，他的音容笑貌，仿佛就在我的眼前。

我15岁拜周玉泉为师，当时他是62岁。我1959年考入苏州戏曲学校评弹部，当时的戏曲学校设在人民路三元坊文庙里，就是现在的苏州碑刻博物馆。说起我拜周玉泉为师，还有这么一段经历。我生长在上海，8岁跟姑夫杨仁麟学艺，初中毕业后，还到过闵行和常州大观园听姑夫的书。后来上海评弹协会规定，不准私自收徒，杨仁麟就对我父亲说：“克敏不要再跟我学了。”因此，1958年的下半年至1959年上半年这段时间，我就一直在上海的各处票房里弹唱，其中上海市黄浦区五金交电公司评弹队是我经常去的地方。1960年，上海人民评弹团为了招收学员，就是沈世华这一班，朱介生老师走遍了上海各家弹词票房，寻找我这个会弹唱的小朋友。后来别人告诉他，我已经到苏州评弹团跟周玉泉了，他才作罢。也是因为我有一定的弹唱基础，特别是琵琶已会弹《阳春白雪》、《春江花月夜》、《龙船》等乐曲，所以刚跟周玉泉不久，当他接受上海唱片公司邀请灌制唱片时，就要我为他伴奏，这就是流传至今的唱片《志贞描容》。

周老师为什么挑选我这个学生？这里也有一段经过。苏州戏曲学校评弹部有二十几名学生，只有个别不会弹唱，其他都有些基础。我们这些同学在文庙里学习了两个月，就被分配到了评弹团里去。有一次，颜家巷评弹团的会议室里座无虚席，周老师也在场。每个学生上台弹唱一段后，团领导就宣布我跟周玉泉学艺了。后来周老师对我讲："领导让我第一个挑学生，倷嗓子底音好，我就选了你。"就这样，我成了他的弟子。说起大家认为我是关门弟子，实际不是，因为后面还有王映玉。起初她是金月庵、金凤娟的学生，因为领导要给我找一个下手拼档，所以她就转到了周玉泉门下。她原名王丽媛，周老师给她改名王映玉。因为周玉泉的女学生都有一个玉字，例如盛小云的母亲盛玉影就是周玉泉的学生。至于薛君亚为什么没改名字，我就不清楚了。周玉泉给我改名龚伯岩，有一次我在昆山周庄挂牌演出，一天傍晚，正好我走到书场门口，听见两位听客看了书牌在议论说："龚伯岩这个名字，有个伯字，大概蛮老哉。"当时我20岁还不到，为了怕听众看了名字误会，于是将名字又改了回来。那么，王映玉是不是关门弟子？也不是，在她后面还有两个学生，那就是陈毓麟和龚华声。这两位是在20世纪60年代，评弹团办一个青年演员培训班后拜周玉泉为师的。我记得他们排成一行，集体鞠一个躬就成了。对于这次拜师，周老师有些想法。他曾经有一次在苏州北局文化企业招待所宿舍里和上海评弹团的吴子安、严雪亭、陈希安谈起有关评弹界的收徒情况。事后他告诉我，他们来苏州演出看望他，问起苏州

20世纪60年代周玉泉和学生谈艺

评弹团收学生阿有拜师金？他说："现在收学生太马虎了，只是领导关照一声，仪式也不举行，头也勿磕，只是鞠一躬，喊了一声先生就算数哉，也呒不拜师金格。其实这样说，我并不是要铜钱，但是有种规矩还是要格。看上去磕头勿磕头关系勿大，实际上关系很大。勿磕头先生在学生面前呒没威信。过去蒋月泉拜我磕过头，所以直到现在蒋月泉有时还勒人家面前讲：'勿知哪哼，我看见先生闲话也会说勿连牵格。'"周老师说这番话是针对那次青年队的拜师情况，但是讲者无意，听者有心，我听了后想：是不是也是在说我1959年的拜师情况？那时我们确实没有备拜师金，没有磕头，也没有摆酒席，全被革命化了。虽然如此，但是周老师在我心中一直有着崇高的威望。从1959年拜他为师，直到1974年他去世，他对我的恩泽，我永生难忘。

周老师有三个女儿，没有儿子，所以我在周老师身边，别人戏称像"老拖伲子"。每逢他演出，我就从师母手里接过放长衫的包裹，到书场先将长衫挂起来，上台前拿下来拎牢领头，等周老师脱掉外衣两只手从长衫袖子里穿进去，我再从上到下帮他把一字纽扣好。接下来他坐定，我再帮他换鞋子。他从来不穿皮鞋，只穿皮底或布底的鞋子。他一回书下来，我就再帮他解开纽扣，把长衫和里面的短衫脱下来，往衣架上晾一下，待汗干再叠起来，打好包裹带回去。周老师他在台上说书时被人称为“阴间秀才”，可是台下他曾对我感慨地说：“人家当你勿吃力，其实我胳肋子里全是汗。说书就像武功打拳一样，有本事格人，表面看看勿吃力，内里你才是力道。”

每逢周老师到苏州参加学习，他就自费住在宫巷、太监弄口的城中饭店，楼上是他的长包房间。领导指派我每天中午去送菜。因为评弹团的食堂办得好，厨师杨元祥是当年苏州评弹团在上海演出时，被曹汉昌团长从上海丽都花园饭店里挖过来的，他烧的菜清淡可口、富有营养。我每天中午先匆忙吃完饭，大约五分钟解决问题，从颜家巷步行送菜到城中饭店。每天，师母将饭烧好，等着我把菜送过去用餐。当他们吃饭时我就坐在旁边，周老师会问我他所关心的事，我也把自己知道的告诉他。吃好饭他在午睡前就会讲给我听他的“前世今生”。我讨教本事有时也在这个时候。记得刚拜师不久，苏州评弹团办了一个学员培训班，由周玉泉、徐云志、曹汉昌、王兰荪、陈瑞麟、钟子亮等老先生讲课。有一次讲说表的六白（表白、官白、私白、咕白、衬白、托白），要每一个学员自选一段书汇报，我就请教周老师，该说哪一段书？他想了一想，说选一段《玉蜻蜓》中沈君卿长江遇盗，面见盗首李东湖。他一字一句，动作面风教得一丝不苟，把评弹的说表技巧通过这段书面授予我，使我在这次同学的汇报中得到了大家的赞扬。有一天，师母拿出一双布鞋对我说：“先生讲倷送菜跑得辛苦，特为买一双鞋子拨倷。”当时，在我们学生中，有人经常送香烟给老师，我因为家里穷拿不出东西，反倒周老师送鞋子给我，这件事至今还清楚地记得。以后不知什么原因，周老师逢到评弹团学习，就住到北局小公园的文化企业招待所楼上了。我想大概是比城中饭店房价要便宜，同时，便于他到隔壁苏州书场听书，也使他容易接触四面八方来苏州演出的评弹演员的缘故吧。当然，也有可能是文化局领导钱璎同志给予他的照顾。因为他搬到文化企业招待所的那一天曾对我说："文化局钱璎同志来看过我哉，钱璎同志是苏州文化局的'观世音菩萨'。"也从此时起，我一直在招待所遇见苏州曲联资料室派来的钱江同志，他是来为周老师记录艺术经历的。有时我在旁边听听，有时我不在，但每当晚上我去文化企业招待所看望周老师时，老师总要把白天讲的内容讲给我听，讲完了还要问一句："讲得啊好？"下面，我把周老师讲的逸事回忆出来与大家分享。

苦难的童年

周玉泉是苏州人，原名天福。父亲叫周锦山，小名金生，13岁学织带，出师后在一家织带店里当伙计。30岁后织带生意不好，就改行摆旧货摊。都是些小旧货，价钱在当时一件不满一元，只是二至三角，四至五角的。一家三口租的房子在察院场，护龙街禅兴寺桥堍乔司空巷口。现在的人民路口腔医院附近。周玉泉是独子，家庭经济状况一直不好，买米一次从来没有买过一担，只是几升几升地买。父亲很聪明，喜欢弄弄琵琶、三弦、胡琴、笛子等乐器，什么曲调一听就会，弹词的开篇也会唱。影响周玉泉最深的是苏滩。每天傍晚收旧货摊后，就在家里拉拉唱唱，因此周玉泉自出生以来，就一直听到父亲吹拉弹唱的声音。

周玉泉6岁进私塾，读的是《三字经》、《百家姓》、《千字文》、《大学》、《中庸》、《论语》、《孟子》、《幼学》、《千家诗》等。10岁那年母亲病故，本来经济就拮据，加上母亲治病、去世时用账大，家里就更加困难，无奈只能辍学，在家里帮父亲买菜、烧饭、看旧货摊。在他13岁那年，父亲和姑母周爱宝商量，送周玉泉到阊门的一位琴师家里去学拉胡琴。当时学拉胡琴是不要拜师金的，住在师父家里每月出三元钱饭费，但在满师前的三年中，生意的收入都要归老师。师父许阿四很凶，是徽州人。周玉泉每天要淘米、汏菜、烧饭、扫地，还要揩烟盘等。师父吸鸦片，睡得晚、起得迟，睡前在台上放一张菜单，周玉泉一早起来就按照菜单上写的去买菜，有一次买了海蜇，但是不知道怎样做菜，就放在锅里煮，一煮都成了水，着实挨了一顿打。跟许先生学了一年胡琴，主要学京胡，西皮二簧都会拉，此外二胡、四胡、梆胡等也学过。琴师的职业就是帮人家去伴奏。那时的阊门十分繁荣，药材行、南货行、绸缎行、南北货土产行很多。外地来了药材客人、南货客人、绸缎客人，本地老板就要巴结他们，要请他们吃喝玩乐。老板和客商碰头，开头几天不谈生意，就是请他们看戏、吃“花酒”。有时在自己家里举行，有时就到妓院里去，请歌妓奉陪，琴师也就得跟去。宴席上老板一个一个点唱，有不少歌妓唱，琴师就为她们伴奏。

周玉泉学了一年胡琴就中止了，原因是孙中山领导的辛亥革命成功，苏州光复。一时间社会上秩序极乱，阊门城外妓院里请的琴师都往上海逃，许先生也去了上海，周玉泉只好回家。就在这一年，父亲娶了一个续弦，是苏州盘门外郭家庄的一个孤孀。进门后，后母就在家里做棚子（刺绣）贴补家用。在这期间，周玉泉好不容易买到了一只小琵琶。周玉泉的父亲常弹琵琶，但都是借来的。周玉泉想学，哭着吵着要买。父亲没办法，只得省吃俭用陪着他到泰伯庙桥杨凤林鼓板店买了一只白坯小琵琶。回家后，父亲自己动手揩一层广漆，广漆阴干要三四天，看得周玉泉心痒难耐。开始学的时候，父亲在琵琶品上的空格里贴了红纸写好工尺。当时周玉泉还不懂工尺谱，但日积月累听父亲弹，好多曲子如“大小九连环”、“三六”等一弹就会。当他第一次听到自己弹出的声音时，欣喜若狂。当然开始只是弹挑，以后就练轮指。但周玉泉的轮指是从小拇指开始的，俗称雌琵琶，样子很好看，从前都是女子弹的手法。

师从张福田

周玉泉是16岁开始学说书的。开始是想拜谢少泉为师，当时谢派

《三笑》远近闻名，谢少泉被称为说书“文状元”，但是家里拿不出一百银元的拜师金。父亲对他说：“我一生中还没有积到过三十元呢！”因此拜谢少泉的想法只能作罢。接着就是拜张福田为师了。张福田平时喜欢逛旧货摊，经常光顾周玉泉父亲的小摊，由张福田的乡邻裕丰泰玻璃店的老板介绍拜师。讲定拜师金五十元，先付二十五元，余下的二十五元待到抄脚本时再付。就这样父亲东拼西凑使周玉泉拜了张福田，二十五元钱是借来的，加上跟师出码头，每月要贴三元钱饭费，真是耗尽了他父亲的心血。

张福田有武功，走路的步子像是一个京剧武生。有一次吃饭时，因为桌子摆的位置不好，大家要动手搬，他说“用勿着唔笃来搬”，说着两只手像托茶盘一样，把摆满小菜的红木八仙桌四平八稳地举起来移到合适的地方，可见他的膂力。周玉泉拜师后，就跟师父出码头了，第一只码头是常熟湖园。本来以为说书是专门在苏州说的，想不到还要出码头，对于不懂世事的周玉泉来说，到常熟简直像出国，居然吓得哭了起来。拜师后师父把他拖上台拼档演出，那时候周玉泉小嗓很好，能演丫头、小姐之类的脚色，但是毕竟是初出茅庐，和师父上手合得不好，与同码头的大书钟士良“敌档”，敌不过对方而“漂脱”。为此，师母讽言讽语，埋怨下手不争气。这倒刺激了周玉泉，在回苏州的十个月里他下足了苦功磨炼。十个月后又回到常熟演出，正巧又是和钟士良“敌档”，这下练的苦功见颜色了，终于把钟士良“漂”回了家。这次常熟演出，还有一个小插曲。场方为了拍张福田马屁，明明是张福田和周玉泉上台，书牌上都偏偏挂张福田、张沁田双档——把张福田儿子的名字写了上去。周玉泉不敢吭声，但听客不买账，于是场方只得把周玉泉的名字再加了上去。

周玉泉跟张福田学艺，经常受到打骂，这倒不是为了练艺术，而是为了些琐碎的小事。有一次在常熟吴家市演出，睡觉前莫名其妙被师父痛打了一顿，也不讲什么原因。那年周玉泉才17岁，哭了一夜后决心逃走。当天蒙蒙亮时，就把一件没有夹里的袍子（俗称飞过海）打一个小包，在浓露中步行三里多路到码头等船。他一边等船一边流泪，明知道离开后就再也不能说书了，但当时的自尊心使他决心已定。就在此时，忽然来了四匹马，三个是当地土豪徐六爷的徒弟，一个是场东。周玉泉见状十分慌张，以为要被他们抓回去了。后来才弄明白，原来是他们知道事情后，抱打不平来寻找，是来劝他回去的。可能他们已劝说过福田先生了，因此周玉泉回去后，没有再受到师父的打骂，但是他要离开师父的决心是下定了。接着做了一档太仓的居家庄，就回到了苏州。经父亲再三央求，张福田才答应让周玉泉离开，但要付一笔钱。那就是抄脚本的二十五元和几个月的饭钱。照理，按当时学说书的一个不成文的规矩，能够上台唱一只开篇就不要贴饭钱，能够和师父拼档做下手就可以拆账，一般是拆一成到三成，饭钱就由师父供给。所以说抄脚本的钱应该付，饭钱就不必付了，何况演出都是包账，场方包吃的，但是福田先生还是要周玉泉付清了饭钱才能离开。以后才知道，吴家市遭到的一顿毒打，原因是师父以为周玉泉和场方老板娘有“花头”，其实只是老板娘帮助他洗洗衣裳、补补衣裳而已，真是冤枉。

得益于勤奋

周玉泉跟随张福田在上海演出时，有机会听到了说书“文状元”谢少泉的书。当时谢少泉和张福田两档一起演出叫“越做”，在上海四马路（现在的福州路）“留春园”书场。张福田先演，待书台上下来后就回三马路（现在的汉口路）华清池楼上的宿舍了，周玉泉留下来听书。谢少泉说书在同道中的威望和艺术上的成就是有口皆碑的。周玉泉此时正是打基础的时候，能听到名家的表演真感幸运。于是他听书聚精会神一字不漏，而且天天如此。周玉泉曾经讲过他得益于谢少泉的几件事：一，谢少泉说《三笑》时，起华太师脚色的一声咳嗽和捋须的动作，真是飘逸洒脱。周玉泉说："练这声咳嗽必须用丹田之气。把本音遮住有些痰声，速度不能急躁，这样就显得苍劲而有身份。"周玉泉回到房间里练，走在马路上练，引得路人用奇怪的眼光看他。他把这个本事用到了《文武香球》中主角龙官保的父亲龙山位身上，还作为张桂英见脱脱丞相时描绘脱脱的身份之用。讲到此时，周老师加强语气说："练本事要迷。"他小时候到"隆畅"书场听书回来，一路上练"马来也！"直要练到姑母家，而且一声"马来"，接着一脚踢开了房门。二，《三笑》小厨房的一段书中，石榴丫头深恋唐伯虎改扮的华安僮儿，处处照顾他，引起府内仆人丫环的不满，纷纷向华太师"告状"。当华鸿山询问石榴丫头时，石榴抓住华太师喜欢吃她烧的小菜这一点说："既然如此，那就不要我去小厨房了吧！"石榴故意卖俏，使得华太师反而责怪其他仆人多嘴，这样石榴和华安的亲昵成为"合法"。以至于当其他仆人见到石榴与华安讲话时赶忙避开。这时，谢少泉演一个僮儿角色，走到小厨房门口，一见石榴和华安在讲话，马上眼睛盯着他俩，身体退后一步，一个转身，两只手朝书台的椅子背上一搭，边转身边嘴里念叨着："纱窗儿外，铁马响叮当！"眼神从两个人身上移到听众席上与听众交流，效果极佳。这一表演手法，既符合人物性格又使听众耳目一新。这一招，周玉泉练会后，就借移到《文武香球》书中龙官保落难，仆人老四见绣桃丫头将自己的一份韭芽炒肉丝周济龙官保时，所产生的误会与嫉妒。效果很好。三，谢少泉说书语言准确、干净，没有废话。说书的"六白"运用自如。例如小厨房里，石榴丫头与华安相遇，讲话讲得使油镬旺得冒火，唐寅大惊！石榴要紧丢一块抹布勒镬子里，安慰华安有一句托白："烧脱小厨房好造格，吓坏仔倷华安，我是勿舍得格。"此外，谢少泉逢到书里的唱片，拿三弦和放三弦的动作也是周玉泉模仿的对象。以后，周玉泉逢到唱，什么时候拿三弦、什么时候放三弦都讲究"窝座"，有设计，并掌握节奏，恰到好处。这些飘逸潇洒的功夫，也都是得益于谢少泉的。

当时，接张福田“留春园”书场下一档的，是吴陞泉与两个儿子菊生、小舫的三个档和何云飞的评话。吴陞泉人称“唱状元”，一副好嗓子，唱“俞调”弹短过门，婉转圆润。当时，周玉泉是学唱张福田的“俞调”，后来觉得吴陞泉唱得比张福田“糯”。正好那时张福田经常一个人去做“堂会”，周玉泉就有机会天天去听吴陞泉的书，下功夫学习他的唱腔。周玉泉跟张福田在上海演出期间，杨振雄、杨振言的父亲杨斌奎也正在做师父赵筱卿的下手，周玉泉和杨斌奎每天早晨起来练唱，从八点钟开始，一连要唱十只开篇，另外还要练“陈调”、“离魂调”、“银绞丝”等曲牌，真是勤学加苦练。

周玉泉听了何云飞的书也受益匪浅。何云飞说表细腻，描述人物、环境，十分生动，起脚色吸收京剧的程式，书台上单刀动作出神入化，不仅能如见其闪烁的光芒，又仿佛能闻听其呼呼的刀风。大刀对劈的舞法周玉泉模仿了好久，才觉得学到了些皮毛。周玉泉说：“何云飞说《水浒》，有人说他‘石秀跳楼劫法场’一只脚跨在窗外，一只脚跨在窗里要说上十五天。这是夸张了。”他听过他说的这段书，只有一回半书（约一个半小时），何云飞动手慢，吐字清，口齿也慢，面孔上有戏，有点像京剧名家盖叫天。说到《武松杀西门庆》一回时，先是表武松踏上酒楼，一手执刀打足精神，对里面吃酒的客人看，一直要看几分钟，富有表情。接着大喝一声：“西门庆淫贼！”因为武松不认识西门庆，喊一声就是观察动静。吃酒客人中，如果认得西门庆的一定会对他看，这样就能很快地找到仇人。果然西门庆在距离武松两间门面的桌子边陪客人喝酒，他听见喊声立起身来，一只手朝酒壶上一揿，酒壶是锡做的，一揿马上变成了锡饼。这种问讯和塑造人物的功力，使周玉泉十分钦佩。

周玉泉说他的师兄李伯泉对他书艺的提高也有影响。在周玉泉20岁左右时，李伯泉已经40余岁了。他师兄说书规矩是绝不放“外插花”噱头，对《文武香球》唱片的平仄进行了调整。周玉泉听李伯泉的书，是事先打了招呼的。因为那时的风气，是不同意同道听书的，若然在台上发现有“道众”（同行）听书，可以叫场方把此人“轰”出去。因此，周玉泉诚恳地对李伯泉说：“阿哥，我想听倷格书。”不料，李伯泉一口答应。李伯泉此人为人厚道，台风稳重而有书卷气，人称“道学”先生。在这方面，周玉泉说他是努力向李伯泉学习的，在艺术上也受到了他很深的影响。例如：《文武香球》中有董文、董武两个戆坯角色。在评弹的书目中，一般演戆坯最显著的特点就是骂人，譬如：胡大海，牛皋、焦赞、孟良、姚期、李逵等。张福田演董文、董武也是接二连三地骂人，以此来刻画戆坯的性格和引人发笑。但是李伯泉演董文、董武，不骂人同样能起到表达戆坯的效果。周玉泉说：“艺术上要达到这一点是很不容易的，尤其是要从骂习惯了改过来，得要下一番苦功夫才行。”李伯泉他心细肯用功，张福田说《文武香球》的杏花山是在东门城外，李伯泉却改为西门城外。为了此事，周玉泉当时曾问他为何不同，李伯泉回答说：“济南的东门城外是海。”因此，把杏花山搬家，这就合乎地理位置的实际了。还有，《文武香球》书中有一段张桂英投宿赵家庄的情节：“闻说山上有妖怪吃童男童女，便请求上山除妖，结果一夜未归。赵员外着急差庄丁去找寻，回复说发现了张爷的尸体。于是，赵员外命仆人将自己的寿材抬上山去收尸，后来发现张爷活着，大家喜出望外。”说到这里，张福田对这口寿材就不作交代了。但是李伯泉在书中就说：“赵员外关照寿材抬回来，寄在附近的祠堂里。因为过去的规矩，棺材抬出去后是不能再抬进门的。”这一个衬托虽然是小事，但倘若不做交代，听客就会不舒服。周玉泉从这一点上也得到了启发，在《玉蜻蜓·文宣荣归》这一段书中，对金大娘娘与芳兰丫头和文宣会面的时间差，做了调整：总管王庭禀报金大娘娘，娘娘得知文宣僮儿已经为官要立刻见他，其间芳兰得知未婚夫文宣荣归，急着要先去相见。两人会面起码要十来分钟吧，如果娘娘立即出现，时间上有漏洞。于是周玉泉在表书中衬托说：“娘娘关照王庭，请文宣大厅相见，自己进去更衣。”这一更衣就是给芳兰的会面留了时间。这样就显得合乎情理了。因此，说书有一句行话：“一句勿到，一句勿了。”就是这个意思。

《文武香球》蹿红

周玉泉勤奋好学，能吸收名家的长处，加上台风潇洒，具备一副好嗓子，所以20岁进上海演出就一炮蹿红。先后演出过的书场有：四马路（今福州路）“汇泉楼”，三马路（今汉口路）“熙春台”，老闸桥（今福建路）“玉茗楼”，五马路（原广东路）“小云坛”，浙江路青莲阁后面的“聘乐园”，四马路“喜春园”，“喜春园”斜对面的“飞舟阁”，浙江路东新桥的“一言堂”，陈家浜的“富春楼”，城隍庙“四美轩”，“柴行厅”，“得意楼”，还有老西门“仪凤楼”，香粉弄“一新社”，十六铺的“龙园”、“天宝楼”、“三阳楼”和虹口的书场等。周玉泉能红遍上海和江浙两省，也有恰逢了两次机遇的因素。一次是在上海，同行中说噱俱佳、名扬书坛的吴玉荪在上海专做“大世界”之类的包账，深受上海听众的欢迎。这一年，他因包账的价目和“大世界”的黄楚九闹翻，坚决不做“大世界”而去做南京路的“新世界”。当时周玉泉在做老城隍庙的“小世界”，颇受欢迎，“小世界”的经理刘鸿庆介绍他去做“大世界”。这样，周云泉就和吴玉荪打起了对台，以当时在听众心目中的威信，吴玉荪是胜过周玉泉一筹的，然而，周玉泉在“大世界”的演出十分成功。此后，听众的心理状态就出现了变化。周玉泉的名字从此就像镀了金似的，《文武香球》蹿红了。连做一年，不是一个短时间，在“大世界”日、夜两场，把《文武香球》分为前段、后段两面做，于是周玉泉名声大振。

另一次是在苏州。苏州评弹的行会组织光裕社，有年底做“会书”的惯例。对于说书先生来讲，“会书”是一道关。如果有人对你有意见，常常会威胁你说：“倷勿要老，等做‘会书’拨颜色倷看！”因为当时有种风气，在“会书”中如果听客对说书人不满意，可以把艺人喊下来。场方要立即请一档补上去。那时做“会书”艺人是没有收入的（直到周玉泉30岁时，做“会书”才有一包五百个铜板的报酬），由光裕社的执事决定某位艺人做哪家书场和哪个档次。一般是在当天上午贴一张红纸公布，艺人照单前往书场演出。因此，“会书”期间，太监弄的“吴苑”茶会上特别闹猛。“吴苑”一面通太监弄，一面通珍珠弄，珍珠弄是光裕社的所在地，评弹艺人都会来看榜。因为周玉泉来年是做汤家巷茂苑书场的年档（大年初一开始演出），所以“会上”派他第一天的“会书”是到“茂苑”演第三档，第四档是弟兄双档朱耀庭、朱耀笙。那时的周玉泉，在上海虽然立住了脚头，但苏州听客对他尚不太熟悉。对说书的艺人来说，听客“熟”与不熟大有区别，“熟”是对你有感情，对你的风格认可，一上台容易打开局面，内行的话叫作容易“触开”。“茂苑”书场很大，可以坐满四百人。那天是大大超过这个数字，可以说场内无立锥之地，说书的语言是“大膀（腿）也插勿进一只”。书台设在最里面的靠墙，走上书台要穿过全场。过道上加座的听众，不肯缩一缩脚或者侧一侧身，使周玉泉上台已被挤得浑身流汗。当时是数九寒天，周玉泉一路挤过去，一路听到听客在交流说：“勿认得格。”“年纪轻勒。”“勿晓得啊好？”“听听看吧！”“会书”的听客都是“老耳朵”，听得周玉泉不寒而栗。心里想，今朝面孔陌生已是吃亏三分，加上自己的表演风格不适合做“会书”。做“会书”最好一上台“三斧头”，两三句就将全场“触开”，正书说勿到几句倒无所谓，最好是妙语连珠，噱头连噱头。周玉泉的风格是轻而慢的“阴功”，因此难免有点战战兢兢。这一次是说一回《文武香球》中，龙官保错走徐州，雨雪天在蒋家后门避风雪，误闯小厨房，巧遇丫头烧韭芽炒肉丝，菜刀上揩油，准备给烧火仆人老四吃，结果这盆菜却被小姐的心腹丫头绣桃周济了龙官保。内容风趣，肉里噱多。周玉泉上台没说几句，后排有几个听众高喊“听勿出”，“说得响点”，急得周玉泉连忙提高嗓音，顿时场内立刻安静，而且静得出奇。正好给周玉泉一个舒展本领的好机会，他运用面风、眼神、动作、语言等诸方面的技巧，活灵活现地表演了落难公子龙官保、济困扶危的丫头绣桃及丑角仆人老四。尤其运用了前面提到的学习谢少泉《三笑·小厨房》书中的动作，使听众耳目一新。散场后，周玉泉应汤乃安的叔叔之邀去他家吃年夜饭，这位叔叔从书场回来后，奔进门就说“口碑极佳”，“听客都说比朱耀庭、朱耀笙硬气”。评价是：“说、噱、弹、唱，四字俱全。”听客的口碑被称为生脚的报单，宣传效果快且好，这次“会书”，使周玉泉的名字在苏州听客中有了极好的印象。第二天，周玉泉被就排到“明园”书场去做送客。之后，逢到“会书”他就做送客了。

周玉泉20岁进上海演《文武香球》，心里曾有几个梦想和心愿：一，能做“大世界”。结果成功了。二，能灌唱片。当时有“百代”和“大中华”两家唱片公司，周玉泉被邀请灌制了六张唱片，即《文武香球》中选回“张桂英托终身”、“一马双驮”等。第三，要再补一部书。因为《文武香球》书短，一直在上海演出不够应付。于是他就不惜一切代价去补学了《玉蜻蜓》。

补书的艰辛

周玉泉谈起学《玉蜻蜓》时经常会说：“我的《玉蜻蜓》是用钱和性命换来的。”从27岁开始学，经过两年时间才取得成功。业师王子和是继承父业弹唱《玉蜻蜓》的，他风格文静，擅用阴噱，人称“翡翠《玉蜻蜓》”。他曾经说过：“本事传子不传婿。”但是偏偏儿子阿毛病死。他年老无后，于是就传出声音，他肯收徒弟了。此时，周玉泉就请光裕社有一定地位的叶声扬介绍，并出了一百多元的拜师金，才拜了王子和为师。

王子和与张福田一样，说书是“阴功”。所谓“翡翠玉蜻蜓”，除了脚本好之外，主要还是王子和说得好。王子和面孔虽瘦，但脸上肌肉活络、表情丰富，起脚色恰如其分、入木三分。虽然门牙掉落，但绝不漏风，咬字准确、清晰，而且送得远，一笑特别甜，听众喜欢。周玉泉学《玉蜻蜓》真是全力以赴认真听书。常常连痰都不敢去吐，恐防漏掉一个字和一个面风。对此，他曾经批评过我们这几个学生："你们听书时，都在用笔记录，啊晓得一记录就会漏掉一些东西，特别是面风、手面。我听张福田、王子和时，在书场里从来不记录的。"周玉泉在学书时，每当王子和一回书结束，就赶忙到休息室端正好香烟给先生。他回忆说："我看见子和先生鼻子两边嘴唇上和额头上全是汗珠，即使是冷天滴水成冰，他也是如此。有人说王子和说书勿用力是大错特错，他不但用力，而且用很大的力，句句发自丹田。说书，就是要听客觉得轻松，听书不吃力，台上说书人非常吃力，这才是功夫。相反台上五劲狠六劲，听客听得吃力，这就糟糕了。"

王子和在《玉蜻蜓》里表演"问卜"的算命先生何瞎子和"关亡"里的关亡婆都非常出色。周玉泉特地讲了一段自己练何瞎子的经历："我为了练瞎子，专门请教了朱耀庭伯伯，他说'演瞎子切忌睁大眼睛，睁得大眼黑就难藏'。"周玉泉就按这个方法练，把眼睛睁一小半，眼黑朝上翻。练眼睛难就难在不能对着镜子练，自己看不见。请别人来鉴定吧心里又不踏实。为了练好瞎子，周玉泉凡是路经瞎子的算命馆，都会立定脚头细细观察。周玉泉说："瞎子有瞎形，走路靠手里的明杖朝两边点地探路，身体略偏是防止碰到物品，脚步踉踉跄跄是吃不准道路的虚实；听说话时头微侧，耳朵朝声音方向，头颈不能移动。瞎子小动作特别多，例如剔指甲、摸胡子，面部最大的特征是眼睛只见眼白不见眼黑，练的时候眼黑要用力朝上翻，十分酸痛甚至头昏。"周玉泉还说："我演瞎子是面不带笑的，跟子和先生同派，俞筱云的瞎子是笑的一派。我足足练了一年时间才练好。后来在码头上演出时，居然有不少算命瞎子停了生意到书场来听算命，要在这些内行面前说得逼真，不是一件容易的事。何瞎子起卦时念的一大段词，有姓名、都邑、年纪、月生等，如果不背得滚瓜烂熟，台上是拿不出来的，错漏一字，全盘垮台。”

周玉泉勤奋好学，博采众长，令人敬佩。周玉泉在拜王子和先生前，曾经还学习过《三笑》。当时周玉泉与说《岳传》的钟子亮是莫逆之交，钟子亮对周玉泉说，有一个向潘莲艇补《三笑》的机会。代价是五十块钱，方法是和潘先生拼档。第一只码头拼双档是在太仓“鹿鸣”书场。日场拼档说《三笑》，夜场各做各的，“越档”做。由于夜场是生意好的“面子”，听客只要听周玉泉的，于是与潘莲艇商量，让他改说《落金扇》才勉强应付过去。第二档做浙江新塍，第三档做昆山“老同春”。为了能学习，坚持了一段时间。后来因为潘莲艇说书糟，二来他家里三日两头来信催家里的开销，潘莲艇就向周玉泉借钱，借得多了，周玉泉由于拼挡收入少，也无能为力，只能拆挡。欠了周玉泉一百多元一直未还，就这样学书与欠债不了了之了。

周玉泉拜王子和后，专门停了自己演的日场去听书。每天准时到他家接他同去书场。王子和很爱看戏，只要有好的角儿到，他就请人代书去看戏。周玉泉自己也喜欢看戏，主要也是为了陪老师。只要能补到《玉蜻蜓》，周玉泉就想方设法巴结王子和，可以说不惜工本，戏票价再高也要买了请老师看戏。尽管如此，向子和先生要脚本是十分困难的事。逢到开口要求抄脚本，他都会推托说：“你师母没有拿出来。”有时王子和躺在烟铺上抽鸦片，周玉泉搬只小凳子坐在床前远兜远转地向他提出要抄脚本，通常是讲十句，他才回答一句。后来大概他觉得过意不去了，才把脚本拿了出来。俞筱云其实比周玉泉先拜王子和，有一次他到王家来，看到周玉泉正在抄脚本的最后两页，便迫不及待地说：“先生，等玉泉抄好后，给我抄吧！”可见这时俞筱云还没有拿到脚本。能够比俞筱云先抄到脚本可能是周玉泉结交得卖力的缘故。以后俞筱云一直尊称周玉泉为师兄，大概是周玉泉先抄脚本的原因。

王子和体弱多病，经常气喘，犯病时躺在床上两三天，眼睛定洋洋的不要吃东西，最厉害的时候每说两天书就要犯一次病。这时都由周玉泉去代书，但收入仍归王子和先生。与王子和拼双档时，轮到周玉泉说的书不多，十句中大约只有一句。和王子和排书，只是简单交代一下就结束了，周玉泉又不能多问。于是每天晚上演出结束后，周玉泉就关紧房门将听到的书默记下来。当时年纪轻，记忆力强，不会忘记一句，但是每晚默记就少睡，因此影响了身体。与子和先生拼挡还有这么几件事：有一次在上海“新世界”拼双档，当时包账每人一百二十元。一天，走在半途一阵北风吹来，王子和就说：“天福，我勿来事，倷去吧。”类似这样的事很多，算起来，一个月，王子和最多演半个月。当然，他能放心让周玉泉去做，一是周玉泉在上海已有名气，二是“新世界”老板见周玉泉单档并不影响营业，也不扣王子和的包银。那时“新世界”一场有六档书，王子和与周玉泉是送客。日场要演到将近断黑，但很多听客还是专程来听他们这一档的书，可见“翡翠玉蜻蜓”名不虚传。王子和有两部书，一部是《玉蜻蜓》，另一部是《白蛇》。周玉泉为了补《玉蜻蜓》停掉了自己的生意，王子和为了使周玉泉补到书，这一时期停说了《白蛇》，专说《玉蜻蜓》。每当周玉泉回忆此事，他对王子和老师都是心存感激的。

徐云志（左）和周玉泉（右）合作演出

从“新世界”拼档开始，两人之后还做福建中路的“汇泉楼”书场。这是一个擂台书场，因为那里的听众耳朵老，而且不买情面，遇到艺人“口冲”、“漏洞”以及交代不清，就会当场指出。一方面，说书的同道对

“汇泉楼”书场有不敢前往的敬畏；另一方面，又认为它是一道非跨不可的关卡。凡是在“汇泉楼”做过的评弹艺人，只要获得较好的口碑，就能在上海站住脚头。周玉泉和王子和一直拼档到27岁，做了年末的“扫脚”，28岁周玉泉就放单档了。他与夏荷生、徐云志被称为20世纪30年代最负盛名的“三单档”。

周调和阴功

周老师谈及“周调”的形成时很谦虚地说：“现在大家不仅会唱‘周调’，而且似乎觉得是过时的老腔，但是我把福田先生与吴陞泉先生的行腔化成这样是煞费苦心的。”张福田是以唱“小阳调”为主的。“小阳调”是在吟诵的基础上，夹唱假嗓的高音，被称为“雨夹雪”。据传“小阳调”是沈友庭在“俞调”和“马调”的基础上形成的。其学生杨筱亭和再传弟子杨仁麟之后对其有所发展。“马调”以真声吟诵为主，旋律平直，一字一音叙述性强；“俞调”以假嗓演唱，行腔缓慢、婉转、圆润。小阳调唱上句时用真声较多，下句落腔往往用假嗓来唱高音，短腔多，长腔少，既爽脆利索又婉转圆润。张福田小嗓好，但过于书卷气和安静，声音不高。这种唱法在小书场适宜，如果在大一点的书场演唱，听众不能全部听到。周玉泉一开始唱“小阳调”，也模仿吴陞泉的“俞调”。促使他另辟蹊径的起因是后来小嗓没有了。这里说一说周玉泉练小嗓（假声）的事。他拜张福田后，有一段时期正值变声期，小嗓全无。有一次师父对他说：“你还是趁早改行，这条嗓子好说书吗？”为此，周玉泉发奋练习，足足经过半年，练就了一条“刮辣松脆”的小嗓子。前面他所提的小嗓没有，也不是真的没有，只是与本嗓相比而已。在20世纪20年代，周玉泉可称得上是一个革新者，他喜爱京剧，将京剧“谭派”老生和“程派”青衣的唱腔融化到弹词的书调中，使弹词唱腔的旋律更加丰富，表达唱词感情的手段更加突出，充分展示了男演员的阳刚风采。周玉泉说：“用本嗓唱不是以响取胜，而是要讲究‘味道’。我是从上海人欢迎京剧‘谭派’、‘程派’中得到启发，从行腔难处入手。以京剧为例，二黄慢板比快板要难，‘马调’流畅清晰，但总抵不过‘俞调’的婀娜多姿。”“周调”就是从这个看法上进行创造的。“周调”的速度比“马调”、“小阳调”都要慢，用“蒋调”创始人蒋月泉的话，就是“老师的‘周调’是中尺寸”。周玉泉注重行腔，他说：“譬如唱窈窕风流杜十娘，每一个字都要有腔，做到字正腔圆。怎样做到腔圆？就像骑自行车转弯，硬要转、车要翻。不管大转弯、小转弯要转得圆，就要花力气。尤其是小转弯小腔，没有足够的中气是不行的。‘周调’的功夫在于句句‘出自丹田’。犹如写毛笔字，起落要有气势，中间顿头捺脚就是唱腔的节奏和抑扬顿挫。”笔者曾在苏州黄天荡原评弹学校遇见师兄蒋月泉，在谈及周玉泉老师对自己的影响时，他说：“我像学写字临摹了一本好的帖。”蒋月泉于1937年21岁时拜周玉泉为师，一度与老师拼档，并在“周调”的基础上发展成旋律优美、韵味醇厚的“蒋调”。写到这里，我案头正好有一本评弹学校资深老师陶谋炯编著的《苏州弹词音乐》。翻看周玉泉弹唱《文武香球·桂英订婚》的曲谱，和蒋月泉《海上英雄·游回基地》的曲谱，两相对照不难看出“蒋调”继承发展“周调”的轨迹。它们唱腔旋律的骨干音以及走向是一致的。正如注释中所说：“‘周调’速度较慢，一般是中速，唱调曲折圆润，平稳质朴。它是‘蒋调’的基础，是弹词一大声腔系统的先声，在弹词音乐发展史上起过重要的作用，有重要的地位。”我阅读了很多研究者的文章，谈及“周调”，都称它平稳飘逸、字正腔圆、韵味醇厚、亲切含蓄、温文舒齐、抒情与叙述相结合。“蒋调”是在“周调”的基础上发展演变而成的，“周调”为“蒋调”、“张调”、“丽调”等流派唱腔的形成奠定了基础。这些评论恰如其分，说明“周调”在苏州弹词的音乐史上有着重大的贡献。

周玉泉走红时，被称为“阴间秀才”。曾经有这样一段故事。周玉泉

34岁那年，在上海东方书场（现上海工人文化宫）演出。共四档书，第一档黄兆麟《三国》，第二档朱耀祥、赵稼秋《啼笑姻缘》，第三档周玉泉《文武香球》，第四档李伯康《杨乃武》。当时周玉泉很受欢迎，却苦了送客的李伯康。李伯康曾经对他的学生徐绿霞说："我送客从勿曾买过账，今期碰着'阴死人'真是触霉头。"周玉泉的阴功，来源于两位业师。张福田、王子和都是阴功。周玉泉的说功，师兄华伯明对我说，当年一代响档夏荷生说："我表书比不上周玉泉。"确实，说书难的是长表白。周玉泉能将评弹的私白、咕白、衬白运用得恰到好处，充分发挥"跳进跳出"的技艺，遣词、炼句诙谐幽默，妙语如珠，引人入胜。听周玉泉的书既像欣赏一幅名画，意境深邃；又如含嚼檀香橄榄，回味无穷。人们称赞他的说功是清、静、神。要达到语言清晰，炉火纯青，活灵活现还应归功于他的眼神。他眼中有人，眼中有物，眼中有景，眼中有情。叙事、描景、状物均从人物的情感出发，喜怒哀乐由他的眼睛传递给听众。继而引发听众的情感共鸣，台上台下融为一体。有时甚至可以不说一字，以面风、眼神配合虚拟动作，使听众如见其人，如见其物，如临其境。这些例子在《文武香球》、《玉蜻蜓》中比比皆是。如在"朱小溪桐桥得子"的一段书中，法华庵老佛婆在黑夜将三师太志贞产下的婴儿送往南浩金家，路经山塘街桐桥，恰遇豆腐店老板朱小溪……这段书老佛婆没有一句官白，周玉泉运用表、咕、衬和眼神、面风、动作将老佛婆因丢失婴儿而惊恐失态的神情，表演得淋漓尽致。前辈艺人将评弹艺术概括为"说、噱、弹、唱"四字，现在发展为"说、噱、弹、唱、演"五字，在这个"演"字中，也蕴含着周玉泉说书艺术的创新。

周玉泉的"阴功"一开始以低音开口，有静场的作用。起初场内声音嘈杂，只要说到第二句，场内立刻鸦雀无声。因为听众要听，怕听不清，于是立刻安静下来，周玉泉接着娓娓道来，使听众进入书情。他表书不啰唆，不炒隔夜说过的冷饭，语言精练到记录下来就是书稿。用他

20世纪60年代弹词名家徐云志（左）和周玉泉（右）合作演出

自己的话就是“不丟脱一个字”。真是字字珠玑。周玉泉幽默的语言夹着“阴噱”、“肉里噱”，行话称“小卖”极多，听众在不知不觉中已到了落回。在听书回家的路上想想书情好白相，有回味，想想要笑，想想要笑，耐人寻味。周玉泉的语音口劲足，在几百人的书场里面说书，玻璃门外都听得见，全凭丹田之气和嘴唇皮的功夫。20世纪60年代初，上海福州路“大美”书场的夜场，聚集了评弹界所有说《玉蜻蜓》的演员，天天连续听周玉泉的书，把他视为学习的楷模。中央领导陈云同志喜欢听他的书，1959年至1963年，首长在苏州、杭州养病期间，经常到苏州凤凰街“凤苑”书场、杭州“三元”书场，像老听众一样在书场里听周玉泉的书。还专门请周玉泉、徐云志和颜仁翰团长一起座谈带徒弟的问题，周老师也多次带领我和王映玉向首长做汇报演出。“文革”后陈云同志复出时说：“我保存了周玉泉、薛君亚说的二十三回《文武香球》录音。其中第十九回‘金花银花见云姑’这回书的花盘磁带损坏了听不清楚。”之后，专程写信，要我和王映玉去补录。我们在1988年3月到杭州补录了这回书后，还到陈云同志的住所说给他听，以后还专门录了二十五回《文武香球》的书给首长。陈云同志先后亲笔赠我三幅题字，这些都是“周派”艺术的魅力所致。

艰难岁月

周玉泉在“文革”前是历届苏州市人大代表，每逢开会他总是认真参加。1963年苏州评弹团赴北京演出，正值国庆十四周年，周老师上了天安门广场的观礼台，在人民大会堂受到了周恩来总理的接见并留下了珍贵的合影。我们跟随周老师北京演出回来后，他就和我、王映玉拼档演出了。我们一起去过杭州，上海嘉定，常熟支塘、白茆等地。《文武香球》是由我和王映玉合作演出的，《玉蜻蜓》是周老师和我们两人轮流拼档演出的。

谁知，在那段艰难的岁月中，我被安排到农村，参加社会主义教育工作队，去搞“社教”运动，当回到苏州评弹三团报到时，周老师已经作为“三名三高”人物被靠边了。过了好长一段时间，周玉泉才被“解放”。这样，他又回到了上海家中。

我和周老师在庆元坊“听枫园”团部的日子，尽管处在要划清界限的高压下，但是周老师仍向我传递了师徒之情。每当下阵雨时，他就会像《玉蜻蜓》书中周陆氏对文宣那样，帮我收拾晾晒的衣服，他得知我妻子生小孩时，特地将沈德海为他改装的煤油炉送给我。那个年代，我家还在用煤球炉，改良后的煤油炉火力旺、使用方便，帮了我的大忙。每当我在大厅上排书，他总会悄悄地坐在角落里听书。记得我和邱肖鹏等同志创作了中篇《长江大桥》，当时我说第一回，演的是保守工程师胡效名，其中一节：“呼香烟点不旺，打火机朝地上一掼，旺了。”这一连串动作，他演示给我看，充分表演出人物内心复杂的心情。另外，我和周天来、张君谋改编了中篇《孙悟空三打白骨精》，我和赵慧兰、魏少英演第三回，其中我扮演孙悟空和白骨精的母亲金蟾大仙，周老师就将《玉蜻蜓》书中老佛婆的动作演示给我看：“金蟾大仙头发稀稀落落，十七另三根还要绕一个头发团，像小荸荠直梗一只荡勒荡、荡勒荡，形象逼真发噱。”我回忆当时的一幕幕情景，至今尚历历在目。

不幸的是，1974年冬天的一个上午，当我带着食品、水果来到上海他家探望时，惊悉当天凌晨，周老师因肺癌痛苦地离开了人世。真是冥冥之中相通的情分，命我在第一时间向苏州市文化局报告。我和华伯明、蒋月泉等弟子以及专程从苏州赶来的周良同志与众多老听众一起，协助他的女儿料理了后事。一代名人，历尽磨难……想起周老师，要写的事很多，例如他整旧唱新、艺德风范等，限于篇幅只能暂时搁笔，周老师的师德和亮节永远铭记在我的心中。

（本文撰写过程中，参阅了何云龙、钱江同志记录的《周玉泉谈艺录》，作为印证。作者：苏州评弹学校高级讲师）

2017年清明节完稿

老师教我即兴创造

薛君亚

大约是1961年吧，陈云同志到杭州三元书场来听周玉泉老师和我演出《玉蜻蜓》。这次周老是从“初搜法华庵”开书的，开书这一天，陈云同志就来听书了。

“初搜法华庵”书中，周老起佛婆的脚色，我起文宣。书情是这样的：周青和文宣来到法华庵，要找寻主人金贵生。周青由几个尼姑陪伴，从右面寻过去；文宣由老佛婆带领，从左面寻过去。可是，寻了一遍寻不着。文宣的心情是万分忧急焦躁的，因为被金大娘娘一日三次打屁股，说他得贿藏东，正被逼得走投无路，如果今天再找不到的话，要被送到衙门里去吃官司。文宣急得没有办法，猛想起半个月前跟随主人到这庵堂里来过。虽然主人没有让他跟进去，只是在门外等，但是他亲眼看见这个老佛婆开门把

薛君亚

主人接进去，后来又看见一个年轻尼姑将主人送出来。第二天，主人差他出去买扇面，而主人却独自出去，至今都没有回来。亲戚朋友到处寻都未找到。文宣就想到，主人一定是到这庵堂里来了，所以就叫看门的周青一起陪了他到庵堂里来寻。现在又偏偏寻不到，真是又急又恨，怎么不要对着老佛婆恶声恶气呢？佛婆呢，表面上做得蛮笃定，其实她心里也急得不得了。因为金贵生扮成了一个小尼姑，方才被周青一记耳光打破了鼻子，流着鼻血正躺在厨房里呀！文宣对着老佛婆哗啦哗啦地吼道："你这个断命老太婆，我在火里，你在水里，快点讲，大爷在哪里？"老佛婆她阴阳怪气地说："哎呀！你们的大爷怎么会在我们庵堂里呢？没有的，你讲在这里，怎么会寻勿着的呢？"文宣继续在骂："你这死老太婆不是个东西，伲大爷一定在这里，你们把他藏起来了……"

谁知，我在书台上正说得起劲时，忽然我觉得头上"刷"的一记，好像是一样什么活的东西在我头上拂了一下，我因为没有防备，本能地把头颈一缩。这时，周老见状就用袖子在我面前一挥（驱赶了一下），同时他仍以老佛婆的角色对我说："勿要吓，一只蝙蝠。"接着他还用手指了一指。我就依着他所指的方向抬头一看，果然看到了一只大蝙蝠，慌乱地在场子里飞舞着……这时，周老还沉醉在脚色里，仍以老佛婆的语气对我说："这只庵堂的房子古老勿过哉（实际上他是在暗喻杭州三元书场那陈旧的老房子），有这种东西是不稀奇的。"我即刻"噢"了一声，向老师暗示，我明白了。这时的老师始终还是在脚色里，话锋一转把书拉回原点。接

周玉泉（左）、薛君亚（右）合作演出

着说："阿是，到底年纪轻来，喉咙蛮大，胆子勿大，一只蝙蝠吓得一跳得来。"这时台下听众都笑了。因为老师的即兴发挥，短短的几句话，不但没有跳出去破坏书情，反而把我在台上突然受到惊吓，下意识地把头颈一缩的窘态利用到书里去了。因为这时候的书情，台下听众的情绪是站在老佛婆一边，所以老师借机对文宣的讥讽就是顺理成章的事了。听众会心一笑，亦对老师即兴的发挥表示满意。这时，我偷偷地对陈云同志一看，只见他也笑了，并且还微微地在点着头。

一个小小的蝙蝠事例，对我的启发很大。老师的随机应变，我是钦佩有加的，这种即兴创造的本领，我一定要学到手。果然，同样的事例又一次发生在我的身上。不久，我们在浙江嘉兴"珊凤"书场演出，日场说《文武香球》。有一天，说到龙官保和张桂英以文、武状元的身份，在书楼上相会，云姑娘扮丫头送茶，要看龙官保的这回书。

云姑娘是张桂英女扮男装时娶的"妻子"。在洞房花烛夜，桂英这个"男儿"被云姑娘识破，姑娘大吵大闹。张桂英也觉得对不起云姑娘，当时再三央告，说破真情，并与她说好将来一起嫁给龙官保。张桂英当时又把龙官保说得如何如何的才貌双全，将来一定会大有前程的。这样，才取得了姑娘的谅解。

现在龙官保来了，云姑娘一定要亲眼看一看，究竟是怎样一个俊俏的文状元？可是，怎样看呢？男女有别啊！况且这文状元又是有身份的呀！张桂英一动脑筋说："这样吧，我把文状元龙官保领到花园里的书楼上面，不带男仆，由你扮作一名丫头。你呢，可以预先躲在书楼上的厢房里，到时候出来送一杯茶，这样一来，不就可以看到文状元了吗？"云姑娘一听就答应了。等到文状元上楼，云姑娘在厢房内偷看。一看啊，真是十分满意。那文状元果然是持重俊逸、气度不凡，说明张桂英没有瞎说，不由得暗暗快活，庆幸自己得配佳婿。正在这时，忽听得外面张桂英的声音："来，送茶！"这一声送茶之声，可把云姑娘吓坏了，她临阵吃慌了。刚才想想只是送杯茶，也没有什么大不了的事，此刻却心跳快得要命。主要是难为情呀……这时，不要说要出去送杯茶，就是答应一声“来了”的勇气也没有了。可怜啊，一直居于深闺，从来没有接触过陌生男人的呀！张桂英在外面喊了几声，没听见里面有回音。心里知道云姑娘是怕羞，一时走不出来，就与她开开玩笑，因而张桂英故意在外面连连地催促。

那天的演出，周老演的是龙官保的角色，而我呢，演张桂英，兼演云姑娘，一人演两角。当演出演到这里时，我正以张桂英的脚色，用咕白道着：“怎么还不出来呀？”就在这时，书场里一个服务员打碎了几只茶壶和茶杯，声音非常清脆，台下的听众被这突如其来的响声分了心、散了神，演出的气氛被破坏了，这对演出来说是很犯忌的。由于我上次在杭州“三元”书场曾受到老师有关蝙蝠“闹场”即兴创造的启发，我灵机一动，也像老师那样，仍以张桂英脚色的口气对着左上方（即云姑娘躲在厢房那边方向的门帘处）咕了一句：“怎么？你紧张得连茶壶、茶杯都打碎了？啊呀！你上场昏了呀！”我这一次的即兴发挥，顿使场内的听众哄堂大笑。演出情绪非但没有因服务员突然打碎茶壶和茶杯的干扰而受到影响，反而增加了场内热烈的气氛，因为这句即兴发挥的话正好吻合书情，感染了听众，才会使听众全场大笑。其实，这时的我，心里也在笑。

当天演出结束下书台后，老师立刻称赞道：“今天你即兴发挥得很好，我很开心。”我说：“这是老师您教我的呀！”

（原载《评弹艺术》第九集。作者：苏州评弹团著名演员）

周玉泉（左）和搭档薛君亚（右）合影

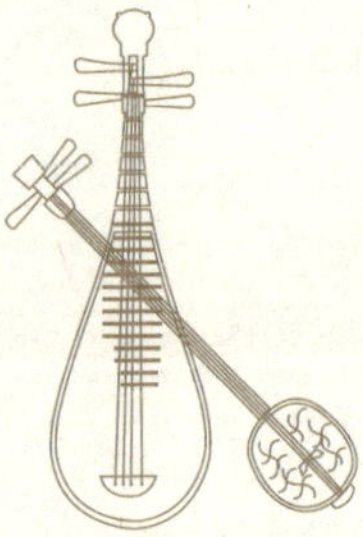

书坛烟云录·曹汉昌篇

曹汉昌先生（1911—2000），又名锡棠。因深受姑父石秀峰影响，他自幼就酷爱苏州评话艺术。14岁师从评话前辈周亦亮习长篇评话《后岳传》，并以汉昌为艺名。他于1931年在光裕社出道。多年在江浙一带演出，并逐渐享誉书坛，成为一代评话名家。曹汉昌先生的艺术特点，说表清晰、中气充沛、擅长表叙、注重说理，具有“一口干”之赞誉。曹汉昌先生于20世纪50年代初，在潘伯荫的领导下，一起参与筹建苏州市评弹实验工作团（今苏州评弹团），为该团创始人之一，并长期担任团长之职。20世纪80年代初，任苏州评弹学校校长。他自担任团长以来，坚持创新说新、坚持培养青年演员、坚持评弹艺术的整旧和革新，他曾精心加工整理《岳传》演出本，为后人留下了宝贵的艺术财富，对评弹艺术事业的发展做出了卓越的贡献。

曹汉昌先生，生前对自己的艺术人生和书坛实践经验，以“谈艺录”之形式做了系统的阐述。整个过程是由曹汉昌先生口述，周良同志记录、整理的，并将这一段段精彩的故事编纂为《书坛烟云录》，先后发表在《评弹艺术》上。全篇为我们描述出了曹汉昌先生生动、光彩的艺术人生，以供读者鉴赏，便传于后人。为此，苏州评弹表演艺术传承研究会，将《书坛烟云录》与曹汉昌先生生前其他的艺术心得及文章，再次整理和编辑，并与其他同志和曹汉昌先生的弟子们所撰写的评传文章，以及《苏州评弹艺术家评传》“编委会”人员曹凤渔、周明华撰写的《访谈录》一起汇编成册，名为《书坛烟云录·曹汉昌篇》，在第三册的《苏州评弹艺术家评传》中出版，以飨读者。

（编者）

曹汉昌谈艺录

曹汉昌

我离开了先生

先生（周亦亮）的晚景很凄凉。虽然，他是一个响档，家庭负担就几口人，妻子、儿子和岳母，也不是很多，但没有积蓄。生病在家半年，经济就发生了困难。那时，听老艺人说，说书一辈子，能死在家里就算好的了。因为年老有病，生意也不能停下来，停下来，养家活口就有困难。像这样情况的人在旧社会的评弹界并不在少数。还听见以前的老艺人说：“说书人能有几个买屋？”当时买个烟囱都不容易。而现在看看我们这一辈子，有不少人都能活到

曹汉昌书坛艺术照

七八十岁，身体都很好，所以，想想也是很高兴的。

先生生病在家，以前要请他去演出的那些老场方，现在走过他家门口也不进去看看他。先生很有感慨，说人情淡薄。他又不愿去求人，所以他的晚景十分凄苦。

先生对我很好，可惜我那时年轻，对他的艺术经验，当时领会不深，学到的很少。他曾经对我说，说书要看住几个听客。特别要注意几个主要老听客在听书时的神情、脸部的表情变化及他们在现场的反应。因开始说书时，我不敢看听客，所以，他才对我说，说书要看听客。我后来才懂得这个道理，和听众的呼应，是说书艺术的特长，是长处，也是难处。

我先生很会编书，只是那时叫“簧书”。《后岳传》就是他“簧”出来的。他编写过《文天祥》和《飞龙传》。我虽没有听过，但听他说在编《文天祥》时，他曾设想了一个情节，“九擒文天祥”，但在实践中，他只说到“三放”就说不下去了。因为说的是宋朝亡国的书，听众不喜欢听。他懂得听众心理，所以所谓“九擒文天祥”就此作罢。讲到编书的经验，有一次他对我说编书要种根。新编的故事，要在原来的故事中“种因”，不让听众感到突然。他说，故事要新，人要熟。这都是经验之谈。人名熟，听众关心；故事新，易吸引听众。我记住了他说的一句话，“说一遍，想一遍”，受用终身。说完书下台，要想想，哪些地方说得可以，哪些地方说得不好，听众反应如何。上台说书前再想想，今天说书要注意什么，哪些地方要动一下，温故知新。不断地改进，才能提高，这是应有的严肃的艺术态度。

我与吴、曹弟兄

我与吴熊祥、曹筱英是弟兄。在八弟兄中（吴熊祥、曹筱英、张鸿声、顾玉良、陈瑞麟、朱毓良、朱秋帆、曹汉昌），吴熊祥年龄最大，我年龄最小，他对我非常照顾。当时，我说书技艺不成熟，由于他的照应，我才能做到一些较好的码头。记得有一次我离开湖州不久，他就介绍我去南浔说书。当时，南浔是浙江的大码头，杭州还没有书场，一般来说刚说书的艺人是不容易做到南浔码头的。在南浔，我的生意还可以，所以，接下来他又介绍我去无锡，无锡也是个大码头。吴熊祥不放心我独做，介绍了杨稼馨和我同去。杨也是八兄弟之一，说《双珠凤》，是朱耀庭、朱耀笙的学生。有人说《双珠凤》总喜欢说“来富唱山歌”这一类书。而他却不说，《双珠凤》他常说“抱头庄”这一段书，可见他为人规矩。因“抱头庄”这段书，情节平常，所以，生意也很平淡。在无锡说书时，反响反而没有我好。我们“越做”，是在“新万兴”书场。这家书场既是书场，又是面店，当时“新万兴”只是二流的书场。因为我的口碑很好，无锡其他书场就来请我，要我第二年再去开书。这样，我在无锡就做开了。但是，类似的情况，我也上过当，这是后来的事。我在常熟城外一家书场说书，因为生意很好，城里的“仪凤”书场请我第二年去说书，还给了我十块钱“带档”。“仪凤”在常熟是一家一流的书场，场方叫林耀如。但是，我上当了。当时他没有告诉我，我不知道第二年要我去的那个时候，他早已经约了我先生去开书。直到我回到苏州后，有一天我碰到先生，他对我说：“汉昌，你生意很好，我很高兴。不过现在你翅膀硬了，连先生的生意都要抢了。”这时我才知道他所指的就是常熟的这一档生意。虽然我把经过情形对先生说了，先生还是说了一句：“人老珠黄不值钱了。”第二年，我没有去常熟说书，但是，先生也没有去。可见误会并未消除，先生对我有了意见。旧社会，老艺人的生活没有保障，许多老艺人晚境不佳，先生的心情，我是很理解的，自此以后，类似这样的情况我就特别注意了。后来，吴熊祥又介绍我去常州。总之，在这几年中，他在业务上对我的照顾是很多的，至今我还感激他。

不久，吴熊祥应石秀峰的邀请，到上海去补《万年青》这部书了，谁知，书还没有补完，吴熊祥就病死了。

曹筱英和我的关系也很好。他家在上海，到苏州说书，总住在我家里。他是说《白蛇传》和《玉蜻蜓》的，是王子和的学生。他和俞筱云、俞筱霞是师兄弟。为人忠厚，书也说得非常好。我听他说《玉蜻蜓·问卜》、《玉蜻蜓·关亡》都说得特别好，参加“会书”，他是经常说这两回书的。

我的弟弟曹啸君也想学说书，但出不起拜师金。后来听说拜朱琴香为师，学《描金凤》和《双金锭》，可以不收拜师金，因朱琴香是我的结拜兄弟，所以不收拜师金，只要贴路费和伙食费就可以了。但是不知什么原因，我弟弟没有学成就回家了，后考进了电讯局当接线生。抗日战争爆发以后，曹啸君离开电讯局，再跟曹筱英学《玉蜻蜓》和《白蛇传》。曹筱英对我弟弟也很照顾，同样，也没有收拜师金。

再次结拜弟兄

朱琴香是第二次结拜的弟兄。那是20世纪30年代初的事情了。我十五岁开始说书，那是1926年。接连三四年在码头上说书。幸亏得到了黄鹤峰和吴熊祥的照顾。我很少在小地方说，都是去较大的码头说书。吴熊祥对其他师兄弟说：“别的师兄弟都有能力找书场，我这个小兄弟，人生地不熟，应当照顾俚。”吴熊祥他是老前辈，和各地场东都很熟，有他的介绍，无锡、常熟这样的大码头我都可以进。所以，我跑的大码头多，业务也逐步稳定。

在旧社会，艺人之间的相互竞争有时是很激烈的，所谓挖、踏、撬、铲，有时是不择手段的。但是，艺人之间也要保护自己行业的共同利益，这是相互帮助的基础。所以，20世纪30年代初，我又一次在苏州结拜弟兄，就是出于寻求合作和帮助、共同保护自己的愿望。这次拜弟兄的几个人，年龄都差不多大，都在二十岁左右。有朱琴香、范寄舟、莫天鸿、姚荫梅、顾宏伯、顾又良、严雪亭和我，后来丁冠渔又加入了。

朱琴香，说唱《双金锭》和《描金凤》。拿手的脚色是小二倌，陈调唱得很好，我们拜弟兄，就是由他发起的。

范寄舟是说《大红袍》的。莫天鸿说《金台传》，他在演出时，每逢三、六、九，要加演大套琵琶，由此而得名。

姚荫梅，他是学弹词的，弹唱《描金凤》。他的母亲是说《金台传》的，是少有的女评话演员。当姚荫梅在说《描金凤》时，生意做得不大。后来他自编了《八搜邹应龙》，但业务还是平平。直到他再自编自演《啼笑因缘》以后，演出业务才大有长进。他是评弹界不可多得的艺术家。

顾宏伯，是杨莲青的第二个学生，他继承了老师的艺术，基本功扎实。七十多岁时，还经常演出，在评弹界他是少有的评话艺术家。

顾又良是唐再良的学生，说《三国》，有“活周瑜”的称号。他们的书，给人的印象是认真，一丝不苟。台上表演的手面开风很大，说书用丹田劲，可惜有哮喘病，而且染上了不良嗜好，很早就不演出了。

严雪亭是徐云志的学生，曾经是银匠铺的学徒，喜欢说书，所以改行学弹词。开始说《三笑》，生意平平。后来做电台，他是在电台上唱红的，人称“电台状元”。他做电台，不拿电台的钱，甚至倒贴给电台一点钱，他主要是在电台利用说书的休息时间，带做广告。自己经常从苏州订购鸡头肉及其他土产。新鲜鸡头肉，电话订货，送货上门，做生意赚钱，但他在艺术上对自己是要求严、不满足的。又补说了《杨乃武》，向话剧学习脚色，擅长表演。他虚心学习，钻研精神极好，所以成了20世纪三四十年代红极一时的弹词单档。

丁冠渔，是许继祥的学生，后来参加苏州市评弹团，为第一批的团员之一。

苏州演出“会书”

我再讲一点苏州“会书”的情景。苏州从什么时候开始有“会书”，我并不知道。但从我能记事开始就已经有“会书”了，所以我小时候就听过。苏州“会书”是从每年农历十二月二十日开始，到大年夜结束。这时候，家在苏州的说书人都已经从码头上回来了，集中了一大批演员，所以说“会书”和平时独做不同，都是几档一起演出。少则四档，多则六档。这十天的演出收入，都给光裕社做全年开支的费用，所以演员是义务演出的。城里较大的书场，位子在两百左右的都说“会书”。或由光裕社安排，或由书场聘请，挂牌演出。听众难得一次能听到这么多有名的艺人演出，所以听“会书”的听客是很多的，十分拥挤。“会书”的最后两天，小年夜和大年夜，又是“特别会书”，每场演出六档书，票价提高一倍，节目也翻新。有评话双档、弹词三个档等很多临时组成的档次。大都是平时不演的节目和新编的节目。到了那几天，满城轰动，听书的赶来赶去地听。别的书场上午不说“会书”，只有“吴苑”书场是上午说的，所以在那听书的听众中“道众”是很多的。我出道以后，听“会书”大都在“吴苑”书场。因为有的时候，自己也要去说。“吴苑”书场“会书”还有一个特点，节目不预先公布。演出中间听众可以喊停，也可以叫再来一个，要求艺人加说一段。但是，要是有些艺人在台上表演不佳，艺人也会被听众喊下台的。有一年“会书”，就有一档演员被轰下台，因为那两个演员放了一个很不好的噱头。当然，“会书”更能使一些演员立刻走红。当时还默默无闻的范玉山自己跑上了台。一上台，出了个济公脚色，那时苏州还没有人说《济公》，听众感到新鲜。接下来出了个强盗脚色，四句引子，唱京戏的摇板，满场鼓掌。而后自我介绍，说他叫范玉山，春节在“山门巷”书场说书，欢迎大家去听书。接下来再说一段书。这年的年档，生意特好，范玉山就此在苏州出名了。范玉山说完，送客是许继祥。他上台，书场里仍然一片啰唣，还在喊要范玉山再来一段。已经上午十一点半了，也有人喊许继祥说一个钟头。大家为他担心，而许继祥却独坐不响，待人声稍微静一点，他才转身指了一下挂在他身后的自鸣钟，对听众说：“不要到了十二点半，钟停了，那末，我永远说不完哉。”于是，听众哄堂大笑。当书场内安静下来，他便开始说书。这天，他说了一回“八卦楼”，是《英烈》中的一段。整回书他噱头摆足，说到一点钟才落回。第二天，送客是朱耀庭、朱耀笙。但许多听客不让朱双档说，喊范玉山上。“道众”帮忙回答，范玉山不在。下面又喊许继祥，也说不在。有位“道众”站出来，说这两位老先生送客还不好？演员也开口了：“今朝还是我伲两个人来，你们看阿好，不然你们坐一会儿，伲要下去了。”还好有听客说：“说啊，说啊。”这样才说下去。

我认识夏荷生，也是从听“会书”开始的，那是几年以后的事了。夏荷生一上台，下面就喊不要。也是“道众”帮忙说：“还没有让人家说，怎么知道不好呢？”听众这才让他说的。这天，他说了一段《描金凤》，是俊巧调戏徐惠兰。全场反应很好，结果，听众反而要他连说了一段。“会书”犹如考场，不少人就是从“会书”中红出来的。夏荷生也是从这次“会书”开始出名的。

我是从20世纪30年代初开始，在说了四五年书以后，才参加“会书”演出的。演员参加“会书”，可结识许多有水平的演员，我就是通过“会书”的演出，轧了不少艺友。

在“会书”中，我和钟子亮拼过双档。和张鸿声拼双档说过《疯僧扫秦》，和我先生也一起说过《疯僧扫秦》，和姚荫梅、潘伯英一起说过《褚标拜庄》。抗日战争开始不久，应“椿沁园”场方的要求，和严雪亭、范雪君（合作），朱耀祥、赵稼秋（合作），我和潘伯英（合作），还有蒋月泉等一共六档书在一起说过“会书”。我的嗓子比潘伯英响，他和我合作演出，常被我拖累，一起说书，开始还注意，说说就忘了，提高了嗓音，就累坏了潘伯英。下了台，他总是满头大汗，他几次对我说：“和你合作，命去脱半条。”学会照顾别人，也真不容易。

说“会书”和平时演出的说法有所不同。从自己的长篇书中选出一段来，总是挑精彩的、拿手的、能显出自己特长来的段落。因为要一次说完，最好选相对独立的片段，有点“书”可以听；节奏也要紧凑，要在上台不久就把听众抓住，所以有一定的难度。有几位老艺人书艺很好，但不说“会书”。也有一些艺人，“会书”时说得很好，但平时生意平平。我参加了“会书”，把说“会书”的这些要求都要学会，而且要用到平时的演出中去，是很有好处的。

过去，说“会书”时，有一个普遍的毛病。为了噱头有现场效果，盛行“扦讲”。平时也有，但“会书”时更盛。就是在说书中穿插，讲别人的坏话，上手说下手，下手说上手，也可以说在场的或者不在场的别的演员。长相、艺病、生理上的毛病都要讽嘲，甚至把别人的、自己的老婆都牵进来，是一种不良风气。到中华人民共和国成立后才慢慢改掉。

除苏州外，外地也说“会书”。上海有一家书场，大年夜通宵说“会书”，就是在城隍庙的“得意楼”。“会书”不事先排好档次，上一档要说到有人上台来接，方可下书台。“得意楼”是家大场子，许多人都想到这家书场说书，而且场方招待也好，说“会书”还有鸦片烟供应。所以评弹演员都愿意跑去说“会书”。还有些演员或听众大年初一早上要到城隍庙去烧头香，所以半夜里也有不少演员来说书，听书的听众也一直听到天亮，故而这个“会书”要说一夜天。

评弹演员之所以都喜欢做“会书”，因为如果“会书”你能做好的话，就能一炮打响、一夜走红，夏荷生就是突出的一例。

夏荷生，记得那次他是在“吴苑”说“会书”，那是一次严峻的考验。“会书”的成功，奠定了后来他红遍苏州的基础。他响弹响唱，夏调是用真嗓唱的。他的嗓子特别好，唱得响。后来，夏荷生的听客，在苏州是破纪录的。一次，他在“梅园”书场说书，人实在轧不下，就借了一个礼堂，礼堂轧满。礼堂两边都是天井，天井里放满了水缸，于是在水缸上铺了板，人站在板上听书，也挤满了。有的听书人还跌到了水缸里。据说当时现场有六七百听书人。

我就是在那年听他说“会书”，才见到夏荷生的。后来接触很少。但是他曾两次给我介绍生意。第一次是常熟一个书场。他写了介绍信让场方来找我，接他的下脚。他担心我接不住他的下脚，要场方照顾，包底200元。一档生意如果做不满200元，由场方包。这是他对人的关心。另一处是角直镇上的书场，也是他介绍场方来找我的，接他的下脚。在我第二次进上海“东方”书场说书时，和夏荷生是上下档，四档书，第一档是韩士良，第二档是夏荷生，第三档是我，第四档是张鉴庭、张鉴国。因为我很少听他说书，所以在合作期间，我总是提早到书场，听他说书。那时夏荷生已经有病，很重。但因生活所逼，他既无积蓄，又有吸鸦片的嗜好，只能上台。他一上台就看不出有病，仍然生龙活虎。全身精力都用在这几十分钟上了。但是当他一下台，要在台后靠在墙上休息十到二十分钟才能扶着墙壁慢慢地走下楼去。有一天，我为了看看他，去得特别早。趁他没有上台，和他谈谈，问问身体情况。我问他，为什么不休息休息？他也没有说别的话，只说：“我在台上说书，是我最高兴的辰光。听众盛意而来，我竭尽全力报答听客。”他对听众的热情、对艺术的热爱是感人的。此外，他的话语中也包含着生活的艰难和辛酸。夏荷生病死时，还不到五十岁。

说《三笑》的，我已经谈到过夏荷生了。但说《三笑》的响档，还有一位名家，他就是徐云志。

也就是在“吴苑”“会书”的第二年，夏荷生在临顿路“九如”书场演出，徐云志做“全羽春”书场，两人敌档，相隔几十家门面。当时，徐云志已经出名，结果两个大响档的生意都很好。而且带好了中间一家书场，叫“四海楼”。由许筱峰说《二度梅》，他的艺术造诣也很好，但是名气没有他们大，听客都被吸引到临顿路，两头客满，中间也就客满了。有一部分听客两面跑，轮流听夏荷生和徐云志的书，加以比较，而后议论。那种竞争是很剧烈的。据说，当时曾有人劝夏荷生不开《三笑》，但是他坚持开《三笑》，要有一点竞争精神。即使夏荷生的书我听得很少，我也知道他不但生旦书说得好，其他脚色也起得好。丹田劲足，精气神都好。听人家讲，他起《描金凤》中的陈荣脚色，挑担卖菜，一声“买菜”，隔几个店面都能听到。

徐云志说书很风趣，语言通俗、发噱，但不说脏话。他在台下很少说笑话，为人忠厚，不大与人计较。对人总是笑脸，但没有江湖习气。徐云志的艺术成就不是偶然的。是他一生追求、勤奋实践的结果。“徐调”很早出了名，但在中华人民共和国成立后仍有很多发展，参加评弹团后多次说过新书，经常唱新的开篇。他长期放单档，五十岁以后才拼双档。参加评弹团后，王鹰做他的下手，他肯教，王鹰也肯学，虚心好学，珠联璧合，艺术水平有进无退。

徐云志学生多，成名的学生有好几个。一个学生叫祝逸亭，书说得好，一出来就红。但因生活习惯不良，好赌博，喜熬夜，伤了身体，他不满四十岁就生肺病死了，实在可惜。

想起过去艺人的苦恼，很有感慨。艺人的社会地位低，很多人看不起说书人。做“堂会”，到人家家里去说书，人家或者是死了人，或者是狂饮滥赌，或者是寻欢作乐，在这种场合说书，是什么味道，想想都哭得出来。当时的社会风气不好，艺人稍有不慎，就会陷入泥淖。祝逸亭就是一例。

要说好“选回”

评弹演出，过去都是长篇连说的，一部书可以说上几个月。只有做“会书”演出和临时性“堂会”演出，说的是长篇中的一些“选回”（以前没有评弹短篇），这是“选回”的起源。最近几年，由于专场演出、观摩会演和巡回演出的需要，“选回”这一形式便日益发展起来。有的同志习惯于长篇连说，他们说长篇说得非常好，但不习惯演出“选回”，因而说书就显得逊色得多。因此，如何说好“选回”，便成为这些同志关心的一个问题。这里我根据自己的一些体会，粗浅地谈谈对这个问题的看法。

我认为要说好“选回”，首先要从长篇中截取好。这是一个前提，非常重要。那么，怎样才能截取好呢？我认为要注意这样三点：第一，要能充分发挥自己的艺术特长。比方说，你善于说表，就该截取说表较多的“选回”；你善于弹唱，就该截取唱词较多的“选回”；你善于起脚色，就该截取脚色手面较多的“选回”。这样，方可藏拙显长，收到事半功倍的效果。第二，故事要完整，人物要少而性格要突出，主题要鲜明。最好是叙述一个有头有尾而又最能显示人物性格特征的故事，从中反映某一个主题思想。它与长篇很不相同。长篇连说要多“种根”（安伏笔），使之前后呼应，把许多情节联结在一起；“选回”则枝节愈少愈好，最好一线到底。长篇连说可以“卖关子”，到紧要关头停住；“选回”必须把故事说完，听众才满意。长篇连说可以许多人物同时出场，从容交代，不怕人物众多；“选回”则需人物少，主要人物最多不超过三个，以便集中刻画，给人以较深的印象。此外，“选回”的场景越少越好，最好不换场面，因为场景一多，就要花费很多时间布局描述。第三，篇幅要适当，不宜过长或过短。一般来说，一个“选回”在四十五分钟左右说完比较适合，过长可能精力不济，造成先紧后松，影响演出的效果；过短则会使听众不满足或有意见。当然，这只是习惯的大体的时间，并不是绝对的；如果某些“选回”由于内容的需要，必须延长或缩短一些时间也是可以的。

虽然截取好“选回”，是说好“选回”的前提，但并不等于就能把“选回”说好。要说好“选回”，还必须解决一个如何说法的问题。在长篇连说中，每一回书开头总要花几分钟时间把前几回书的情节概述一下，使未听过前几回书的听众了解故事的来由，听起来“上路”，而不至于没头没脑；同时就书本身来说，这是一种连接，也是必要的。但是“选回”因受时间的限制，不可能用这么多的时间进行表述，它必须很快地揭开矛盾，让人物出场，使书进入细做阶段，把听众引入书里。所以“选回”有各种各样开头：有的从效果口技开头，有的从交代时间地点后以人物行动开头。其目的都在于一下把听众吸引住。当然也可以从表述故事来源开头，但这种表述应当十分概括，不能过长，过长容易使听众情绪“沉”下去，即使后面的书很精彩，效果上也会打折扣。如果有的“选回”必须用较长的篇幅来介绍故事的前因和人物的经历，那也应该放在适当的地方进行回叙，而不应该放在开头部分。同时在回叙之前，要制造悬念，吸住听众的注意力；回叙时要避免平说，应采用带表带做的方法，突出其中的重点，以加强实感，使听众不觉得单调和冗长。我在《龙门败十将》里，回叙武场经过和岳飞与余化龙的经历以及他们之间的关系时，就是采用这些办法的。在回叙武场经过之前，我这样说：“按理，马走三圈，无人上来，就可得中状元；但是现在马走三圈，无人上来，岳飞心里着急。为啥？”在回叙岳飞与余化龙的经历以及他们之间的关系时，我这样说：“那么岳飞同余化龙怎样成为师弟兄的呢？”这样一问，就制造了悬念，听众急于要知道其中的缘故，自然会聚精会神地听书。在这种情况下进行回叙，并在回叙中适当地显露脚色手面，听众的情绪就不会“沉”了。所以这两段回叙虽然都很长，但是我每次演出，听众总是听得很有味道的。

“选回”因受一定的时间限制，故在语言上要求比长篇连说更为精炼，更为简洁，长篇连说用十句话说明的事情，“选回”必须用三五句话就把它说清楚。要做到这样，就得讲究语言的逻辑性和表达能力。叙事要把握重点，条理清晰，层次分明，避免混乱和重复。给人物开相和描绘场景，要选择那些最具特征的东西来说，不要一般化和把什么都罗列进去。至于不起作用的废话、口头话、“话搭头”，更应该一律免去。同时，说“选回”与长篇连说在气质上也应有所不同，长篇连说有弛有张，而且弛时居多；说“选回”则应像演独幕剧那样，要始终保持紧张状态，至少要张时居多。因此，说“选回”必须精气充沛，力求紧凑和贯神，造成一种比较浓烈的气氛，把听众的劲提上来，并且保持到结束。

“选回”的落回也不同于长篇连说，长篇连说的落回大多采用这样两种办法：一种是“未来先说”，即把后面几回书的精彩内容，扼要地提一下；一种是“卖关子”，即说到紧要关头，突然停住，“且听下回分解”。其目的都在于制造悬念，拉住听众，使其能够继续听下去。也有采用冷落回、放噱头落回等方法的。这些对“选回”来说，都不适用。“选回”不是连说的，不需要在落回时制造悬念，因而也用不着“未来先说”和“卖关子”，它应当把所说的矛盾解决，使故事告一段落。因此，我认为“选回”的故事高潮最好放在落回之前，高潮一过，矛盾解决，立即落回，不要再说什么，否则就会画蛇添足，反而削弱效果。假使有必要表述一下后来故事发展的结果，那也应当十分概括，几句话把它说出来；同时，说时要求吐字格外饱满有力，说得要快，一口气说完，使气氛不致减弱。要不然，就会变成冷落回的，而冷落回是“选回”最忌的表现手法。试想，一个“选回”，本来一直处于紧张状态，到结尾了却是冷冷的，这会产生怎样的效果呢？我相信这个道理大家在各自的艺术实践中，都会有自己深切的体会。

演出过的书场

在我学说书和刚出道的时候，演出的大都是茶馆书场。以卖茶为主，兼营书场。一部分是专营书场，上午不卖茶。我曾做过的一家书场，是最旧式的，就是常熟的“东塘市”书场。书场在街背后，一条弄堂的尽头。书场内一张长板桌，即状元台。两边有方台子。书场里点一盏保险灯，书台上的蜡烛，叫灯烛。一支点一个半小时左右。上台点起，点完落回。如果蜡烛的质量差，有风，时间就短一些。白天则看太阳，阴雨天就要艺人自己掌握了。这种老式书场，我就做过一家。最有趣的是，这家书场在夜场开始时，场方从书场门口喊起：“开——书——哉！”一边喊，一边走，喊声完，走到弄堂口，这一声喊，七点左右，不听书的把这声喊当钟用，上床睡觉了。后来到常熟梅里，书场就大了，这是个有影响的大码头，场方叫瞿老四。书场在一个空场中间，日场有四方来的听客，来得很早，是做生意人谈生意。那时，还有骑马来听书的。夜场则大都是本镇的居民和职工。来听书的很多听众都带着灯笼——书场门口有几根竹头横着，让听客挂灯笼用的。将要落回，由书场职工把灯笼一一点亮。到散书场时，灯笼排成串，走成行，远看极其好看。

我在“梅里”书场做过好几次，那里有一批老听客吃旱烟，我先生对我说过，他们坐在前排，吸完一筒，要在台角上敲烟筒管，把灰敲掉。如果没有思想准备，要吃惊的。在别的地方，我是上过当的，以为听客对我说的书有什么意见呢！后来，书场里有了抽水烟的听众，场方还供应水烟筒。

在我跟先生的时候，听一次书七个铜板到八个铜板，我出道时，已经要十到十二个铜板了，是连一壶茶的。那种老式书场，听客只有几十个人，七八十个人就要搬掉台子了。这样的书场除了做书场，还有卖茶的收入，而且一般是夫妻老婆店，或者只用一个职工烧烧炉子、泡泡茶，开销少，所以能做下去。有些场方还要招待艺人。对艺人的生活起居照顾得很周到。书场的场方，他们书也听得多，他们的意见对艺人往往很有帮助，而且反映的大都是听众的意见。他们和演员交朋友，很有感情。我也有好几个像这样的老朋友。他们是评弹事业的热心人。当然，也有不少场方是很势利的。你生意好，十分巴结。做完一档订下档，先付定洋。你生意不好，就赶你走，走过门口也不理你。

我在苏州说书，比较多的是“四海楼”、“春沁园”、“梅园”、“龙园”、“大观园”等几家书场。位子两百到三百一家。一档书说一个季度。这几家书场在我去说的时候，已经和旧式的有些不同了。大都没有了状元台，都是方台子，有了电灯，有了钟，烧茶也不用七星炉，用“爆仗”炉子了。泡茶也开始用玻璃杯了。而且还有一个大变化，女听客慢慢地多起来了。我小时候听书的时候，很少见有女性来听书。在我出道多年以后，才慢慢地有了女听客。那时的妇女，没有独立的经济地位，要做家务。也不开放，到公共场所，男女混杂，会被人议论。而且那时说书，不少艺人口没遮拦，不少粗话、脏话、下流的话，更有甚者，有些故事情节妇女是不能听的。书场有了女听客，这反映了社会的进步。大多数书场是男女混坐的，而“梅园”书场有特设女宾席，设在书场一角，用木栅隔开，有一二十个座位。

一般书场听众的座位都是用长凳、方凳，后改善为礼拜凳，即可坐几个人的那种长的靠背椅。椅背上有一木板，可放茶杯。书场还保留了方台子。只在听客多的时候，把台子搬走，增设座位。苏州的书场，中华人民共和国成立后才有用固定的翻板椅子。就是现在的“苏州”书场，当时叫“静园”书场，是第一家取消台子改用靠背椅的，并且开始对号入座，算是新型的书场。上海则在中华人民共和国成立前就有了，最早是“东方”书场。那时书场里在说书，有冲茶的、绞毛巾的，但一般都是在小落回时。收筹在小落回前，收茶杯则在落回前。我在常熟书场说书时，还见到有几个富绅来听书，用专门的茶杯，茶叶也与众不同。那时，书台上还贴了“恕不迎送”四个字。我先生曾对我说，露天书场说书的，对坐下来的听客要打招呼，对站在外面的听客，要招呼他们坐下来。而我们说书不能停下来，如果有长辈、前辈、亲戚、朋友来听书，如不打招呼可能失

曹汉昌书坛艺术照

礼。贴一条"恕不迎送"，就算是打招呼了。

评话鼎盛时期

我开始学说书，是在20世纪20年代中期，当我说书能站住脚时，已进入到了30年代。那时和现在相反，评话盛于弹词，我还听过不少评话名家、响档的书。而且有很多都是说《三国》的评话名家。

当时，说《三国》有名的艺人有黄兆麟、唐再良、何绶良、周镛江、郭少梅等，都是自成一派的。

黄兆麟的《三国》，以脚色见胜。他的父亲叫黄永年，是说短打书的，有《绿牡丹》和《五义图》等书，所以黄兆麟也说过《五义图》，我曾经听过，但他说得很少。他说《三国》，是拜许文安为师的。自己传了一个学生，叫张玉书。张玉书即张国良的父亲，他后来自己编说《后三国》，对这部书做出过贡献。

唐再良说书，以说见长。他原来是做生意的，半路出家。不擅长起脚色，但他文化水平较高，说书时衬《列国》里的故事和历史故事，衬白比较多，内容丰富，听他的书可以增长知识。他的学生有顾又良、唐耿良等，也是有名的评话家。顾又良的脚色很好，有"活周瑜"之称。说法也很好，可惜身体不好，有哮喘病，很早就不能说书了。

何绶良的书，没有听过。听人说，他说书很轻松。《三国》不是以噱见长的，说得轻松，很不容易。汪如云和陆耀良是传他这一派的。

当时说评话《英烈》出名的有蒋一飞、叶声扬、朱振扬、许继祥等人。

蒋一飞人称"活蒋忠"，喉咙响，声音大，大喊一声，足以惊人。张鸿声是蒋一飞的学生，但他的噱吸收了叶声扬和许继祥的长处。

叶声扬说书，以噱见长。说书非常轻松，谈笑风生。只是常有不是很文雅的穿插。他说书还有一个艺病，喷唾沫，有人说笑话："坐在前排听书，要撑伞。"

朱振扬说书则是个方口，说书规矩是他的特点。

许继祥的书，我听得比较多。他的《英烈》与众不同。他的嗓子原来是很好的，生了肺病，嗓子哑了，要他起脚色有困难，不可能和蒋一飞、朱振扬二位先生相比，噱头也放不过叶声扬。可他另辟一条路，创造出了自己的特点，这是很不容易的。他说的《英烈》，与众不同。别人说《英烈》中出名的段落，而他就不说，或者不把它当作关子，作为表书来说。如别人都从蒋忠和常遇春赶路开书，因“武场书”是关子书。这一段书，听客都喜欢听，是上生意的书。而接下来的书，听客就要减落了。但许继祥把“武场书”作为表书来说，别人的“弄堂书”，他却把它作为关子书来说。他把精力放在表书上，细致地描写，灵活地穿插。人家称他是活口，以“小卖”见长。听人家说，他每天要看不少报纸，当天说书，可以把时事、新闻插到书里，效果极好。与听客亲切交流，沟通思想，是他的特长。评话上电台，他是第一个。他的《英烈》，能在电台连说三年。有人要他再说下去，他居然想了办法从尾接头再说。他说朱元璋做了皇帝，推翻了元朝，大摆庆功宴，封官许爵，封华云龙为游侠，奉旨说书。要华云龙把朱元璋的经历和功绩说给众大臣听。这当然是杜撰的，但他就是这样把《英烈》倒过来从头说起，再来了一遍。

他在电台说书，每天说一小时，其中半小时是回答听众来信。一面读信，一面回答。回答问题，也是妙趣横生。有一个小学生，写信问他《英烈》中两个本领最大的武将，蒋忠和傅友德，他们两个人中哪个本领更大？许继祥说：“他们两个人还没有交手，以后让他们比一比，看谁的本领大。到时再答复你。”所以说他的书说得比较活，听众喜欢听。

许继祥的噱头很多，但比较含蓄。他的噱头，有时听众当场没有反应，事后想起，非常有趣。散了书场，走在路上，回到家里，想到会发笑。所以有人说他的噱头像青橄榄，是可以回味的。他放的噱头，也比较文雅，没有庸俗的趣味。而且台上也不“扦讲”其他艺人。“扦讲”是一种坏风气，许继祥不“扦讲”别人，是他的品格好。他的噱头和穿插多，大都是即兴创造。所以前后很少重复。有一年，许继祥在上海做“东方”书场，六档书，他是“压脚”，场方怕他压不住，又请了王无能唱独角戏。那时独角戏才刚刚时行。王无能听了半年许继祥的书，对他非常佩服。说自己和他差得很远。王无能说唱的节目，七天就要重复，而许继祥的噱头，半年没有重复。

许继祥的趣味，还来自大胆的形容和夸张。如他形容蒋忠高大，说他可以把军队的帐篷随手拎起来，使帐篷里的士兵惊恐万状。书中形容说，像一盆活蹦乱跳的“炝虾”。他说要搬一个大的树桩进草棚，因为门太小，就把草棚拎起来盖住树桩。为了赶路，船过桥洞太慢，就拎起船从桥上过去。有些说法，事后想来可能是不合理的，但是，他能在当时说得头头是道，听上去很顺、很可信，这就是他的本领。许继祥平时也好说笑话。他到“吴苑”书场吃茶，常常有一帮年轻的“道众”拉他坐到台上，大家和他攀谈，听他讲话，也要笑痛肚皮的。许继祥生的是肺病，死得早，很可惜。

杨莲青是20世纪30年代的评话响档，他是独树一帜的。过去的评话脚色学昆腔，从他开始是京剧脚色。当时，京剧很盛，有个唱《狸猫换太子》连台本戏的红角，叫李桂春。杨莲青原来说《五虎平西》，他将戏里的故事，搬到自己的书里，大大扩充了原来的情节，成了一部新编的《狸猫换太子》，红极一时。

我二十多岁的时候，进上海“沧州”书场做“会书”。那时在上海，我只是个默默无闻的演员，没有什么影响。这次“会书”，共六档书越做。最后一档是杨莲青，我是第五档。有一天，我说书的时间将近结束，要落回了。但书场职工对我说杨先生尚未到，要我再说下去。我又说了一刻钟，他还没有到。听客也知道了，说大概交通堵塞，先生不会来了，你再说几分钟就结束吧。我又说了五分钟，就落回了。我对听客说：“抱歉抱歉，杨先生未到，到下一次让杨先生补吧。”听客便陆续散出去，正在这个时候，杨莲青匆匆忙忙从楼梯奔上来。一看人都散了，他仍然直奔台上，也不坐下，开口便起了两个脚色：一个是包公，一个是郭槐，他的嗓音特别响。一声大喊，站着的、走在楼梯上的听客全部往回走，重新找座位坐下来。接下来，他说了一回《打銮驾》。落回时，满场掌声，这就是有名的喝回听客，可见他的艺术之魅力。

评话中的包公脚色，是由他创造的。在他的学生中出了一批好演员。如：顾宏伯、金声伯、陈卫伯等。可惜，杨莲青后来吸了鸦片，还喜欢赌博，不到五十岁就死了。因为贫病交加，无力治病，是跳楼自杀的。死后的丧事，还是学生们凑钱为他料理的。一代名艺人，却落得如此凄凉的结局。

抗日战争开始

“八一三”日寇飞机轰炸上海之前，我正在上海说书。日场做城隍庙的“怡情处”书场，夜场做“雅庐”和“湖园”。晚上就住在“雅庐”对面归安里，和朱介生住在一起。“八一三”那天上午，“雅庐”的场方就对我说：“你今天不要去城隍庙了，下午四点钟要开火，如果去了，今天回不转来。”当时，租界已经被拦了起来，要关铁门。那时年轻，不懂事，下午不说书就到火车站去看热闹，但跑到租界的尽头就不让走了。四点钟，我和许筱峰、倪萍倩、朱琴香等一起再出去走走，到“大世界”附近，果然炮声响了，大家连忙逃回书场。

8月14日，我国空军的飞机轰炸日本战舰“出云”号。一个炸弹掉在“大世界”门口。当时，我在书场里，耳朵被震得嗡嗡响，这个时候，倪萍倩从外面逃进来，脚上鞋子少了一只，身上还有血，原来，他散书场出来，正好走到“大世界”附近，被人挤倒了。有人被炸死、炸伤，地上有不少血，所以他身上沾了血迹，鞋子也被挤掉了。当天晚上，我们几个人商量，虽然租界没有危险，但是不知道苏州情况如何，不放心家里，所以决定动身回苏州。北站已经不能走，只能从上海西站到嘉兴，然后再绕道回苏州。

隔天一早，从书场出发，走到西站已经下午了，人山人海。当时车站已经不发售车票了，维持秩序的警察要大家回家，说今天不卖票了。人多又没有车，要回家也回不去，就只好坐在一家茶馆里休息。

但是到了晚上，茶馆要关门，茶客们只好都出来。我们几个人和老板商量好，在茶馆坐一夜，每人出一块钱。于是，我们几个就从前门出，再从后门进茶馆，就这样，大家在茶馆里耽搁了一夜。到第二天早上，听说有一列班车去嘉兴，大家都往车厢里挤进去，火车的玻璃窗已经被敲碎，大哭小喊、呼儿喊女的凄惨景象，至今犹历历在目。我们一共八个人，都挤上了车。但是，日本飞机又来轰炸，我们也顾不得危险，因为挤上车都不容易，再要挤下去也难，所以大家都冒险不下车。飞机过去，火车开动，好不容易到了嘉兴。嘉兴镇上全部关门，老百姓都逃难去了。我们找到"公益"书场，场方还在，就在他那里住下。这时我们才知道，嘉兴也遭到了侵华日军的轰炸，汽车和轮船都停开了。第二天，只得再到火车站，等开往苏州的列车。这时，日本飞机又来轰炸，大家连行李也来不及拿，都躲到了河滩边上。待飞机过去，再回到老地方，好在行李都还在。等到火车，大家再乘上车。谁知，快到苏州时，又有飞机来轰炸。大家只好都在齐门下车。我们虽回到了家里，但苏州也不安全，只好再逃难到乡下。向娄门外农户租了一条船，全家到了通安桥的亲戚家里。苏州的房子，请乡邻照应。后来才知道，送我们去通安桥的那条船，在回来的路上，又帮人家逃难，半途船被败兵抢走，撑船的船夫也下落不明。那家人家为人非常厚道，通情达理，也没有向我们追究责任和赔偿，当我们回到苏州，得知情况后，大家决定赔一条船给他家。逃难到乡下，离白马涧很近。当时的白马涧很热闹，避难来的人很多。我到白马涧去看看，打听消息，遇到了徐笑愚在卖香烟。镇上有一个赌场，是苏州来的一个流氓开的。为掩人耳目，招揽赌徒，在赌场门口开了一爿书场，他们就找我去说书。逃难在外，没有收入，一家七口，长此以往总不是办法，所以答应到白马涧说书。全家搬到离镇半里路的一家人家租房住下，开始时我和徐笑愚“越做”，他说半小时《珍珠塔》，我说一个半小时《岳传》。说了几天，又来了一个“道众”朱秋帆，大家一起合演了三个月。听说市内已经成立维持会，市面也在恢复，杀人奸淫的事也少了，直到这年的年底，我们全家才回到了苏州。

回到苏州城里。当时，城里的书场还不多，“云苑”书场刚恢复营业，我就去说书，但听客只有四五十人。后来，外地的书场逐渐恢复，但是我还不大敢出门去码头说书。城里的书场慢慢多起来，我就在城区说了三四年的书，而且日场做得多，夜场也不大敢做。

在电台上说书

敌伪时期，我还在苏州的电台上说过书。记得我第一次在电台说书，是在抗战前的南京。每天一小时，我和曹筱英合做，各说半小时。他说唱《白蛇传》，我说《岳传》。第一次到电台，工作人员向我们介绍了电台的概况，说这个电台覆盖面很广，可以到南洋。告诉了我们要注意的事项。要求在说书时不可咳嗽。因为当时是现场直播，不是先录音后再放出去的。他说：“咳嗽给人印象不好，会说我们是东亚病夫的。”哪知，不提还好，一说反而紧张。第一次上台，喉咙发痒，就想咳嗽。真正要咳嗽，也有补救办法的，书台播音室里装了个信号开关。想咳嗽，一揿，播音室就把声音切断，咳嗽声就送不出去了。但是，说书老中断也不好。后来做久了，习惯了，不紧张了，也就不咳了。那次，我做了一个月的电台。

在苏州上电台说书，已经是第二次了。电台在现在的人民商场楼上，是日本人开设的。每天说半小时，说了半个多月。抗战胜利以后，在上海电台说书的次数就多了。我曾经说过的电台到现在还能记得的：一个叫铁风电台，在新世界商场的楼上，现在的西藏路口，节目是在日场散了以后；还有一个叫国华电台，在“沧州”书场的楼上，在现在的成都路上。国华电台的评弹节目，白天有，晚上也有。白天还有“现场”的听众。原来，“沧州”书场的楼上开了一家饭店，叫吴淞饭店，吃客和说书人之间，用玻璃隔开，看得见，声音传不出去，播音室里听不见外面的声音，是用喇叭送出去。饭店的顾客，一面吃，一边听书，还可以看见说书人。在这家电台，我只做过晚上，那时已经没有“现场”的听客了，时间是晚上十二点左右到一点多，一个小时。说书主要是说给那些抽鸦片、过夜生活的人听的。

在电台说书和在书场说书是不一样的。开始的时候很不习惯。因为看不到听众，不知道是不是有人在听，听得好不好，是没有反馈的。所以对做电台似乎没有信心。而在书场说书，表情、动作、眼神要照顾全场，在电台说书，只能对准话筒。当时的设备差，在书场说书习惯了身体左右移动，话筒里出来的声音就时高时低，也不能哇哇大叫。手面、动作，做了也白做，因为听众看不到。我在电台说书，听众给我来过许多信，使我懂得如何在电台说书，有的指出了我说书的漏洞，对我很有帮助。

在电台说书，我还闹过一次笑话。记得1948年冬天，我就住在“沧州”书场，所以电台就要我在国华电台说书。有一天晚上，天气特别冷，外面下大雪。广播员对我说，路上滑，不好走，他要先回家了。他交代我，说完书后把机器关掉。我也答应了。但是我说着说着，人又疲倦，脑子里还在想，这么冷的天，收音机旁还会有人在听吗？我是在说给谁听呢？思想一分心，就靠在椅子上睡着了。哪知道，在收音机旁，听客还是有的。听众见电台“开天窗”了，就接连来电话，问说书为什么停了下来呢？结果电台上电话也没有人听，最后惊动了楼下书场的职工，才上楼来听电话。他进播音室把我喊醒，我再将书继续说下去。第二天，我告诉播音员，大家哈哈大笑。这次闹笑话，给我很深刻的印象，以后再在电台上说书，脑子里就有听客了。那时在电台上说书收入是很高的。在南京电台说书每回书的收入略低于书场说书。但在上海电台说书的报酬，比书场里说书的收入要高得多。

范雪君进吴苑

1940年前后，范玉山的女儿范雪君要进“吴苑”书场说书。当时，光裕社反对女子说书，女说书人是不许进光裕社的，光裕社能控制和影响到书场，书场同样不允许女演员说书。所以，范雪君进“吴苑”，光裕社有不少人持反对态度。本来，在苏州的社员，每天要到“吴苑”去吃茶，但自从那时起，有三四十个社员就不去吃茶了，表示对女演员进书场说书的不满。我和潘伯英、姚荫梅等七八个人就发起成立了一个光裕社的临时事务所。在观前街平安坊租了一幢房子，每天吃茶、谈业务，还可以下棋、种花，大家也就不去光裕社了。

有一天，为纪念“三皇”生日，我们在事务所里摆了三桌酒。当大家吃得正热闹时，厨房的油烟从屋顶隙缝中冒出来，且有火苗往上蹿，邻居发现后，以为是失火，就来喊我们，到这时我们才发现，连忙熄火罢宴，结果是虚惊一场。

自范雪君在“吴苑”演出后，有不少人出来调解，再加上这次摆宴起火的事，大家都冷静了许多，所以后来又回到了“吴苑”吃茶。女演员说书，势所必然，光裕社的禁例，后来亦不了了之，女演员也可以在苏州说书了。范雪君先是和父亲“越做”，后来独做，她单档说唱《啼笑因缘》。

范玉山为培养女儿，花了很多心血。请了不少老师，教她唱戏，学方言，学吴语，学普通话。她的普通话说起来，像演话剧的，唱也很好。所以她在“吴苑”演出生意很好。后来到上海，很快就红起来了，被称为“书坛皇后”。

说唱《啼笑因缘》

范雪君说《啼笑因缘》，是根据陆澹庵的弹词本加工演唱的。张恨水的小说《啼笑因缘》风行之后，说唱此书的弹词演员很多。陆澹庵改编后，首先由朱耀祥和赵稼秋演出。他们两人也因说唱此书而成为20世纪30年代的大响档。因为该书是当时的现代题材新书，演出也有新的创造。脚色学文明戏，而且注重脚色，朱耀祥还引进了方言。他们的唱，比较通俗，接近白话，容易听懂。

我听他们的书，一次说到樊家树乘黄包车到先农坛去。朱耀祥出樊家树的脚色，坐黄包车的姿势，下手赵稼秋，学黄包车夫拉车的姿态，虽然都是虚拟动作，但看起来很像。这种脚色和表演，在老书里是没有的。是他们从生活中吸收，进而创造的，很新鲜，所以受到听众欢迎。

蒋云仙的《啼笑因缘》是传朱耀祥的儿子朱少祥的。女演员单档演出，起各种脚色，说各种方言，实在不容易。她是说唱《啼笑因缘》的又一响档。有人在广播里听了她的说唱，想不到是一个人在说书，所以要到书场去一看究竟。她艺术上很勤奋好学。成名之后，又拜姚荫梅为师，学《啼笑因缘》的后段书。

说唱《啼笑因缘》的演员很多，且多独树一帜的演员。同说一部书，又各有特色，这在过去是很多的，姚荫梅就是其中之一。

姚荫梅是说《啼笑因缘》而成名的。我认识姚荫梅比较早，我第二次结拜弟兄，他是老四。他最初说《描金凤》并不出名。后来编说《玉连环》，生意稍好一点，但也没有成名。他是说《啼笑因缘》以后才响起来的。抗战期间，他在苏州说书。有一次，日场做“吴苑”，夜场做城外“福安居”。我也做“福安居”，还有潘伯英，三档“越做”。夜里要戒严，夜场做完，不能回家。我们同住在一家栈房里，书场老板为我们开了个房间。那时，他刚开始说《啼笑因缘》不久，是很辛苦的。他每天晚上都要写书，因为已经有人说《啼笑因缘》了，而且都是出了名的，他要说《啼笑因缘》那就要出新。现在，他的唱本已经出版，可以看出，他的本子和小说有很多不同的地方。我问过他："你书中的人为什么能说得很生动？"他说："我给书中的人排八字，算过命。"这意思，用现在的话说，书中的人物已在他心中活起来了，所以他能说得生动。

姚荫梅年轻时好开玩笑。那时，我们都年轻好玩。有一次，夜场散后，他带着我们去看白戏，叫放汤戏。因为去早了，戏馆里的职工不让进，他带着我们兜圈子，一次一次要进去，弄得几个职工只好放我们进去。我们三个人，晚上经常到一家叫卫生粥店的店里去吃夜点心。有一次，我们约了另外一个艺人一同去，可连续几天，那个艺人都没有付钞。姚荫梅就叮嘱我们："今晚上大家点心要吃得快，吃好就走，看他付不付钱？"到了晚上，我们几个果然吃好了立起身来就走。当走出店门，姚荫梅说不要走远，他让我们站在能望得见店门的地方，万一他身上真没有带钱，事情要弄僵的。大家看那个艺人吃完，付了钱后走出店门。这时，姚荫梅连忙上去打招呼，说："对不起，你是老实人，不是吃白食的，大家开个玩笑，对不起。"向他连连打招呼，那个艺人也知道大家是在开玩笑，只是说："不作兴，不作兴。"大家笑笑，这件事也就过去了。

姚荫梅他好开玩笑，但从不占人便宜。有一次，他带着我们五个人，有潘伯英和我，到乡下去说书。要乘船，他说由他一个人买票，哪知他身边的钱，只够买四张客票和一张烟棚票——坐在船顶上棚里的票。他也不向我们要钱，不声不响买了票。上了船，查票的来了，他就被赶到船顶上。他在上面坐了一会儿后，我们要和他换着坐，他不肯，只是走下来看看而已，当查票的来了，他再坐上去，因为他穿着很好，不像坐烟棚的，所以查票的又来查他，姚荫梅就和查票的开起玩笑来了。说："你来我就上去，你走开我就下来，何必大家这样忙呢？"弄得查票的也无可奈何，也就不再来查了。大概那时还没有补票或罚票的措施。

姚荫梅社会经验丰富。别人"掉枪花"、"翻门槛"，都逃不过他的眼，但是他从不捉弄人，为人很厚道。这一点，我和潘伯英都很钦佩他。但是，他对我们说他也上过当。有一次，在浙江说书，结束后，由场东陪同他去杭州游览，在玉皇山吃面。姚荫梅夫妇和场东三个人在吃面时，姚荫梅稍微懈怠了一下，由场东说了一句："拣好一点的随便拿来。"当他们吃过后去付钱时，和尚说："不要钱。"那时，他们才觉得不好，上当了。果然，和尚随即拿出三本化缘簿，第一本，一翻都是千字头；第二本化缘簿，写的都是百数；第三本，至少是五十元。这样，他就写了五十元。一顿面吃掉了五十元，这就是姚荫梅所说的上当一事。

东方书场罢演

在抗日战争期间，我曾两次进过上海。我第二次进上海，是做"沧州"书场和"东方"书场。"东方"书场是四档书"越做"，第一档是王兆熊和谢汉庭的《落金扇》，第二档是蒋月泉的《玉蜻蜓》，第三档是我，第四档是张鉴庭、张鉴国的《十美图》。书场的生意很好，天天客满，还要加座。票价和其他书场差不多，我们是拿包银的。因为生意好，我们要求提高票价，增加包银。书场经理姓高（名尚德），他做不了主，要请示东方饭店的经理。这个经理姓陈（名杏春），平时从不和我们演员见面，对演员的态度很霸，因为生意好，让你说书，像是他的恩赐。虽经几次要求，陈经理总是不答允。于是，我们就商量对策，请人代书。张双档因为已经预支包银，所以不能请人代书，我和蒋月泉就请人代书，生意明显低落。所以到第四天，姓高的经理来讲，他答应每张票提高五分钱。

"东方"书场的包银，是用拨款单的。凭单到钱庄去兑钱，要"贴现"，包银几乎要打八折，这是对我们演员的盘剥。我们很不服气，又去交涉，并且以停演来要挟他们，这才被迫改发现金。祁莲芳对我们说："说书人凭个人是没有力量的，你们为说书人出了一口气。"

路途遇上强盗

抗战胜利前夕，我和蒋月泉在吴江“怡情处”说书，是他约我去的。他已经在电台说了很长时间的书，书说得比较短，所以他要到码头上去说一阵书，把书说得长一点，练一练。

我们住在书场的宿舍里。书场后面，就是汉奸特工队。一天，我们看见特工队的人，进进出出，乱成一团，纷纷出逃。我们到街上打听，才知道日本已经投降了。特工队的人平时敲诈勒索，穷形极状，凶得很。主子一倒，也就树倒猢狲散了。

我和蒋月泉约定，第二天即回苏州。虽然吴江离苏州很近，但那时无车无船，急死人。书场主人很帮忙，得悉有两辆黄包车从苏州来，连忙把他们请到书场吃饭过夜。约定第二天把我们带回苏州。第二天，到街上又找了一部，一共三辆车动身回苏州。蒋月泉和我各坐一辆，我妻子带一个小孩子坐一辆。路上秩序混乱，人多。我们车到尹山桥畔，蒋月泉坐的一辆车走在前面，他眼尖，老远就发觉不对，回头对我说，前面不好。稍走近，有几个人手持武器，喊我们停车，说要检查。把箱子一一打开，蒋月泉的箱子里被拿走了一条被单，在我的网线袋里，拿走了一双破皮鞋。我们身上的钱都被搜光。蒋月泉胆子大，对他们说：“我们的钱，你可以拿去，但是黄包车钱总要给的。”真是强盗发善心，居然给了三个人的车钱。当我们快到苏州时，又碰到三个人，手持武器，在喊叫。走近一看，原来就是吴江书场后面特工队的人，他们边逃边抢。又是蒋月泉机灵，先发制人，上去打招呼：“噢，你们怎么在这里？”大家有点面熟，他们三个人也没有好意思拉下面子，就说：“你们快走吧！”在我们后面又来一辆黄包车，结果，被他们抢走了两百块钱。这就叫乱世。

也算是做生意

现在流行做生意，当年，我也曾做过一次生意，结果上了当。

1947年的夏天，在苏州演出。日场歇夏，只做夜场。下午，经常是我和蒋月泉、潘伯英、张鉴庭弟兄几个人在元大昌吃酒。我们几个人，都不大会喝酒，聚在一起，说说讲讲，吃点菜和点心。有一天，钱锦章和观前街上的一个书场老板来元大昌，他知道我们每天聚会，于是他说：“何不我们自己开一家酒店白相相？”他要我们每人出一两金子作为股金，由他来经营。经大家同意后，他就在大公园里租了间房子，可能就是现在的东斋，开了爿菜馆。于是，我们每天下午就改到大公园里去碰头。不过大家吃的东西，仍然是付钱的。但是菜馆开到秋天，营业结束的时候，本钱都已经全部蚀光。我们也弄不清楚，他的生意是怎么做的。大家只得自认晦气、上当拉倒。

出现了抢购风

1948年的下半年，我在上海说书，一天要做许多场子，这种做法，只有上了年纪的艺人才能了解，不是现在的年轻人能体会的，不过，今天讲讲也有点意思。当时，我一天做了四家书场，两家电台。中午十二点，做铁风电台，是泰康饼干公司的特约节目。电台在新世界商场的楼上。说书开始时，由播音员讲：“泰康饼干公司特聘曹汉昌先生开讲《岳传》。”而后说书。中间休息几分钟时，再做公司的广告。那时，朱瘦竹在我前面讲《聊斋》故事。电台上下来即到“新成”书场说书，一点半开始。“新成”书场也在西藏路口，所以不远，几分钟就走到。我包了一辆三轮车，半天加一个晚上。“新成”书场说完，就赶到太仓路做“大华”书场。散场，到“沧州”书场吃晚饭。吃过晚饭到四马路“汇泉楼”说书，再回到“沧州”书场说书。日夜各做两面。书场做完，就在书场楼上，做国华电台。就是说书睡着的那一次，那小吕宋鞋帽公司的特别节目。

在这期间，正碰上兑换金圆券，市场上出现了抢购风。一天，我正在铁风电台说书，中间休息。广播员进来说，今天不做广告了，外面正在抢购，店里东西都卖光了，还做什么广告？说完书，我到外面一看，果然，许多商店都拉上了铁门，已经停业。再到南京路上的大公司一看，玻璃柜台里也空了。我看到一个柜台里，有雪茄烟，好像是“亨姆牌”，算是老牌子，就买了两盒。我喜欢看京戏，有名角儿到上海演出，总想去看看。所以有几次请黄兆熊（说《落金扇》）代书。但是，他不肯收我的钱，我就把曾经买的雪茄烟送给他。我虽然不抽烟，但也知道这种雪茄烟是老牌子。

兑换金圆券不久，物价继续飞涨。到年底，演出虽然很多，但是，付了三轮车包车的钱，买黑市米吃饭，已经所剩无几了，于是，只好再回到苏州。

苏州城解放了

那年，人民解放军渡江的时候，我正在江阴说书。国民党军队溃退，秩序混乱。书场停开，我乘便船回苏州。那时身边还有一个盲人徒弟，是昆山人。他家弟兄俩，哥哥开店，他从小眼盲，他母亲不放心他，担心眼盲的他将来没有吃饭的本领，所以一定要他学说书。当我在昆山说书的时候，他家让人来跟我说，要我收他做徒弟，我不愿意，怕带了个眼盲徒弟要照顾他。但是，他的哥哥又几次来求我，说如果我不肯收他弟弟，他母亲就会不高兴，认为做哥哥的不出力，不愿帮弟弟的忙。我考虑之后，为了他家庭的和睦，才勉强应允了。所以我此番去江阴演出，也带上了他。此时，我从码头上回来，只好请场方帮忙，把他送回昆山。

我回到苏州。在光裕公所碰到俞永春，他告诉我西美巷今天晚上做“堂会”，问我愿意不愿意去，我答允了。说两档书，一档是我。听书的是当时国民党的江苏省省长丁汝磐，他带了一帮人在吃喝，是商会招待他们的。没有人认真听书，像在谈判。我听到几句，说要不要在苏州打，如果不打，撤退，要给多少钱。实际是在敲竹杠。第二天，这帮人就逃走了。解放军很快就打到了苏州，苏州从此解放了。

在回到苏州以前，在书场里就看到来了不少国民党的败兵，要书场老板给他们烧水、洗脸、吃茶。书场不能再开了，老板朱金山让我乘便船回到苏州。我在枫桥上岸，坐人力车回家。当晚在“裕社”说书还见到许多国民党的军队，戒备森严。但是，第二天就听说全部逃走了。当天，解放军进了城。我在观前街看到解放军的队伍，两边站满了人。虽然解放军军装很旧，穿的是草鞋，但很神气。后来，又看到布告，要求大家安定，照常营业。当时，书场尚未恢复。我每天到光裕社去打听还能不能说书。隔了没几天，书场恢复营业。

新社会说新书

1949年的下半年，我大部分时间在苏州说书，说的仍是《岳传》。

年底，我就到上海演出，春节开书。上海军管会文艺处当时有一个规定，各书场开书要先说七天新书，这里的新书，是指新编的书。我到新华书店跑了几次，买到了一本《逼上梁山》的剧本，薄薄一本，从东狱庙到火烧草料场。我以前没有说过《水浒》，但听过不少，故事熟悉，依据剧本，我自己动手编了七回书：第一回书说林冲和鲁智深在菜园结拜弟兄；第二回书说林冲怒打小奸，陆谦设计陷害林冲；第三回书是说白虎堂；第四回是林冲发配；第五回书是野猪林；第六回书林冲打败洪教头；第七回书是山神庙，火烧草料场。在“新成”书场演出。虽然编得不好，很粗糙，但我说书的传统技巧都用得上。所以听众听了之后，感到很新鲜，再说听众对《水浒》也比较熟悉，所以他们还是感

曹汉昌书坛艺术照

到很满意的。演出期间，文艺处的干部也来听了，也表示满意，后来还被评了个二等奖，领到一张很漂亮的奖状。得二等奖的人不少，一等奖则是由黄异庵编写、杨震新演出的《李闯王》所得。

说了《水浒》，接下来还是说《岳传》。做了一点小的修改，迷信的不说了，我认为是宣扬封建思想、封建道德的，也去掉了。从春节到端午节，我一直在上海演出。除了书场、电台以外，当时上海许多跳舞厅改成了书场，我也说了几家舞厅书场。能坐的人多，几百个人，最多的可达一千人，收入不少。过了端午节，又连一节，一直演出到中秋节，这年在上海演出，积蓄了一点钱。

艺人参加学习

在上海演出的下半年，文艺处开办艺人学习班。地点在上海复旦大学，每天上午学习。报名的人很多，各个剧种都有。每周四上午内部交流观摩演出，来的人很多，最多时要有上千人。评弹界报名的也有好多人，吴宗锡同志是学习组长。听报告，然后讨论报告内容。一个月以后，来参加讨论的人逐渐减少。于是小组合并，评弹和昆曲、苏滩合并，小组里有朱国梁、朱容、蒋玉芳、庄再春等同志，还有几位传字辈艺人，

学习的内容是戏改政策。我当时积极参加学习，想学点新的道理。但是大家还是有一个思想不稳定，就是中华人民共和国成立后，政府今后对评弹的政策持什么态度，还要不要说书，还能不能说书？现在我说的书，今后还能不能说？应该说什么样的书？经过两个月的学习，大家约莫知道一点，知道评弹今后还是要的。但怎么说书，当时还是模模糊糊的，带着这些问题，我不久又参加了苏州开办的评弹学习班。

离开上海，我到浙江说了一段时间书。1950年末回到苏州，当即参加了苏州市文联举办的第一届学习班。我在上海的时候，就听说苏州也要办学习班，而且潘伯英会参加。所以，我回到苏州就找潘伯英，因跟他

比较熟悉。知道他已经脱产，参加了文联工作，当了干部，参加了革命，这在当时是很光荣的事。我很钦佩他能放弃高额的收入，表示要向他学习。他也很热情地接待我，欢迎我参加学习、一起工作，所以，我又报名参加了学习。

潘伯英是常熟人，常熟出过很多响档，他也是个响档。他的老师叫朱少卿，是润余社的。润余社是光裕社外另一个较大的说书团体，成立于20世纪初，出过不少响档。润余社成立以前，上海的大小书场都是被光裕社占领的，润余社只能演四郊的小书场。他们有40多人，大都是半路出家，但不少人文化水平较高，能编出新书。如李文彬的《杨乃武》，朱少卿的《刺马》、《鄂州血》、《福尔摩斯》，程鸿飞与众不同的《岳传》，王金声的《枪毙阎瑞生》等。出人才、出新书，后来润余社不但占领了上海的大书场，慢慢地还打进了苏州的书场。因为润余社原来是不能到苏州说书的，所以潘伯英又拜了光裕社的王石君为师。

我认识潘伯英是在他进了苏州以后，我们曾多次拼双档说“会书”，说过《天霸拜师》、《铁公鸡》等书目。他与我拼档也有共同处：都是快口，说起书来，一口干，我也肯凑他，所以他也喜欢和我合作。他对我的帮助很大，尤其是在中华人民共和国成立以后。潘伯英乐于帮助别人，经常帮助“道众”写开篇、改唱篇。他说书既注意抓关子，落回都在惊险处，安排出奇的情节，他重说表、轻开打，但很注意讲理。这一点对今天的年轻的说书人来说尤其重要。他注意学习，和他一起说书，学习他说书如何讲理，如何吸引人，对我是很有帮助的，而且他也肯讲，肯帮助别人。他自己好学，虽然半路出家，但书看得很多，善于向“道众”学习，熟悉评弹的规律。所以会说、会写，会说评话，也会写弹词。

抗战胜利以后，我们还经常“越做”。后来，他经常在上海演出，成了“七煞档”之一，而我在码头上演出得多，所以和他不经常在一起。中华人民共和国成立时，我听说潘伯英参加了革命工作，自动放弃高额收入，当了干部，我感到震撼，他工作做得比我多，收入却比我少，他克己奉公的精神，确实值得我们尊敬。在评弹事业遭遇很大困难的今天，我们尤其怀念他。时代需要像他那样的事业家。

我在苏州再参加学习，是经潘伯英介绍进学习班的。这一期的讲习班是由潘伯英参加领导的，总共有一百多人。

我虽然在上海参加过学习，明白了评弹还是要的。但是今后如何说书，什么书能说，什么书不能说，我说的书以后能不能再说下去等一系列问题，还是弄不清楚，因而再一次参加学习。我就是带着这些问题参加的。我与潘伯英同志熟悉，他也是说评话的，与他有共同语言，大家商量起来也方便，有问题随时可以向他讨教。他也欢迎我参加。为了进一步弄清党在新社会的文艺政策，我不顾经济上的损失，决定停下演出，再次参加学习班。

学习的内容有社会发展史和文艺方针等。学习的时间比较长，其间经历了镇压反革命运动，为服务于运动的开展，学习期间还编了新书目，上街头、去里弄说唱。讲习班的各个小组到机关、里弄去搜集材料，每个组编一个短篇，集体讨论写作，过去不会编书的，也参加一起讨论。自己来编书很新鲜，编成以后请领导审查，通过后，上街宣传，宣传镇反的方针、政策。大家很有劲，借了辆塌车，上面放张台子，推到街上停下来就可以说书，还带了高音喇叭。从玄妙观、正山门、察院场演到石路，演遍了苏州的大街小巷。晚上再到居民中去演，分文不取，很受群众欢迎。开始担心他们不要听，后来，他们说评弹容易听得懂，而且很好听。所以大家热情更高了。讲习班快要结束时，抗美援朝开始，又分组改编了一批新的短篇，如《一面旗》、《以身许国》、《打虎英雄》等，组成“抗保宣传队”上街、下乡、下厂演出。还到县里去，到过昆山、常熟、太仓演出。票价很低，除路费、伙食费外，多余的钱就捐献给政府买飞机、大炮。

艺人组织起来

参加学习的骨干，都投入到中心运动里去了。大家热情都很高，但没有收入，各人的生活要受到影响。然后，领导就分散大家出去说书。一个人、一档书地去说，来解决各人的生活问题。然而，有不少人又怕说书，主要原因是大家对当时说书的前景还是不清楚，有些迷茫和担心。不过，革命的热情和激情又鼓动着大家投入到运动中去。

1951年下半年，潘伯英建议评弹界要组织团体，他说开始可能经济上要受些损失，少拿点钱，但是将来会好的。他征求我的意见，我表示赞同，并建议苏州要成立两个团体。于是在讲习班上就讲了，大家都支持。潘伯英他放弃高收入，是参加革命工作的榜样，起了不小的积极作用。于1952年1月，苏州正式成立了评弹团体。第一批是有十一位演员参加。他们是：曹啸君、曹织云、杨震新、丁冠渔、庞学卿、徐雪兰、高雪芳、谢汉庭、唐雪霞、曹慧卿，还有我。先定工资，采取自报公议的办法，只要能维持生活，当时大家都有一种光荣感，认为这是一场革命。其中工资最高的是杨震新和我，每天四元，领导决定让潘伯英担任派团干部，由我当团长，杨震新是副团长。1952年正式建团时，上海团已经正式成立了，虽然我们酝酿在他们之前。

当时我们的思想很要求进步，但在做法上有些偏“左”。认为个体在说老书，我们参加集体的就要说新书。所以，十一个人都说新书。丁冠渔说《李家庄的变迁》，庞学卿、曹慧卿说《新儿女英雄传》，徐雪兰、高雪芳说《白毛女》，曹啸君、曹织云说《井儿记》，杨震新和我说大书双档《平原烈火》。十一个人分头说了半年书，但说新书，听的人少，经济收入就减少，甚至工资也发不出去了。尽管如此，还是有人要求参加团体。如朱霞飞和汪梅韵、汪逸韵等。大家仍坚持要说新书，只得减薪。我和杨震新为每天三元，隔一段时间仍然不好，再打折，最少的是曹织云，拿过六角一天。老这样下去也不是办法，大家认为是书目问题。潘伯英同志就和我商量，着手整理传统书，先整理《梁祝》和《岳传》。《梁祝》由朱霞飞负责，后来又整理了《白蛇传》。这几部经整理后的书，有的受到了听众欢迎。后来“斩尾巴”结束，传统书开放，业务就好起来了。一旦经济好转，团部就恢复了原先评定好的工资。这样，新生的评弹团也就日益巩固了。

当时，参加评弹团的同志，想法虽各不一样，但有一点是相同的，认为参加团是革命，是进步，有一种光荣感。大家都有一种想法，认为评弹团是由中国共产党直接领导的，有前途、有希望，团外的可能要被淘汰。虽然目前少拿点钱，但将来会比他们好；还有一种想法，进了团体，大家互相帮助，可以一起弄一部书；还有不少年轻人，喜欢集体生活，这也是当时的一种新风气。大家一起学习，互相关心，共同研究艺术，集体搞书目，很新鲜，也很有意义。

当时，我经过学习，知道优秀的传统书目是要保存的。但是，哪些是精华，哪些是糟粕，还不清楚。当时，不少人对这些概念是很模糊

20世纪50年代初曹汉昌、谢汉庭、朱霞飞、杨震新合影

的。所以，我们会在建团时宣布不说“老书”。这里的“老书”，就是指过去自己说的那些书，不论其内容如何，当时都以为只要放弃说“老书”，就是一种进步的表现，所以后来扩展为签名停说“老书”，也就是后来所说的“斩尾巴”。1952年年底的春节，苏州市文教局文化科又举办了一次讲习班，学习文艺方针。白天学习，晚上演出。大家认为参加团体的同志书说得好，有人帮助加工提高，于是又有人要求参加评弹团。业务更有好转了，工资也有了提高，我当时每天能拿到七元。

评弹团开始挂牌了。团部牌子挂在“静园”书场（即今苏州书场）。有一张办公桌，是场方韩小毛借给我们的。1953年人多了，在诗巷租了一幢房子，一厅两厢，作为团部。后来搬到颜家巷，已经是1956年的事了。

潘伯英为建团和巩固团费尽了心血。有些同志参加团以后没有书说，有的就是没有书说才来参加团的，因为被“斩尾巴”斩掉了一些书，潘伯英就带领大家编新书。分成若干小组，编出了一批新书目，即后来的“二类书”。尤惠秋和朱雪吟说的《王十朋》、曹啸君说的《秦香莲》，在当时就很受欢迎。当团体初步巩固后，就准备成批进上海演出。在上海演出中篇和经过整理的部分书目，得到了上海听众的赞誉，经济上又有了进一步的好转，大家可以分红了。

与杨震新拼档

我认识杨震新是在抗日战争期间。我在上海“沧州”书场说书，住在书场里，杨震新不做“沧州”，却也住在那里，各人住一个房间。开始不熟悉，有一天，我手上戴的那枚钻戒钻石掉了，到处找都找不到，后来杨震新在他的房间里捡到了，他马上送还给我。为此，我对他有了好感，两个人的交往才多了起来。他说书认真，台下也很钻研。一次，我称赞他用功，他告诉我说，要感谢他父亲。因他年轻时好赌博，不用功、不学好，浪费掉了许多时间，他父母就把他一个人锁在房间里，关起来八个月。这八个月，对他来说是很受用的，一个人想书、改书，写了不少东西。

那次在上海演出，他的生意很好，慢慢地出了名。中华人民共和国成立后，我回到苏州参加学习，他也参加。他问起我："评弹将来会怎么样？你学习过了，你认为《岳传》以后还能说吗？"他的《东汉》今后能否说下去，心中也没有数，很是担心。他说，过去对说好《东汉》本来就没有信心，他认为说《东汉》的不会出大响档。这不是想当然的，因书太散，关子少，很多地方是不讲道理的，而书中迷信的东西却不少。其实，我当时对《岳传》能否说下去，同样也没有把握。在学习期间，他也积极要求组织团体，想参加团以后，搞一部新的书目，一个人搞有困难，参加团以后，就能得到大家的帮助了。他在艺术上很用功，但自己认为文化水平较低，需要别人帮助。他也知道潘伯英能编会写，可以得到他的帮助。

成立团以后，我们两个人合作搞书。先是说《水浒》，两个人都听过传统评话《水浒》，故事熟悉，又买了不少新的《水浒》故事书、小本子，依照新写的故事分段，改成书说。新故事的观点新，改编容易，既是"学习"，又很"保险"。两个人边排边演，也是集体创作。官白在书上有的，表白除书上有的之外，把以前听书听来的，能用的也都用上了，根据故事内容和人物的官白，自己再充实、解释、发挥一点，也算是创作。潘伯英对我们的创作，起了不少作用，他还帮助我们写了不少书。在讲习班期间，他曾和我们三个人一起说过"拳打镇关西"，所有表白和闲人脚色被他包下来。杨震新在艺术上很虚心，他说，在他们《东汉》书里，很少有闲人脚色，所以他不会说，因此闲人脚色大都由我说，但是，他也很努力。在林冲"误闯白虎堂"的一回书里，潘伯英帮助我们写了一段书，我起高俅，杨震新起林冲，插入一段老百姓到衙门里来要求释放林冲，闲人脚色很多，是一段很长的书，两个人都要起闲人脚色。杨震新他努力地学好、说好闲人角色，我们两个人再把书排死，所以说得很紧凑。这回书，在当时算是说得好的，也许现在也还能听听，可惜没有很好地保存。

我们两个人说书，都是快口，配合得好，书说得很紧凑。而且我们注意互相弥补，因此，在合作期间大家是满意的。因为说传统书，传统的技巧都能够灵活地运用，比起其他题材的新书有方便的地方，因此说的《水浒》还可以听听。上海评弹团从淮河工地回来后，到苏州演出。在交流演出时，我和杨震新合说一回“棒打洪教头”，还受到了称赞。我们还合作演出过《三国》，但时间不长。后来，我俩一起整理《岳传》，又一起说《岳传》。虽然整理工作并不成功，但是也有几回动得少、动得好的书，合说后的效果也很好。如：“辕门投书”、“雨打潞安州”、“枪挑小梁王”、“十败余化龙”等。书是我排给他的，先一天晚上排书，第二天早上还要集中学习、开会，那时我们在上海做“丽都”和“静园”，住在“丽都”。开完会，他一个人在花园里踱来踱去，是在默书。下午就上台，搭口很紧。他人聪明，而且艺术上认真，排书时一起商量，不搞台上见。排书时，他不争脚色，而且注意顾及全书效果，他擅长噱，但因为是两个人说书，就放得少。两个人说书，就是开打难，不易配合好。我们遇到开打，只打一个回合，而后靠表书描述，倒也有味道。现在一些青年人说书，老在台上乒乒乓乓，听者乏味，多了还讨厌，是要注意的。他在台上很机灵，在台上不会弄僵。一次在阊门外说书，书台小，他不小心从台上跌到台下，满堂大笑，他跳上台，面不改色，继续说下去，立即镇住全场。

当时，团里经济好转，工资都提高了。如果两人再拼档，经济上不合算。于是1954年，我们各自恢复单档演出，那时《东汉》也能够说了。

杨震新他的天赋条件并不好，但是用功，所以书说得很好。可惜的是没有条件让他搞成一部自己的书。

全团上海演出

虽然评弹团里有很多的同志，以前也经常到上海去演出，但是建团以后集体到上海去演出，还是第一次，所以大家还是做了充分准备的。到上海去说书，固然有经济上的打算，收入可以多一点，而且，刚刚建立团，到上海去露面，艺术上总想搞得好一点，为苏州的评弹团扩大影响。

第一次进上海是1954年，做四家书场。艺术高的说长篇，差一点的联合起来说中篇。说了两个中篇，一个中篇是现代书《孙芳芝》，写一个模范营业员，是实有其人的先进人物。因为商业部门组织包场，所以生意很好。经常有工会领导在说书前，先做动员，要求大家记笔记。类似的情况后来也有过，说中篇《刘莲英》时，那是我们根据话剧改编的第二个中篇。在常州，我们到纺织厂去演出。先是请各个工厂工会搞文娱活动的干部来听书，这场演出效果很好。演出后，有不少工厂要求我们去演出。有些干部好心，怕工人不要听，中途溜走，就在大礼堂门口用绳子将出口拦起来。结果，演出之后反响很好，工人没有提前退场的。这种做法，现在看来也许很可笑，把文艺完全等同于政治教育，但在当时，对我们演员来说，作为文艺工作者是有很大教育意义的，让大家认识自己工作的意义，认识自己地位的变化，可激励我们的工作。再多说一句，现在有些文艺工作者忘记了自己的责任，把文艺说得和思想教育没有关系，这倒使我想起了旧社会的那种吃喝玩乐来了。

另一只中篇是《水浒》上、下集。武松和林冲各四回书。《林冲》第一回是“菜园结拜”，第二回是“白虎堂”，由杨震新和我合说。《武松》中我和杨振新合说两回书，“打虎”和“杀庆”。

当时，上海评弹团也在说《林冲》中篇上、下集，但并不犯（冲突）。听众听了上海团的，仍然要听我们苏州团的，反之亦然，因为艺术上各有千秋。上海团的中篇阵容强，唱得比苏州团好，而苏州团的中篇在说上下了功夫。而且两者取舍不同，风格也有不同。可见艺术要有特色，才有吸引力。

以后，我们团每年集中一批人在上海演出四个月。其他人，其他时间，分散到各地码头上演出。对相对集中的演出，当时是很重视的，做好准备，并且抓住这个时机，组织学习，交流艺术，做思想工作，互相促进，大家的劲头也很高。

在上海演出，有时我们也会和上海团的同志发生一些矛盾。上海、苏州的领导都及时找我们谈话、做工作。有时，还找大家在一起交换意见。那时的思想工作抓得紧。听到批评的意见，也是高兴的。但那时，彼此在有意促进艺术上的竞争方面做得还是不够。

倾力整理《岳传》

我跟先生学《岳传》时，还听过先生说的《粉妆楼》，但没有学会。后来，我也说过一段，但说得很少。中华人民共和国成立后也说过新书。在“斩尾巴”以后，《岳传》停说了近一年，说过《水浒》和《三国》，都和杨震新合作。每回一小时的书，《水浒》能说20多回，《三国》也能说20多回。《三国》是跟唐再良学的，现学现说。这个时间也不长，所以，我说书几十年，主要是说《岳传》。

离开先生以后，因为他死得早，没有再听过他说书，但听过师弟赵汉祥的书。他说的书和我已经有所不同，各人有各人的发展变化。除了先生的书，我还听过李汉臣、钟子亮的《岳传》，向他们学习，吸收了一部分。从先生那里出来，我只说后半段。从《牛头山》开始，到《虎骑龙背》结束。以《王佐断臂》这段书为界，分日夜两段说完，可以说40天。前面的书，《牛头山》之前，听得少，所以很少说，生意也不如后段。中华人民共和国成立后，向钟子亮补了前段。

我听赵汉祥的书，发觉他是向细的方面发展的，有补充，但是，我当时不喜欢这种说法，认为有些地方不能说得琐碎。我的努力在两处：一是说得更合理。听别人的书，注意自己说书时听众的反映。将书中道理讲不透、自己觉得理由不充分的地方，努力去说得合理一些。看一点书，请教别人，都对我有帮助。如《征四寇》这段书，我把所谓“四寇”的本质改得好了一些，因为将来这些人都是岳飞的部下、抗金的将领。要是前面说得很坏，后来的书就不好说了，也不合情理。虽然当时我还不懂农民起义的道理。二是努力加工“软档书”，让听客喜欢听。

中华人民共和国成立前，我说的书也在缓慢地变化。但是有意地去改动，还是在中华人民共和国成立之后。进团后，对《岳传》进行的整理，用集体的力量成立了小组，以我和杨震新为主，文联派的干部钱江和张翥参加，潘伯英也参加了讨论，参加整理的还有强逸麟、杨玉麟、赵玉昆等。先是学习，而后讨论分析。分析哪些属于精华，哪些是糟粕。在讨论时，还有一些同志主动来参加，包括说小书的同志，因为大家关心，关心各自的书哪些部分可以说，哪些部分不能说，心中无数，抱着学习的心愿来的。大家都没有经验，不懂，再加以那时对传统书的看法偏“左”，这也不对，那也要改。如迷信要改掉，什么“附牛皋”、“泥马渡康王”，以及鬼神出现都不能说，吃不准的地方也暂时去掉，软档书也去掉不少。拿掉了不少书，不容易接上，不容易接好，所以就不好听，后来有些演员就“跳来做”。

在整理中，最大的改动是把“牛头山”的山上、山下颠了个倒。原来宋兵被金兵包围在牛头山上，说是不能灭自己的威风，所以要倒过来。把《击鼓战金山》移在前面，金兵被赶到了牛头山上，被宋兵团团围住。当时，大概是想长人民的威风，但这完全违背了史实，如果宋兵强大，也不会发生那场战争。当时我们很幼稚，头脑简单，颠倒过来。这样改动的书，我和杨震新合作说了一段时间，一个人也说过。但改动的地方，有些说不通，听众有意见，也不喜欢听，所以，最后还是回到原来的说法。

这次整理不很成功，对我们是一次教训。但是，也学习到不少东西。另外，经过整理，“武场”一段书，从《辕门投书》开始的十回书，改得比以前好，把岳飞枪挑小梁王和张邦昌私通金邦的阴谋被揭露联系起来，互为因果，贯穿于抵抗和投降的矛盾之中。思想性提高，艺术上也紧凑，层次分明，所以受到听众欢迎。对岳飞的塑造也有所丰富。

这次整理工作对我很有启发，懂得了不少新的道理，一次没有成功，可以慢慢地用在自己说的书中。不断地运用新的知识和道理，慢慢地修改，我继续对《岳传》加工修改。

说《岳传》几十年，如果说对这部书的发展有一点贡献的话，我的体会是要不断地想书，艺术上要日新月异。每天说过的书要想一想，有哪些地方改得不对、不合理、不动人，现场没有效果，下次再说，应该如何改动。每天将要说的书，也想一想，今天怎么说，照原来的说法，有没有要修改的地方，如何修改？今天的听众是生是熟，怎么说好？我年轻的时候，老师曾经这样教我，我努力地这样做了。我把老师传给我的这部书，像接力棒一样传下去的时候，稍感心安。

近年来，优秀的传统书说的人少，可能是传统书的发展不够。传统书有所发展是应该的，是时代和群众的要求、历史发展的必然。不发展、不进步，落后就要被淘汰。时代和听众对《岳传》提出了更新的要求，如何回答听众的要求，就要寄希望于下一代了。

（以上内容选自《评弹艺术》曾刊登的《书坛烟云录》，由周良记录、整理；部分选自曹汉昌的原《谈艺录》）

谈《龙门败十将》

今天谈《龙门败十将》主要是谈它的“表”。“表”是评弹的重要艺术手段之一，时代风貌和社会背景的介绍、人物外貌及其内心世界的刻画、书情内容的叙述与接榫、现场环境的描摹和烘托等，都有赖于“表”来完成。评弹没有“表”，宛如穿珍珠项链没有线。当然有些也不是非“表”不可的，例如叙述情节就可用脚色自报家门或人物之间的对话来解决，但似乎都没有以第三人称的“表”来得周到和亲切。“表”有如此重要的作用，但大家历来却把过多地运用“表”，尤其是运用大段的“表”视为畏途。遇到大段都是表书，演出前就不免惴惴不安。为什么呢？首先，“表”不如“官白”（人物语言）容易掌握。“官白”比较固定，技巧的运用上有例可援（最早是昆剧，近时是京剧），而且结构、音节比较严整，也容易上口。“表”则不同，由于用的都是常言俗语，如果没有极丰富的语汇积累，就很难应付需要，就“拌勿转”。其次是“表”的难，还在于听众水平不一，阅历与爱好不同，要真正做到雅俗共赏，谈何容易。再就是评弹发展到今天，过多的“表”，尤其是平庸的“表”，确已不能满足听众的欣赏要求了。听众若不欢迎，就不免表示出厌烦情绪，而评弹是很借重于听众反应的。这样，就不但借不着力，反而使演出情绪大受影响。

《龙门败十将》内容比较庞大，恰恰是“表”得特别多，而又有较多大段“表”的段子。全篇8000余字，零碎的“衬”、“咕”不算，光大段的“表”就有5000字左右，占全篇百分之六十。出演时，我确实是有些顾虑的，但多次演出的事实证明，听众并不因为它“表”多而有所反感，相反，对这些“表”还很爱听。那么，是否可以据此得出结论，说从前的经验不可靠呢？当然不能。我认为，过去对“表”的习惯看法是有道理的，但说得有些片面。“表”确是比较难掌握，但一回书的好坏，不在于“表”的多少，关键在“表”的质量。语言贫乏，条理紊乱，表得不当其时，听众当然不会欢迎。一个人在生活中与人讲话，如果噜噜苏苏而又不得要领，尚且要使人讨厌，何况是作为评弹主要艺术手段的“表”呢？如果你“表”得其时，而又层次分明，语汇丰富，便有助于刻画人物性格、烘托主题，不仅无沉掉之虞，还能收到更好的效果。当然，有个重要条件不能忽略，那就是内行所谓的“牙清齿白”，即口齿清晰的表演能力要有相当功夫，为了把问题说得明白些，我试以《龙门败十将》中的“表”为例，略抒管见。

评弹中“表”的种类繁多，现只就“开场序头”、“过去重谈”和“未来先说”几种来谈谈我肤浅的认识。

先说“开场序头”。评弹的演出形式是长期连续的，过去在一般码头上都是每天说一点三刻钟，一天天连贯说着一个故事，少则十天半月，多至一年半载。在这样长期的演出过程中，听众不可能绝对稳固，甚至天天有新的听客来，这就要求表演者在每天开讲之初有个序言，以便新来的听客能有个头绪。这种“序头”办法有好几种，如一开场就出脚色，用挂口、道白来自报家门，或用“表”来叙述。《龙门败十将》的序头就是用的后一种。但不论用哪一种“序头”，在语言上都要求十分简短，若噜苏冗长，大量的老听客就必然会不耐烦。当然，不光是“序头”，书中任何地方的用语都必须鲜明简洁而又丰富多彩。《龙门败十将》的“序头”是这样的：“宋朝靖康元年，东京开设武场，开考日期是八月中秋。现在辰光将近傍晚，武场里闹猛非凡。”这几句，把时代、地点、日期、时间和武场的声色概况都交代清楚了。如不交代清楚，听众就会没头没脑，而且没有具体环境，情节如何开展？但接着要交代的东西很多，非三言两语可以解决，于是必须在剪裁编排上打些主意，像写文章一样要讲究个起承转合，并力求层次分明、语言精练。先布景：“武场四周是围墙，沿墙一圈是芦篷，芦篷门前是各路武生，马上的马上，步下的步下，大家手里执着兵器，都在对武场当中看。当中是一座参帅殿，殿上坐着四个主考官。两个正主考，一个是皇城兵马元帅宗泽，一个是左班丞相张邦昌。两个副主考，一个是右军都督张俊，一个是兵部尚书王铎。当中供着圣旨牌，表示奉旨选考。两旁都是考官，立得整整齐齐。参帅殿下面是露台，露台下面是龙门。”再介绍人：“现在龙门当中有一个武生，头戴月白缎子武生巾，身穿月白缎子箭干，短裆裤，薄底靴，跨下雪花骢，怀抱沥泉枪。此人是啥人？河南相州汤阴县武生，姓岳名飞，字鹏举，今年二十四岁，今天他是领考官，从早上打到现在，枪挑梁王，接下来连败九个武生。此刻马在旗圈里兜。”这里原可再一气表下去，但因为表得太长，若平铺直叙“表”下去，不免要使人感到平淡，因此先是故意含糊其辞，接着演员突然代听众发问："照理马走三圈，如果无人上来，就可得中状元，但是现在马走三圈，无人上来，岳飞心里反而发急哉！为啥？"这样一问，不仅增加了吸引力，同时更将一段长"表"安排到了一个非"表"不可的位置上，从而就能从容地"表"出来。"因为这科武场与往年不同，是专为抗金开办的。金邦侵犯大宋，朝堂上李纲、宗泽一派主张开办武场，召集天下武生，兴师抗金；当时虽然遭到张邦昌、张俊、王铎等一班主和派的反对，但因为钦宗皇帝刚刚接位，他为了保牢帝位，被迫同意主战派的主张，降旨开设武场，挑选状元，领兵抗金。各路武生都想抗金，所以赶来应考，连各地的义军领袖也来了不少，总计人数在四千以外。张邦昌这班人，看到这种情况，就一计不成再施二计，叫小梁王柴桂出来夺状元，想把兵权抓到手里，联络金邦，推翻朝廷。柴桂进武场，碰上岳飞，打不过，就叫岳飞让他。岳飞说：'我们是武生，没有功名，只好通过武场来抗金卫国。你是王爷，一人之下，万人以上，何必去大就小，还是你让。'二人彼此不服，又比箭，仍旧是岳飞的箭术好。后来又立了生死文凭再打，柴桂还是打不过。柴桂想：这种武生进武场，不过是为了功名富贵，我只要把自己的打算讲给他听，答应给他的官位比状元大十倍，他一定会让的，所以就把自己的阴谋讲了出来。哪知岳飞一听，顿时怒火中烧，心想我们各路武生都是为了抗金而来的，你是个王爷，非但不抗金，反而私通外国，背叛朝廷，便一枪把柴桂挑死。照说，立了生死文凭是不要偿命的，但是张邦昌不肯善罢甘休，定要杀掉岳飞。幸亏宗泽主持正义，加上大多数武生不服，张邦昌无法，只好改罚岳飞从太阳当顶到太阳下山，要打败十个武生，败满十个，将功折罪，败不满十个或者伤害了其中一个，那就要两罪俱罚，还是要杀。张邦昌以为从太阳当顶到太阳落山，无论如何是败不满十个武生的，这样，岳飞就非死不可了。起初，岳飞心里很急，也以为败不满十个武生的；想不到离太阳落山还有一大段时间，已经败了九个。岳飞心里明白，这九个武生当中，有几个是武艺不好，被打败下去的，但有几个本领非常好，是有意帮助他，是让下去的。照这样下去，看来败满十个还不太难。现在就等最后一个上来。岳飞骑着马在旗圈里扫，嘴里在喊……”至此，书才上了路。也就是说，这个时候才完成了“序头”的任务。这段“表”是否还可精简些，当然还可研究，但内行有句话，叫“交代不到，听客直跳”。这段“表”虽不短，但因为是必须的，就不会使人感到长了。而尤为根本的原因，是这段表有着极其重要的内容，它揭示了当时的主要矛盾——和战之争。

再说“过去重谈”。凡事都有个来龙去脉，先说后果，不谈前因，听的人很难得到完整的印象。在文艺欣赏上，尤其是我国同胞，喜欢听完完整整的故事。因此我国戏剧的特点之一是有头有尾。但要做到头尾俱全，有时因限于布局也会感到棘手。另外，有些人物的遭遇、事件的细节必须反复提起，从而加深欣赏者的印象。这种反复重提往事和解决“头”的问题的表现手法，在评弹的“表”中叫作“过去重谈”。这种“过去重谈”运用得好，不仅能加强内容的情理，畅通情节的脉络，还饶有兴味。当然，这种方法并非评弹所独有，但其他文艺形式运用“倒插笔”之类的方法，我觉得都没有我们运用“过去重谈”的“表”来得方便。

《龙门败十将》中余化龙身临龙门之后，就有一段不得不“过去重谈”的“表”。余化龙一听，顿时一气：“都是那个老头不好，收了我做学生以后，还收他做徒弟，而且教得他的本事比我还大。”那么，岳飞同余化龙是怎样成为师弟兄的呢？既然余化龙不知道岳飞是师弟，岳飞又怎么知道余化龙是师兄的呢？这里有一段旧事。原来周侗有三个师弟兄：大师兄钟师道，二师兄余怀，老三就是周侗。三人学好本事，各奔前程，钟师道到川里做经略元帅，余怀到江西开镖局，周侗行教于天下。师弟兄分手以后，长远不曾见面，后来周侗到德化县德胜镖局去看余怀，余怀蛮快活，对老弟说：“我有个孙子叫余化龙，欢喜学武艺，我自己教不称心，费心你师弟代教。”周侗本已不收徒弟，现在因为是老师兄，情面难却，只好答应。余化龙跟祖父学过一阵，有相当的基础，再经周侗一教，真是突飞猛进。到了年底，余怀摆一桌酒，与周侗一起守岁，余化龙在一旁作陪。师弟兄吃得差不多了，讲讲酒话。余怀问周侗，你长期行教于天下，可曾看见几个拳头棒好的人？周侗有点醉意，回答说："好本事的人，我见过不少，然而我从出场到现在，还不曾被人打过一拳或者踢过一腿。"余怀晓得老弟在说酒话，有心顺着他，说："像你这样的本事，还有啥人可以打你？"余化龙听他们谈话，心里想："喔唷，先生说没有人打过他一记，我倒不相信。"就站起来，假装小便到外面去，周侗和余怀也不在意，隔了一会，余化龙溜进来，走到周侗身边，拉起小拳头朝先生腰里打去。周侗是老资格的名教师，眼观四处，耳听八方，虽然同余怀在讲话，但感觉仍然十分灵敏，觉得腰里"呼"——有拳风在过来，便朝下一看，喔唷，你倒打起先生了！马上伸三个指头，对准徒弟脉门上一把搭牢。余怀看见，立刻涨得面孔通红，要打孙子。周侗把手一放，反而劝住余怀。余怀叫孙子赔罪，周侗说："小孩的事情，不能作真。"嘴里虽这样说，心里却很不快活，觉得余化龙的品行不好，教了一年，师徒之情毫无，所以非常灰心，想马上就走，但放不下脸，于是勉强又住了两个月，推说要回家去看看，向余怀告辞。余怀不好强留，摆酒送行，分手的时候，余怀问周侗以后要不要再收学生，周侗想起余化龙的行为，说了两句气话，说："我收了你的孙子，再也不收别人做徒弟了。"余化龙听见这两句话，心里蛮快活，想这是先生欢喜我，我是先生最后的学生。

周侗离了德化县，到河南内黄县麒麟村去看老朋友王明。一到王明家里，恰巧老夫妻在大吵。周侗问他们："你们老夫老妻为啥要争争吵吵呢？"王明说："我养个不肖叫王贵，隔壁汤家有个儿子叫汤怀，张家有个儿子叫张显；我们三家合请一个先生，在我家教三个孩子读书，哪知这三个小畜生不要读书，专打先生，请一个打走一个，弄得别人不肯来教书了。我有个老朋友，已经不出门了，好容易去请了出来，今朝第一天上课，又被这不肖打得跷了脚回去。我要打这个不肖，我老妻就同我相骂。”周侗一听，想：“倒好的，我为了学生打先生，离开德化县，走到这里，又碰着学生打先生。”心里感到奇怪，就对王明说：这三个小孩交给我来教。王明说：“不能，要是把你打得歪歪倒倒，我怎么过意得去？”周侗说：“打坏了不要你负责，这是我自愿的。”王明晓得周侗是有办法的，就通知张家、汤家，明天叫小孩来读书。又关照摆酒与周侗接风。第二天一早，周侗先到书房里等。这三个小孩晓得又有先生来了，一商量，还是打，大家靴统里都藏好一根铁尺，拉起来就往周侗脚踝上敲上去。周侗一看，喔唷，来了，两只脚往上一缩，铁尺敲在凳脚上。王贵晓得不好，爬起来逃走，被周侗一把抓牢，周侗问他为啥要打先生？他说他们喜欢学武，不喜欢习文，但是家长不答应，所以他们除了将先生打得逃走，没有第二个办法。周侗一听，方明白他们和余化龙的打先生完全是两回事。就同他们讲：“我也会武，你们要学，我可以教你们。不过，一个人只学武艺不读书，大起来不过是个匹夫，现在我半日教文，半日教武，你们看好不好？”三个小孩一听，想倘使不答应读书，武艺也学不到，因此就说：“好。”从此，周侗上午教他们读书，下午教他们武艺。他们对周侗也越来越亲热。过了不久，周侗发现一件奇怪的事情，每天教书的时候，总有一个小孩靠在窗口听，到教武艺的时候，这个小孩又在场上看。周侗见这个小孩相貌甚好，喊住一问，方知他名叫岳飞，汤阴人，同娘一道被洪水冲到此地的。因为家里穷，读不起书，买不起纸笔和兵器，所以每天到这里听教书，看教武艺，周侗为他这种好学精神所感动，叫岳飞背书给他听，练武给他看。岳飞马上背书练武，背出来的书一字无错，练出来的武也比王贵他们好。周侗实在欢喜，叫岳飞领他到岳家，对岳飞的娘说，要收岳飞做学生，免费教他读书和学武艺，要教得他文武双全。岳夫人当然快活，叫岳飞谢过老师。周侗又同王明讲明此事，王明也很赞成。从此，岳飞同王贵他们跟周侗学文习武，岳飞样样都比三个师弟兄好，周侗格外欢喜，就收岳飞做寄子。后来洪水退了，周侗跟岳家母子到了汤阴，将自己一身的本事全教给岳飞。后来周侗病了，岳飞日夜服侍，不离左右。周侗晓得病不会好，就叮嘱岳飞说："论你的本事，天下少有敌手，不过将来出场要当心一个人。"岳飞问是啥人？周侗说："是你师兄余化龙，他住江西江州德化县，他是连我也要打的，你碰到他要留神。"岳飞问："我同他比，哪个武艺好？"周侗说："无论马上或者步下，功夫都是你好，但是他有一手祖传的镖法，称作'随心镖'，要打哪里就打哪里，这是他胜过你的一手。"岳飞问周侗会不会这种镖法？周侗说："本来我不会，后来我住在他家里，看见他的祖父教他，看会了一些。"岳飞要周侗教，周侗说："这种暗器，没有什么好学。"岳飞说："我学了不是想用暗器伤人，而是为了防身。"周侗一想有理，就叫岳飞从箱子里取出镖样，把怎样打和怎样接的手法讲给岳飞听。岳飞何等聪明，不久就学会了。后来周侗去世，岳飞把余化龙的事情一直记在心里，故而现在两人碰头，岳飞晓得余化龙是师兄。余化龙听见岳飞喊师兄，心里想：我不能承认，一承认是师弟兄，就不好动手了。所以不加理睬。

大家一看就知道了，这段"表"实在长得出奇。它占全书四分之一的篇幅，说起来要十多分钟。这样长的"表"书，在长篇中也实属罕见，段子中则更是鲜有前例。而这段长"表"之所以站得住脚，我想大致有这些原因。首先是，这段表为勾刻人物性格和烘托主题所必需。众所周知，尖锐的矛盾必须建筑在性格冲突的基础上，才能产生真实感。细致描绘余化龙骄傲狭隘和岳飞忠厚磊落的性格及其形成，使当前局势和即将展开的一场激战变得真实可信，从而有助于这一段子的思想性得到充分的反映。其所以站得住脚，不因长遭厌，还在于前面的书，早为这段"表"创造了良好条件。看来在这战马腾蹄、长缨待举、一场猛烈厮杀即将到来的紧张关头，来一段长"表"似乎不太合适，但由于说书人在前面"设"下了重重"疑"点：为什么别人为了抗金大局肯情让岳飞，而一师门下的余化龙反而不肯？为什么岳飞认识余化龙，而余却不认识岳？为什么来自民间的余化龙，竟会变成敌人的帮凶？等等，一系列问号。听众虽急盼岳、余投入搏斗，但不解决这些疑点，又如何听得下去？说书人此时怎能“置”之不“答”？而既是顺应众命来“表”的，当然就不存在什么阻碍了。另外，这段“表”原可以安排在余化龙芦篷远眺之处，但那样，会使“表”本身显得更长，更主要的是，那样会使那段长“表”起到贬低自己的作用；而且安排在现在这样一种紧张关头，还能以跌宕的情节增强悬念，使听众得到更饱满的艺术享受。但问题还只是解决了一半，或者是一大半。因为这样长的“表”，插在中间，会使演出效果要大打折扣。因此在表现方法上还应研究。用“带表带做”的手法较为恰当。例如：余化龙溜进来，走到周侗身边，拉起小拳头朝先生腰里（动作）“呼”（口技）打去。周侗……灵敏，觉着腰里（表情）“呼”（口技），朝下一看（动作）……他马上伸出三个指头（动作）对准徒弟脉门上“扎”（动作）搭牢。不仅如此，在“表”两人对话时，还要用不同的语气。这样，虽说是“表”，实际上其中也出脚色，只是官白私说而已。这样，就把平面的叙述化成了立体的描写。人物、环境虽若隐若现，却能给人以有声有色之感。有人以为在这段“表”中，有一些细节并非必要，如王贵打老师等，认为可以去掉，以保这一段子的集中、完整，但我觉得，这些细节比较轻松，在高潮出来前可让听众调剂一下精神，这也很有必要，是符合评弹讲究“趣”的特色的。同时，通过它，涌现出周侗等一系列人物，也有助于增加这一段子的容量。

在评弹的“表”中，还有一种“未来先说”，用于展望将来。它的用处很多，如逢到“剪书”（演期结束）时尚未“终卷”（书未说完），用它就可解决“尾”的问题。还有，有时为了制造悬念，故意把下面的“关子”先提一提，如：“你不要以为他现在如何如何，但一等到如何如何，他就要如何如何呢！”再有，有时这一件事或这一人物，说至此将不再在书中提到或出现了，为了有个交代，就用它来一言表过。在《龙门败十将》的结尾处，有这样一段“未来先说”。等到武场一散，余化龙被康狼山请去做元帅，后来岳飞带八百人火烧青龙套，连下来火烧黄草坡，中州败金兵，路过康狼山的时候，余化龙下山要同岳飞打，岳飞要他一起抗金，他说：“我愿意跟你抗金，但要报武场里一镖之仇。”岳飞无法，只好同他打，两个人接镖回镖，镖打数十梭，结果余化龙被打下马来。这一来，余化龙服帖，随同岳飞去抗金。后来，余化龙看到岳飞为人忠厚大方、赤心抗金，受到启发，逐步转变，成为抗金的大将。之所以要用这一段“表”，是因为即使在演出长篇时，再提到余化龙也要隔相当长时间，段子则至此结束了，如不交代一下，显得有头无尾。而且听众可能还会为余化龙惋惜。这一“表”，就可让他们愉快地走出书场。同时，这段“表”的最主要目的，就是为了要向听众完整地交代余化龙。这是一个塑造人物如何掌握分寸的问题。我们不能为了要渲染情节而任意歪曲人物。以余化龙为例，我们要批判他骄傲自满、胸襟狭隘的性格弱点。同时，也要展示他在以后抗御外敌入侵时，也是一员抗金大将的英雄形象，借以给听众一个比较完整的印象。

（转载自1982年江苏人民出版社《评弹艺人谈艺录》，苏州市评弹研究室编）

书路有别书理

说书要求路子清楚，术语称“书路”。那么书路究竟指的是什么呢？书路实际是指书的结构及层次。一回书从开头时的叙述交代，进而挑出矛盾，再而矛盾尖锐化，以至于矛盾的解决（按评弹的习惯，大多是在高潮上落回的），都要求做到层次清楚，主次分明。每日书开头几句的表述，是检验一个演员书艺本领的地方。这里，演员既要照顾到天天临场的“老听客”，使其听来不觉得重复噜苏，又要兼顾初来听书的“新听客”，使他们听来不觉得无头无脑。这就要求演员只用寥寥数语，做到承前启后，用最短的时间将听众引进书情中来。演员的这几句“开场白”，实际上就是在起着疏通书路的作用。

每回书的开头，其方法往往是多种多样的：有从起角色开场的，有从环境布局开场的，等等，但总的都是为书路服务的。演员要熟悉全部书情内容和人物关系，才能保持人物性格的一贯性；若演员的书路不清，往往容易造成不顾人物性格的发展逻辑，随手拈用，颠来覆去，前后套用的情况，破坏了书情的连贯性。出自同样的道理，每回书的落回方法各异：有在一声爆头中落回的，有在唱篇中落回的，有在引出了一个新的矛盾时落回的（制造一种悬念），或略点几句将下回书的情节点出后再落回，等等。但都必须成为整回书的一个构成部分，成为书路发展的一种势所必然的结果。

提及“书理”，就很容易跟上面所谈到的“书路”相混淆。我想，倘若书路是指书情的逻辑结构、发展层次而言的话，那么，书理应该是指人物的性格，以及整回书的思想内容是否入情入理。评弹历来讲究“理、味、趣、细、技”，而理是第一重要的，理之不足，评弹的艺术感染力便会被削弱。

对于书中的每个人物形象，都必须具有典型意义，真正做到在典型环境中表现典型性格。《水浒》一书中的人物就基本符合这一点，里面人物虽多，但都各具有鲜明的个性。《水浒》为我们揭示了“官逼民反”的宋朝社会现实，但是每个人走上梁山的过程又是各异的。林冲就比鲁智深曲折而缓慢得多。鲁智深能闹野猪林，打镇关西，而林冲却不能，这是由他特定的阶级、教养、环境等条件决定的。人物不能离开具体的社会环境和历史条件，如若离开了宋朝这个特定的社会，像武松杀嫂的那种举动，便无法使人理解（如果换在我们今天这个社会的话）。重要的是，我们应该遵循事物发展的必然性；偶然性当然可以有，而且也需要，但必须包含在必然性之内。过分地强调了“无巧不成书”，就会丧失书中的理，即丧失了评弹艺术的真实性。

书理是受到时代制约的。《岳传》中有个金邦的元帅金兀术，按当时这个以民族矛盾为社会主要矛盾的宋朝来说，它无疑是一个罪魁祸首，最大的反面形象，但在我过去说了好几十年的《岳传》中，却一直将他说成一个本领非凡的金邦大将，无形中在许多地方为它做了辩护和粉饰，以致将岳飞的死和北宋的亡，全部归咎于奸臣秦桧一人。随着时代的变化，今天我们有可能用较正确的观点来修补过去书理的不足了，使历史故事真正达到古为今用的目的。

基于书理受说书人思想观点制约这一点，说书人必须对书中的人物有所肯定与否定，以使说的时候能爱憎分明。如若我们对书中人物的态度摇摇摆摆，模棱两可，其人物的性格也一定是前后矛盾、不成其理的。前辈老先生虽然为我们今天的评弹艺术积累了不少财富，但限于他们当时的思想水平，往往借用迷信的方法，来弥补书理的不足，这就需要我们在继承前辈的基础上，去深入地做一番去芜存菁的工作。

对于一个演员来说，不仅要具备正确的观点，而且要能够用正确的观点去指导实践，不善研究、不善分析的人，容易造成简单化的错误。譬如像《十败余化龙》中的余化龙，如果我们对这个人物缺少全面深刻的分析，就很容易导致为了偏于对岳飞高贵品质的歌颂，将余的狂妄自大的个人主义缺点加以夸大，无意中将他贬进反人民的行列，而使余化龙在将来转变成一位有名的抗金英雄时，就找不到足够的依据了。

由此看出，在处理书中的任何一个（特别是像余化龙这样的）人物之前，演员首先应该做到胸有成竹，不至于在一字一句中，誉之过分，贬之过低，而将一个人物的性格轻易地歪曲了。

（转载自1982年江苏人民出版社《评弹艺人谈艺录》，苏州市评弹研究室编）

难忘关怀鞭策

听到陈云同志逝世的消息，我们深感悲痛。我是一个评弹老艺人，曾先后担任过苏州市评弹团团长和苏州评弹学校校长。这使我有机会多次为陈云同志演出，并受到他的接见，向他汇报评弹工作，聆听他对评弹工作的指示。老首长的音容笑貌深深地刻印在我的脑海中，我永远不能忘怀。

说陈云同志是评弹的“老听客”，这话一点不假，他对评弹的熟悉程度是一般人难以想象的。他听中篇弹词《真情假意》竟连听二十遍，他能说出《珍珠塔·痛责》这档唱词总共多少字。他对评弹的关心绝不仅仅出于个人爱好，而是对党的文艺方针的坚持贯彻，这在我与他的接触中深有体会。

1960年，我第一次见到陈云同志。这一次，他着重了解弹词《珍珠塔》的状况。他说：“《珍珠塔》结构好、唱词好，是评弹中一部骨子书，经过多少代艺人的不断加工，才有了今天这样的水平，但绝不是宝塔结顶到了头。说《珍珠塔》不能碰，是不对的。新社会了，要用新的眼光看一看哪些地方可以提高。”在陈云同志的直接关怀下，评弹团成立了一个整理小组，着手《珍珠塔》的整理。其间，陈云同志给予了许多相当具体的指示，使得《珍珠塔》在思想性和艺术性上都大有提高。

一次，陈云同志在听了我演出的《岳传·龙门败十将》后说：“评弹确实既简单又不简单，你看，就凭你一张嘴，把武场上的千军万马、各种布置说得清清楚楚，使听客如临其境。如果演戏、搭布景，要花许多钱吧。”陈云同志从对评弹表现手法的赞赏，进一步嘱咐我们要利用评弹这种既简单又不简单的艺术形式，更好地为广大群众服务。他对我说：“你们评弹比其他艺术形式更容易深入工厂、农村，要发挥轻骑兵的优势，把书送下去，为人民服务。”

陈云同志好几次向我了解评弹演员组织起来成立评弹团后的情况，

包括艺术活动、经济积累，演员有无休整学习等。他鼓励我们进了团体的艺人，没有了吃饭问题后，更要集中精力提高艺术修养，提高为人民服务的觉悟。有一次陈云同志问我："目前的评弹演员与旧时代的艺人比，有哪些进步，有哪些不足？"我说："现在的演员在弹唱方面是超过前辈的，但其他各方面的基本功都不如前辈。"他表示同意我的看法，指示我们在评弹学校的教学中要注意培养学生多方面的基本功。

陈云同志对评弹工作的一系列指示，是我们进行评弹改革的指南。我想，如果我们对他的指示理解得深些，执行得好些，评弹目前的状况是会更好些的。

陈云同志离我们而去了，再不能亲耳聆听他的谆谆教诲了。我们一定要化悲痛为力量，沿着他指出的"出人、出书、走正路"的方向，把评弹工作做得好上加好。

（原载1995年第6期《曲艺》）

《岳传》名家曹汉昌

——曹汉昌先生与长篇评话《岳传》的今生缘

曹凤渔

前言

当我一走进书场，看到书台，马上就会回想起当初曹汉昌先生在书台上的音容笑貌。一个圆圆的脸庞，额上有着几条饱经风霜的皱纹，头发不多，前面已秃，平时惯于戴玳瑁阔边眼镜，到台上摘下眼镜后鼻梁两侧有明显的框痕，中等身材因肥胖而看上去显得矮些，身穿灰色长衫，虽已过了古稀之年，但坐在台上仍然精、气、神十足，那老当益壮的架势，令后辈钦佩。只见他拍下醒木，便开口叙说：“宋朝靖康元年，金兵又犯大宋。八月中秋武场开考，召集各路英雄讨伐入侵之敌。就在通往东京的大道上，过来五匹马骑，为首是一员白袍小将，身上武生打扮，此人姓岳名飞字鹏举。也就是本书主角——精忠报国的抗金将领岳飞……”这是流传书台数百年的优秀传统长篇评话《岳传·辕门投书》开书时的一段表白，也是曹汉昌先生最擅演的一个精彩片段。他充分运用说书说理的特色，把初出茅庐的岳飞形象刻画得淋漓尽致，那声若洪钟的嗓音、出神入化的精彩表演，使听者赞不绝口，给人留下了深刻的印象。

曹汉昌先生（1911—2000）是位擅说《岳传》的著名评话艺术家。他十四岁开始学艺，在这七十多年的艺术生涯中，兢兢业业、呕心沥血，为评弹事业的繁荣发展和培育新生力量倾注了毕生的心血。他又是位热爱祖国、热爱家乡的社会活动家，生前曾是中国民主促进会苏州市委员会副主委、江苏省人大代表、苏州市政协常委等，为参政议政发挥了积极作用。他把一生献给了评弹事业，献给了社会。因此，我们将永远怀念这位德高望重、为人师表的老艺术家。

童年

曹汉昌生于1911年，苏州人。从小住在古城区临顿路西侧河边的温家岸。他家为二层楼房，楼上住家，楼下朝东六扇头墙门，由他父亲曹芙卿开了一家砖瓦石灰行。由于门前就是条河，所以船只往返十分方便，故而他父亲的生意还不错。因曹汉昌是长子，下面还有一个弟弟和两个妹妹。父亲一心让他先上学读书，将来子承父业，过上小康安稳的生活。于是曹汉昌从七岁起便每天背了书包进学校读书。但是，他自幼就对开店做生意没有兴趣。因当时终究还小，读书后将来做些什么，也还没有过多地考虑。就在他10岁那年暑假里，他随祖母到上海姑父家里去住了一段时间。他的姑父石秀峰（1887—1926）是当时擅说评话《金枪传》（即杨家将）的名家，在上海各大书场演出，场场满座，红极一时。当时，石秀峰正在刚兴起的新型书场——新世界游艺场里说书。曹汉昌每天下午便跟姑父到游艺场去听书。那游艺场内除书场外，还设有多处演出场所，其中有申曲、淮剧、京戏、滑稽、杂耍等。这对于还是孩童的他，是很有吸引力的，经常在听书之余四处转转，尤其喜欢看京戏，并成了他一辈子的爱好。他姑父家对门邻居中有好几个是唱京戏的，每天早上聚集在天井里吊嗓、练功。出于好奇，他便问姑父："这些人怎么每天天不亮就起来唱戏？”姑父笑着对他说：“作为一名艺人要想成名，就得天天苦练基本功呀！”这时的他初次领悟到了做一名艺人是多么艰难。在上海的这些时日，他天天跟姑父到游艺场去听书，晚上又陪姑父去做“堂会”，再次听书。这一段新奇有趣、丰富多彩的生活，尽管是短暂的，但在他幼小的心灵中，留下了极为深刻的印象。特别从书场听众热烈的反响中，他十分钦佩姑父的书艺，并由此对说书产生了浓厚的兴趣。这种深深受益的艺术熏陶，从此影响了曹汉昌的人生，使他开始爱上了评弹这门具有独特魅力的说唱艺术。所以在即将离开上海回苏州时，姑父问他：“寿宝（曹之小名），听了几天书，啊有趣？你长大了准备做什么事呢？”曹汉昌立即回答：“我想学说书。”石秀峰听后很高兴地说：“那你回去跟父母亲商量，如果他们同意的话，你就去拜个先生。你喜欢听谁的书，就去拜谁做你的先生。”曹汉昌听后急忙地说：“我就跟你学书好吗？”但石秀峰却回答他：“不是我不肯教你，跟我学了，我就不好带着你。而你学了另外一部书，到上海来，我好照应你，并好拖你一把。”石秀峰的一番话确实是一番好意。他本想为曹汉昌今后的出道给予更多的扶持，谁能料到，当曹汉昌开始上台说书时，石秀峰突然因心肌梗塞不幸去世了，这成了曹汉昌终身的憾事。

曹汉昌从上海回到苏州后，就向他父亲提出要学说书。谁知父母亲都不同意他学说书，说：“你年纪还小，应好好继续读书。”无奈之下，只能暂时作罢。但在以后的岁月中，他并没有放弃自己要学说书的愿望。他一面读书，一面抓住机会听书，而且听了不少响档的书。

每天下午，放学回家时，他都要从玄妙观里穿行而过。当时玄妙观内十分热闹，既有各种各样的小吃摊，又有唱曲的，玩杂耍的，演木偶戏的，拉洋片的，瞎子算命的，还有说乡约的。另外，在玄妙观西北角的露台旁，更是围了一大群人在听露天说书。有个街头艺人叫李金祥的在说露天书。在这样嘈杂的地方，他竟能吸引那么多听众聚精会神地听他说书，确是好本事。他能说四部书：《岳传》、《三国》、《金台传》、《英烈》。虽是露天，但形同书场，每天下午二时说到四时半。这个露天书场靠墙前有张半桌，三面是几条狭长的长凳。要听书的人可坐下，先是不买筹的，每当说了二十分钟停下，由他兄弟拿了只匾向听众收一次钱，大家丢个铜板，他继续再说。如果站着听不占座，可以不付钱，算是捧场子的。于是，曹汉昌每当放了学后就去听书，正好说的是《岳传》。李金祥说书嗓音洪亮，说得头头是道，使小小年纪的曹汉昌渐渐地听上了瘾。后来，他觉得仅放学后的这段时间，听不到多少书，所以他干脆下午逃学，把书包塞在东脚门神龛下面，就去听书。连续几天都是如此，被老师察觉后，就上门讯问家长："为何你儿子下午不来上课？"这才露了天机。父亲知道后很是恼火，从此罚他不许再听书，连晚上也不能听。

为了能继续听到说书，他就去求助一直呵护他的祖母。那时，祖母住在叔叔家里。叔叔家门口的濂溪坊就有一家书场，叫"怡鸿馆"。是早在清代就已开办的茶馆书场，许多评弹名家响档都常在那里演出。于是，曹汉昌向祖母提出要住到她那儿去。祖母对孙子宠爱有加，便由祖母出面与他父亲说："让寿宝晚上来陪我，住到叔叔家里来吧。"他父亲只能同意。自曹汉昌到了祖母那里后，如鱼得水，又能自由地去听书了。他白天上学，晚上就到书场去听"戤壁书"（不花钱站着听书）。后来，和书场老板熟悉了，知他是对门邻居家的孩子，就要他提早到书场，帮着卖卖书筹，卖到演出开始就让他坐下来听书。自那时起，他先后听了弹词名家朱耀庭、朱耀笙演唱的《双珠凤》、评话名家黄兆麟的《三国》等许多好书。还跟他叔叔到肖家巷口的"金谷"书场听了几次"会书"。书听得多，接触多了，对评弹的兴趣更浓厚了，他想学说书的愿望更强烈了。

学艺

1925年，曹汉昌刚满十四岁。那年，姑父石秀峰正好从上海来苏州说书，连续演出了两个月，听众十分踊跃，稍晚一点就无法买到书筹。曹汉昌也跟着听了两个月书，对姑父的书艺他真的是着了迷。于是，他求助于姑父，请他在父亲跟前说情，好让他学说书。就这样，他父亲看在姑父的情面上，终于同意了。曹汉昌可谓喜出望外，自己要学说书的愿望终于实现了。那么，准备学什么书，拜哪个老师学呢？姑父说这很重要，要他好好考虑。当姑父离开苏州回上海后，曹汉昌就从自己曾听过的许多书中去寻找。20世纪20至30年代，正是评话的全盛时期，听评话的听众多，听弹词的少，因那时的弹唱没有今天这么优美动听。有几个老先生不是在唱，而是如同念经一般的没有腔、没有调，其实是一种吟诵式唱腔。评话大多讲的是历史故事，普通老百姓本来就没读过多少书，也没什么文化，他们就通过听书来了解历史故事，从中获得一些知识。所以曹汉昌决定学说评话。学评话，他很快就想到当年李金祥所说的《岳飞传》，这是他在脑海里印象最深刻的一部书。这位精忠报国、一心抗金的著名将领，从小就是曹汉昌十分崇拜的偶像。那么学《岳传》拜谁为师呢？当时说《岳传》的响档，有李汉臣、王再亮、钟子亮、周亦亮等。但这些响档他一个都没听过，一时间也无从选择。

此时，曹家隔壁弄堂里正好新搬来一位说书的先生，他就是说长篇评话《岳传》的名家周亦亮先生。因为是邻居，所以曹家托人去一说便成，而且拜师金还比较优惠。十担米钱的拜师金，还可先付一半，另一半到年底再付，但出门跟师的来去路费则要自理。石秀峰收到曹家来信，得知此事后，当然非常高兴，回信时说："这个先生好，有一身好艺术，被你拣着的。"待曹汉昌经拜师仪式后，周老师就对他说："你既然拜我为师，当我在台上说书时，你在台下就要好好听，不懂的地方只管问，等你学会了后，你想什么时候走都可以。"

周亦亮是一位好先生，教学生并不保守，这为曹汉昌以后艺术上有所成就奠定了良好的基础。所以曹汉昌到晚年，仍对先生周亦亮充满了崇敬和感激之情，他十今怀念这位恩师。

学艺开始，周先生在苏州演出，跟师听书的师弟兄有三人，师兄姓沈，还有一个姓张的比他迟拜一个月，为师弟。每天当先生开书后，三人便到书场的墙角处坐下，曹汉昌便在台下认真地听先生说书。那个沈姓的师兄，已跟师学了三年，但还不能上台演出，曹汉昌心中感到有些纳闷，怎么学说书这样难呀？学了三年还不能上台说书！后来，曹汉昌才慢慢地发现，原来他那个师兄有个毛病，每次等先生上台开书后，他便哈欠连连，开始打瞌睡，待先生演出结束下台了，他倒醒了。原来，他头一年听书还蛮有兴趣的，到了第二年，就自认为这些书已经熟了，再没心思认真地听了。事后，又不好好地练习，故而他还不会上台说书。先生有时问他："你听了三年书，怎么到今天一声也不会说？"他说："我肚内书不少，就是一时说不出。"结果又学了几年仍没学会，只能回去了。从师兄的教训中，曹汉昌又一次领悟到"学艺必须要下苦功，要勤学苦练，否则便一事无成"的道理。接下来曹汉昌要出码头跟师听书了。第一个码头是吴县黄埭。到码头上要比在苏州学艺的时间多，除了日夜场听书，第二天一清早就要到田野里去吊嗓子、练口劲、学口技。当时正值隆冬季节，天寒地冻，北风呼啸，而他天天坚持练习，从不间断，在师弟兄中，他是练得最卖力、最认真的，除了在先生规定的时间里与师弟兄三人一起练，在空余的时间里，还独自主动地去练习。他的一条好嗓音就是这样苦练出来的。曹汉昌在苏州听先生第一遍书时还不太懂，第二次再听一遍后，他对书性逐步有所领会了。

周亦亮是《岳传》早期名家钟士亮的学生。他不仅继承了钟家艺术的特长，而且还擅长编书。钟家《岳传》从"辕门投书"起，到"风波亭"结束。称为前段《岳传》。他的学生一般都是从岳飞出场说起，接下来就是"辕门投书"、"武场比武"、"枪挑小梁王"、"龙门败十将"、"上牛头山"、"高宠挑滑车"、"击败金兵"直到"下牛头山"为止，很少有人去说岳飞风波亭受害的。而周亦亮却从“牛头山”开书，并续编了后段，从下牛头山之后到岳飞率军“进洞庭湖”、“水战杨幺”、“兵进朱仙镇”、“王佐断臂”、“陆文龙归宋”直到“风波亭”岳飞父子被害。后来周亦亮将《岳传》再编到岳飞二儿子岳雷出场，由“岳雷拜帅”、“为父报仇”、“平定金邦”直到“虎骑龙背”、“笑煞老牛皋”、“气死金兀术”、“双百岁归天”结束。这些都是周亦亮的独家创造，被称为《后岳传》。曹汉昌初时学的就是后段《岳传》。

钟士亮和他儿子钟子亮，以说功和开打出名。播枪如舞，动作优美，人称“钟家一条枪”。钟的另一学生王再亮则以平说为主，以广征博引、善于穿插为特色。而周亦亮注重于说理，书路清晰，语言干净，不说粗话，善于穿插新的见闻。他虽然身材矮小，但肯动脑子，能充分运用自己的眼神、虚劲来弥补自己的不足。表演动作手面都是“大开门”，台风大方、飘逸，还注重人物性格的刻画，合情合理，给听者以亲切、舒坦的感觉。这一招一式、一言一语，都给曹汉昌留下了极为深刻的印象。并将老师的艺术特色认真地吸收过来，在以后的艺术实践中，他还有新的发展。

有一次，曹汉昌跟师到上海听书。周先生在城隍庙内一家叫“得意楼”的书场演出，与另一位说《三国》的评话名家黄兆麟，两档大书“越做”。过去，按评弹界的行规，很多艺人是不会让同道来听书的，先生也不准自己的学生去听别人的书。但这两位老师都不保守，气量很大，都以艺为重。所以，曹汉昌很幸运能学到更多名家的书艺。黄兆麟做头档，曹汉昌每天总是赶在演出之前提早到场，先听黄兆麟的《三国》。由于他彬彬有礼，对黄老先生很是尊重，因此黄兆麟也十分喜欢他。不仅很高兴地让他听书，还给予了他许多指导。黄兆麟先生的条干较长，甩眼梢，所起“关公”脚色栩栩如生，有“活关公”之誉。说书时丹田劲足，说得出神入化，脚色都在紧要关头难得一显，的确是达到了炉火纯青的艺术境界。连周亦亮也很钦佩，他多次鼓励曹汉昌要认真听书，并说：“兆麟先生的书不容易听到的呀，这次是好机会，多听听人家的书，自己就能多学点本领。”因是日场两档“越做”，夜场为四档“越做”，连续演出四个月，曹汉昌有机会听了黄兆麟好几遍的书，还听了其他几位名家的演出，这对他提高技艺是大有好处的。

数月后，周亦亮又转到上海西门“新兴楼”书场演出。周先生对学生既严格又关心，经常把自己的艺术经验现身说法地传授给学生。当他听了曹汉昌在台下练习时的说书后，便向他指出一方面要多听书，另一方面要多练说表的基本功。为培养曹汉昌上台说书时的真实感受，周先生就要他在自己演出前，先上台“送书”，用现在的用语，就是给予他实践的机会。一些熟悉曹汉昌的听众本来就很喜欢这位圆脸庞的小先生，也多次向他提出要求，请他上台试说给大家听听。在先生的鼓励下，曹汉昌以忐忑不安的心情，第一次登上了书台。虽是在正式开书前提早了半小时，但台下的老听众早已来了，有近五层的听众来为初次登台“破口”的小先生捧场。但因初次登台，不知怎么只觉得心发慌、脸涨红、手脚都发抖。说书时，两只眼睛看着屋顶，不敢直视听众。初时，先生上一天说的书，他似背书一样，二十分钟就说完了。事后，先生鼓励他说：“这没有什么可怕的，现在学说书时，不管说的是好是坏，人家不会把你拉下台的，只管大胆说。但说书时不能光背书，要有轻重缓急，要看听客，看他们听书时的神情及变化，及时了解现场反应；也不能只对一个墙角说书，要照顾全面，要和听众有呼应才能吸引听众；另外还要根据听众的反应，每次下台多想想，加以改进，才能使书艺不断地得到提高。”同时，周先生还特别指出：“眼睛不能朝天看，养成了坏习惯，成了艺病后，就很难改过来。”在老师的热情鼓励和指点下，他学艺更加刻苦，每天演出前他都要反复背上几遍，做好准备。从此，曹汉昌上台说书就有所放松了，不再那么紧张了。下台后，他又虚心地听取老听客的意见。有一些热心的听客也每天帮他指出缺点，哪些地方说得不好，讲得不对，接下来就要改进了。曹汉昌他就根据听众的意见，进行了认真的思考、反复的磨炼，在接下来的实践中，很快得到了改进。经过先生的一番教诲和老听众的热情帮助，曹汉昌大为得益。特别是先生反复强调的这种艺术上的进取精神，使他更是铭记在心，从此逐步养成了一个良好的习惯，并影响了他的一生。对于年少时初次登台实习的情景，曹汉昌到了晚年，仍是念念不忘。他深情地回忆说："我记住了先生的一句话——'说一遍，想一想'，温故知新，真是受用终身。"

出道

十五岁那年，曹汉昌出"茶道"，开始正式说书了。在苏州，有位叫黄鹤峰的老艺人介绍他到上海郊区罗店说书。他第一次单独出门，其父不放心他单飞，便亲自送他到书场。因为黄鹤峰与场方有交情，所以场方见信后，在生活起居上待曹汉昌很好。而曹汉昌呢，终究他是首次正式登台，心里还是非常紧张的，还是两眼朝上，不敢面视听众，凭着喉咙响，劲道足，一鼓作气往下说，虽说得快，但还算比较流利。听众见他人小，也不太计较。刚说了二十分钟，突然书台边上有个老听客拿根旱烟管往台上敲了两下。曹汉昌听见一吓，是否因自己书说错了？当即停下问："老伯伯阿是我说错了？"那老听客道："没有什么，我只是在敲敲堵塞的烟管。"顿时引得场内哄堂大笑。曹汉昌也尴尬地笑了，然后再继续把书说下去。等到书落回下台后，问两个老听客："你们觉得我阿像在说书？"听客说："你嗓音好，劲道足，就是太快了，来不及听。"曹汉昌便注意到自己犯的毛病，就是先生曾提醒的，缺少抑扬顿挫。到第二天，他说书就显得稍放松了些。到小落回时，只见台角上放了两只蟹壳黄（小的烧饼）。前排一个老听客对他点点头，意思是："这是给你吃的。"自那天起，每天都会有两只饼放在台角上。虽说是两只蟹壳黄，但这是老听客的一片心，也是对自己的一种鼓励，所以他很感动。当时，日夜有一百多听客，业务还算不差。但由于经验不足，还无法控制节奏，像背书那样，本来可说四十天的书，结果只十五天，书就已经说完了。那时书场演出，艺人要连续说上两三个月，至少也要一个月才可“剪书”（即结束离场）。如今只说了半个月就结束了，场方也拿他没办法。虽在经济上受了些损失，但看他初次登台也不容易，还是原谅了他。曹汉昌回到苏州后，他就去请教先生。先生听后便说：“你自己出去说一遍大有好处。虽然你书是记住了，但意思还没弄清楚。加上表情、动作、歇拍没掌握好，这些都是需要时间来磨合的呀！”先生要他再听半年书。在这半年中，曹汉昌更加刻苦地学艺，他边听、边认真地对照。先生也经常要他回课说上一段，然后再加以指点。因此，在这半年的“回炉”中，他的收获很大，加深了对说书的理解和体会。

到当年下半年的十一月，黄鹤峰又介绍他到湖州“紫阳轩”书场去演出。湖州是浙江的大码头，共有七家书场。曹汉昌这次比以前老练胆大多了，尽管还较稚嫩，业务也比其他书场差，但还算有一部分听客捧场，使他立住了脚。在码头上，曹汉昌出于礼节，也为了多交些朋友，他经常去拜访同道，虚心求教，向别人学习。同埠的朱秋帆、曹筱英等年龄虽大，但都十分喜爱这个为人厚道的小弟弟。那一年，天气特别冷，连续六七天鹅毛大雪，水陆交通都中断了。听客非但夜里不能出门来听书，而且日场也只有数十人，生意平平，在这样的境况下，他好不容易说满了一个月。由于大雪冰封，交通阻断，曹汉昌无法回苏州。因此，他就和朱秋帆、曹筱英三人留在湖州，三家书场合在一起演出。谁知，后来又先后来了正在附近地区演出的张鸿声、顾玉良、陈瑞麟、朱毓良、吴熊祥等艺人，他们与曹汉昌一样，也都遭遇了雨雪的围困，无法回家。大家围在一起商量决定，书场由三档合做改为五档合做，最后再改成七档合做，开“大锅饭”，大家共渡难关。就这样，患难之交的八个人在湖州结拜弟兄，后来又成九兄弟。其中年龄最长的是吴熊祥，而曹汉昌年纪最小，因此大家对小兄弟更为照顾。此后，吴熊祥先介绍曹汉昌去南浔演出，再介绍到无锡，吴熊祥不放心，还另派一名弟兄一起到无锡。那时无锡、常熟的很多书场不是一般人都可以去演出的，去的人起码要说十年八年书，场方耳朵里曾听到过你的名字，方会请你去演。曹汉昌幸得吴熊祥、曹筱英等一帮弟兄相助，接了不少生意。再加上曹汉昌自己的书艺也在不断提高，渐渐在许多大码头上站稳了脚跟，扩大了影响。吴熊祥不久病逝了。曹汉昌一直到晚年，讲起吴熊祥始终是非常感激的。曹汉昌的弟弟曹啸君本在电讯局工作，后改学弹词，先后拜曹筱英、朱琴香为师。两人都是曹汉昌的结拜弟兄，所以拜师金也都没有收。到1931年10月，曹汉昌在码头上磨炼了五年后，在老师周亦亮的引领下，正式出道，成为评弹光裕社的一名正式成员。

成名

曹汉昌的艺术道路应该说是比较顺利的。因为他碰到了一位好老师。同时，又得到了一批老艺人和好朋友的帮助，再加上他自身的刻苦努力，所以在经历了几年书台的磨炼后，他的艺术水准日益上升。

几年以后，曹汉昌在外地演出已打开了局面。此时，他认识的名艺人更多了，所以他又和一些与他年龄相仿的同人结拜了弟兄。其中有姚荫梅、顾宏伯、严雪亭等。他们之间的书坛友谊，一直延续了几十年。除此之外，他和夏荷生、徐云志、潘伯英、张鉴庭、蒋月泉等评弹名家也是情投意合的好朋友。

当曹汉昌二十岁刚出头时，他已和这些弟兄和朋友一起来到上海这个繁华之地，来追求他的评弹梦了。当时，进上海演出，是所有评弹艺人梦寐以求的目标。一个艺人在码头上业务再好，只能被称为“码头老虎”，还不能称之为“响档”。只有在被称为“十里洋场”的上海站住脚跟、走红，才能名声四扬。然后，在今后的艺术生涯中，包括杭、嘉、湖一带的大码头，艺人可以任意地去演出了。所以，评弹艺人把进上海演出，看作进考场一样。曹汉昌初次进上海，首场演出就是成都路的“沧州”书场。当时，适逢年底做“会书”。上海的书场老板都很势利，他们对新进上海的年轻艺人并不信任，就是想要通过“会书”，来考察一下他们的技艺。共有六档书，有名家穿插其中，每档演半小时，曹汉昌做第五档，最后一档就是评话名家杨莲青。曹汉昌说的是《疯僧扫秦》。他嗓音洪亮，口齿清晰，凭着扎实的基本功，把“疯和尚”演得惟妙惟肖，讥讽得奸贼秦桧无地自容。台下老听客听得点头得脑。当他说满半小时后，将要下台时，书场职工对他说：“杨先生还没有来，你再说几分钟。”曹汉昌只能再说下去。换了往日，倘若是书艺差些的艺人，听众早就要起哄了，而今天听众对这位青年艺人情有独钟，故热情未减，意犹未尽地继续认真地听下去。结果曹汉昌又说了二十分钟，直到杨莲青赶到书场，他才落回下书台，听众对他的书艺和艺德都感到十分满意。

上海书场多，响档云集，竞争非常激烈。曹汉昌上台演出始终精神抖擞，精、气、神十足。他不仅嗓音好，中气足，而且说法书路清，层次分明。既保留了周亦亮老师注重说理的特色，又有黄兆麟先生那种说法飘逸难得一显的表演手法。尽管自20世纪30年代起，弹词已有了很大的发展，演唱的弹词流派也不断地涌现，整体弹词已超出评话。然而，曹汉昌以独特的表演艺术，很快地在上海站稳了脚跟，并博得了听众的好评。从开始做一两家书场，到后来连续赶五六家书场，还要到电台演出，真是应接不暇。由于他在上海长期和名家、响档合作演出，书艺提高得更快，他的名声和影响也随之日益扩大。

曹汉昌自成名后，并不自以为是，也没有架子，他从不吹嘘自己本领大、书艺高，又怎么了不起，表现得十分低调。俗话说：“滴水之恩，当涌泉相报。”当他成名之后，一直没有忘记曾帮助过他的人。他的老师周亦亮晚年很凄凉，由于家庭负担重，生了病也不能休息，还要抱病演出，才四十七岁就病重去世。曹汉昌不忘教诲之恩，带了周亦亮的儿子，并教会他说书。平时他也乐于助人，从不占人便宜。对艺术水平好的艺人，他虚心好学，认真吸收人家长处，从不挑剔别人。他所说的《岳传》，除了继承了先生的艺术风格，还向不同风格的钟家《岳传》学习，向他的师弟们学习。尤其可贵的是，他对艺术不如他的同人，并不以己之长去比他人之短，而是平等对待、热情相助。正因他为人诚恳厚道、艺德高尚，所以他赢得了同道的尊重和好评。因此，与他友好交往的人，也越来越多。

旧社会，评弹界商业化的倾向十分严重，故而彼此的竞争尤为激烈。竞争不过，就被淘汰。为此，一些名家为了能延续自己的艺术生命，当自己身体力不从心时，往往吸毒来支撑，所以有的艺人染上了毒瘾，如杨莲青、赵鹤声、夏荷生等一代名家都五十岁不到就离开了人间。曹汉昌对这些名家的不幸遭遇，深为痛惜，并引以为戒。始终洁身自好，提高自己的书艺，认真说书的心态，使他顺利地度过了这动荡混乱的年代。

建团

中华人民共和国成立后，曹汉昌曾经有过一段时间的担心：中华人民共和国成立了还要不要说书，过去的传统书还能说吗？那时他正在上海，带着这些疑问，他参加了上海文艺界第一届艺人讲习班。当时认真听取了文艺为人民服务的报告，学习了《社会发展史》。从此，他开始懂得了许多革命道理。后来回到苏州后，他又参加了由苏州市人民政府文化科和文联举办的评弹艺人讲习班。当时评话名家潘伯英已脱产参加了革命工作，他作为文联的干部与大家一起学习。通过潘伯英深入浅出的讲解，曹汉昌越听越觉得有道理，一种强烈的翻身感，激起了他积极投入建设新评弹的热情。他与讲习班的其他艺人一起，编写了好几个短篇。有配合“镇反”运动的短篇《隐藏不了》、《打虎英雄》；有宣传抗美援朝的《一面旗》、《送郎参军》等。还积极参加上街宣传，深入工厂、里弄演出。虽然没有一分钱的收入，但凭着政治热情，他与同人们干得都十分愉快。此后，开始筹建评弹团。潘伯英带领一批下乡演出的青年艺人先于1951年11月建立了苏州评弹实验团。曹汉昌与一批知名艺人通过一个阶段的酝酿，于1952年1月15日，成立了“苏州市评弹实验工作团”。首批成员有：曹汉昌、杨震新、丁冠渔、曹啸君、庞学卿、赵慧卿、徐雪兰、高雪芳、谢汉庭、唐雪霞、曹织云，由曹汉昌担任团长。建团没有要国家的钱，全靠自力更生。后来两个实验工作团合并，曹汉昌继续担任团长。

建团后，曹汉昌带头放弃高额演出收入，改为固定工资。将演出的大部分收入归集体所有，用于书目的整旧，创新、创作新书。初期，他在潘伯英的指导下，组织艺人创作改编了新长篇《新儿女英雄传》、《白毛女》，评话《水浒》。建立了《岳传》、《白蛇传》整理小组。还组织编写了《春风吹到诺敏河》、《刘巧团圆》、《孙芳芝》、《刘莲英》等新书，深入农村、工厂演出。他和杨震新带头演新，拼双档演出新编的长篇评话《水浒》。为适应上海等大城市的需求，他还组织创作了《代斩记》，《拉郎配》，《乔老爷上轿》，《秦香莲》上、下集等中篇。在上海每年要连续演出三四个月。演出以书目新、说法新、演员阵容齐整为特色，因而受到了上海听众的热烈欢迎。其间，他还依靠集体的力量，全团搞了好几部新编历史题材的长篇。有《秦香莲》、《梅花梦》、《梁祝》、《王十朋》等。1956年实验团改为苏州市人民评弹团，团址设在颜家巷。先后吸收了徐云志、周玉泉、钟子亮、朱耀祥、李仲康等一批名家进团，并培养了杨乃珍等一批青年演员，使苏州市评弹团的演出力量越来越强大。赴沪演出可与实力强劲、名家众多的上海评弹团相媲美。至1960年，苏州评弹团已扩大为五个团，人员达三百余人，还从戏曲学校招收了二十多名青年学员，评弹队伍更为壮大。正因曹汉昌工作积极带头，吃苦在前，热心为大家服务，所以他威信很高。在20世纪50年代末，曹汉昌参加了中国共产党。从此，他更自觉地贯彻执行党的“百花齐放、推陈出新”

文艺方针，把评弹团建设得更兴旺。

1963年，曹汉昌率领苏州评弹团一批著名演员北上演出。在北京演出时，首都听众为那富有江南特色的苏州评弹艺术所倾倒。《人民日报》、《北京日报》、中央电台等新闻媒体都破例连续好几天报道评弹演出的盛况和播送评弹演出书目的精彩片段。敬爱的周恩来总理和文化部领导同志多次聆听评弹节目，并上台与演员亲切握手和合影。当曹汉昌紧紧握住周恩来总理手的时候，他更是激动得热泪盈眶。深切地体会到做一个新时代的文艺工作者所享受到的最高荣誉。千言万语汇成一句话："要更加努力工作，决不辜负领导的殷切期望。"1964年，在大搞现代书目的活动中，曹汉昌参加了现代长篇评话《杜鹃山》的创作小组。在创作过程中，他不顾自己高血压等疾病，与几位同事奋战数月，并自告奋勇与杨震新拼双档在"苏州"书场首次公演了现代长篇评话《杜鹃山》，

1964年6月苏州市各评弹团现代书目创作改编人员结束后留影

得到了行家和听众的一致好评，为创新、演新带了个好头。从此，他更加自觉地为人民服务，全身心地从事评弹艺术工作的创新和发展。

进取

曹汉昌说了半个多世纪的《岳传》，在长期的艺术实践中，他始终坚持边演、边修改，逐步提高，以毕生心血丰富了这部充满爱国主义思想的优秀传统书目。

岳飞是著名将领，在封建社会中，忠君和爱国是一致的。然而《岳传》的故事完成于清代，因此封建统治者刻意把岳飞描写成一个充满封建思想、忠孝节义观念的化身式人物。照理来说，以金兀术为代表的侵略者，以及南宋以秦桧为首的那些投降派，应该得到无情的揭露和批判。但是这种揭露和批判，受到了当时社会制度的限制和束缚。曹汉昌以前说《岳传》的时候，虽有所感觉，但主观意识上还是缺乏深层次的认识。直到中华人民共和国成立后，他通过了一系列的学习，才有了深刻的理解。再结合自身的经历，曾经目睹日本侵略军的暴行，身受侵略者的欺压，在经历过战乱和侵略军统治的灾难后，他对什么是侵略，什么是亡国，什么是汉奸，什么是爱国，有了更加深切的感受。因此，他带着这些真情实感来修改《岳传》这部书，有了一定的思想基础。所以在他指导整理修改的《岳传》书中，他努力削弱岳飞忠君思想的表现，淡化封建的观念，着重突出岳飞爱国、爱民的思想。把原来被封建理念神化了的人物，改为有真实情感、爱憎分明、血气方刚的抗金将领。同时，又通过这种改编深刻揭露了侵略者、汉奸、卖国贼的丑恶嘴脸，以对比的手法来加强爱国主义思想的深刻内涵。在具体书情处理方面，有些书目如“高宠挑滑车”、“阴魂附牛皋”往往夹着一些封建迷信的情节。曹汉昌则去芜存菁、剔除糟粕。在加强书情的合理性、人物性格的真实性方面，下足了功夫，书目更富有新意。用他的话来说：“随着时代的发展，我们应用正确的观点，来不断修正过去书理的不足，使历史故事真正达到古为今用的目的。”

曹汉昌的重要贡献还在于他全面继承和发展了《岳传》一书。过去评话艺人包括他的先生周亦亮在内，很少有人把《岳传》书说全的。曹汉昌初学时也只是后《岳传》，中华人民共和国成立后，他又向钟子亮补学了前《岳传》，因此曹汉昌说的《岳传》最全，并具有一定的思想性。无论是人物的刻画，还是情节的铺排，以及书理的阐述，通过他的精心整理，《岳传》一书成为保存最完整，思想、艺术品位较高的优秀传统书目。就在他年近古稀时，他不顾年迈多病，毅然在苏州电台连续录制了150回全部《岳传》。并在其他同志协助下，将岳飞初次出场，到风波亭被害，计120万字的文字整理后，交由江苏文艺出版社出版。还合作整理出50多万字的后段《岳传》准备出版。他还受上海人民广播电台之邀，委托苏州人民广播电台录制，再次录了100回《岳传》的音像资料，在上海电台播放。苏州电视台也录制了部分演出录像。曹汉昌以高度的敬业精神、毕生的精力，将他所创造的珍贵的艺术财富，毫无保留地留给了后人，这不仅是对《岳传》的贡献，更是对评弹事业和传统艺术所做的重大贡献。

育人

曹汉昌在培养年轻一代方面，同样也做出了重要的贡献。早在1956年，他在戏校的一次招考中，发现了原只是陪伴邻家小姐妹前来应试的苏州姑娘杨乃珍，觉得她是个好苗子。于是曹汉昌就追到杨乃珍的家中，耐心地说服了本来坚决反对女儿学评弹的杨父，使杨乃珍成了第一个由评弹团直接培养的评弹学员。经过几年的教学和磨炼，杨乃珍如曹汉昌所料，成了一名优秀的青年演员。之后，她多次出国演出，将《苏州好风光》等弹词节目，先后唱到日本、澳大利亚、瑞典、新加坡等国家。2008年她荣获了中国曲艺最高奖“牡丹奖之终身成就奖”。1959年，由苏州市戏曲学校先后分配到评弹团的二十多名的青年学员中，曹汉昌义不容辞地收了其中两名叫李宏声和陈景声的学生，在他亲自传授和精心的指导下，他俩很快成了苏州评弹团的艺术骨干。对同期新招进团的其他二十多名学员，他也是非常关心的。为他们开办艺术进修班，亲自上艺术课传授经验。还分别安排他们跟师学艺，参加实习演出。1961年在陈云同志的提议下，“苏州评弹学校”正式开办，他也积极参加了许多的筹备工作。

“文革”中，曹汉昌和其他艺术家一样，虽经历了一场磨难。但曹汉昌始终热爱艺术事业。他在厂内办起了“宣传队”，培养了一批青年文艺爱好者。粉碎“四人帮”后，他又重新回到评弹团担任团长。不久领导派他到刚恢复的评弹学校当校长。此时，他虽年逾古稀，但他还是非常高兴地接受了这个光荣的任务，为评弹培育新苗，又做出了很大的贡献。1982年3月，他带领评校师生在苏州南园饭店向陈云同志做汇报演出。曹汉昌向陈云同志汇报了评校的教学工作，还有五个青年学员当场演唱了几个节目。陈云同志听后很满意，并勉励青年要有事业心，更要练好基本功。1986年和1987年他又两次率评校师生向老首长汇报演出。陈云同志听了之后很是高兴，对评校学生的这两次演出，陈云同志分别打了80分和85分。老首长的热情鼓励和殷切期望，给了曹汉昌和评校师生极大的鼓舞。回校后，他更注重于教学和实践的结合。自1980年复校到1986年曹汉昌退休的这几年中，学校共培养了近百名毕业生，其中涌现出了盛小云、王瑾、周红、张丽华、姜永春等一批优秀青年演员，为评弹事业的繁荣发展增添了新生力量。

曹汉昌在评校期间，也关心着评弹团的年轻一代。尽管已过古稀之年，他又收了周明华为徒，把自己的《岳传》全部传授给青年人。当他得知金丽生没有下手，就亲自到上海与长征评弹团团长杜桂菁协商，打破常规，把长征团的优秀演员徐淑娟借到苏州，与金丽生合作演出，他俩很快地成了一档

1983年，评弹学校赴京汇报演出，右起：曹汉昌、周良、陶钝、罗扬

1983年两省一市第三期青年弹词演员进修班部分老师合影，左起：周良、唐耿良、张鸿声、曹汉昌、吴君玉

1983年两省一市评弹青年演员培训班（常熟）

深受听众欢迎的最佳组合。

曹汉昌对其他曲种的演员也毫不保守。在20世纪80年代，中国曲艺家协会主席、著名北方评书表演艺术家刘兰芳多次到南方演出，她说的评书也是《岳传》。北方评书比较粗犷，苏州评话讲究细节和角色表演，两者各有特色。因此，刘兰芳她每次南下时，都要向曹汉昌虚心请教，曹汉昌总是有问必答，毫无保留地做详细解释。同时，只要刘兰芳需要什么资料，他都会尽力地满足于她，并很快将她所需的资料寄去。他这种无私的奉献，让刘兰芳深受感动。1998年，刘兰芳亲自赶到苏州，与87岁高龄的曹汉昌一起举办了“南北评话《岳传》交流演出专场”。曹汉昌宝刀不老，仍然嗓音洪亮，思路敏捷，口齿清晰，为在场行家和听众所钦佩。

特色

曹汉昌先生的评话演出，具有独特的艺术特色。凡听过他说书的，大家都认为他以说表见长，又注重说理，且书路清晰，层次分明，逻辑性强。与此同时，他声音洪亮，口齿清晰，精、气、神贯穿始终。再是，通过他以情动人、以理服人的生动表演，其说表艺术的特长得到了充分的发挥，给听众带来了尽情的艺术享受。首先他的说功好，既全面继承了周亦亮先生的艺术特长，又认真学习、吸收了其他老一辈评话名家的说法技艺，再是在长期的艺术实践中，他通过摸索感悟，能轻松自如地掌控评话说表艺术抑扬顿挫的节奏及其规律。因此，在总结艺术经验时，他深有体会地说："说表是评弹的重要艺术手段之一，无论是对时代背景的描述，还是对人物外貌及内心世界的刻画，书情内容的叙述与接榫，现场环境的描摹和烘托等，都必须依赖'说表'来完成。"同时，他又指出："说表是为人物性格和书情内容服务的，离开这一点，就成了'为说表而说表'，也就失去了应有的作用。"

在他的《岳传》书中，有许多长段表白，这是一般艺人畏惧之事，但他却运用得得心应手，能说得十分生动、引人入胜。对此，他的解释是："任何一段表白，尤其是长段表白，都必须紧紧围绕书的主题展开，否则就会给人'平淡枯燥'的感觉。""一回书的好坏，不在于'表'的多少，而关键在'表'的质量。如果语言贫乏、条理紊乱，表得不当其时，听众自然不会欢迎。如果你表得其时，而又层次分明、语汇丰富，是有助于刻画人物的性格和烘托主题的。那么，可以肯定，不仅无'沉'掉之虞，而且还能收到更好的效果。当然，有个重要条件不能忽略，那就是内行所说的'牙清齿白'，即说表要干净利落，不拖泥带水，这必须要有相当的艺术功夫。"他一再强调："尤其以说表为主的评话，用语必须精炼、简洁。有些说表较长，非三言两语可以解决，必须要在剪裁编排上动些脑筋。像写文章一样，要讲究转、承、启、合，并力求层次分明，语言精准。"接着他又说："检验一个演员的艺术本领，要求演员用极为精练的语言，便做到承前启后，用最短的时间将听众的注意力吸引到书情中来，这才是说表的真正魅力。”

在他演出的“十败余化龙”中，这回书的表白占到全书的三分之二。其中有段长表白多达十余分钟。就是因为他运用说表，在剪裁编排上进行了巧妙地组合，从而达到了生动真切的艺术效果。

其二，他不仅说表具有一定的功底，而且还有个特点，那就是语言净化。他在演出中，没有半句粗话、脏话。他坚决反对在书坛上有那种粗俗的表现，并极力主张“评弹的语言应力求纯洁，像‘贼坯’、‘瘪三’之类的词眼，应尽量避免使用，更何况那种粗俗的脏话。有人想凭借几句咒骂或奉承的话来表达说书人爱憎态度的做法，其实是最笨拙不过的。唯有通过艺术形象本身，才能胜任感动人、教育人的任务”。他又说：“有些艺人口无遮拦，不少粗话、脏话、下流的话随口喷出，这是有损艺人品位的。”他还指出：“评弹的雅，是意味着细腻、深刻（不肤浅）而富于诗情画意；所谓俗，不同于粗俗，而是指具体形象通俗易懂，当两者结合起来，便能产生强烈的艺术感染力。”曹汉昌在七十多年的书坛生涯中，始终坚持语言洁净，雅俗共赏，追求高品位的艺术之路。

其三，他说表艺术的成功之处，还有一个重要的特点就是，在他演出的书目中，始终注重书理。所谓书理，就是在所说的书中，要合乎情理，其内容始终要经得起推敲。只有书说得合理，听众印象才能深刻。因此，他经过长期的说书实践，深深地感受到书理是书中之魂，说书要说得头头是道、合乎情理，才能使听众信服而乐于接受。若书说得不合情理，听众就不信任，就有胡编乱造之嫌，一旦失去信任，听众就会缺乏兴趣而拒绝再来听书。在旧社会，他曾听说过有个艺人因在台上形容过头，被坐在下面的老听众用长烟筒敲着状元台，大呼“放屁，放屁”。这尴尬的情景，让这个艺人一时无地自容。此事让曹汉昌一直引以为戒，在演出中尽可能把书说得合乎情理。他深有体会地说：“评弹历来讲究‘理、味、趣、细、技’，而理是第一位的，如果理不足，评弹就会失去它的艺术感染力。我们应遵循事物发展的必然性规律，而偶然性必须包含在必然性之内。过分强调‘无巧不成书’，就会丧失书中之理，亦即丧失了评弹艺术的真实性。”在整理《岳传》书目时，他也遇到一些不合情理之情节，例如：一只泥马怎么能渡得了康王过河呢？而高宠在挑滑车阵亡之后，突然阴魂附在牛皋身上，顿使牛皋力大无穷，一下便杀退了金兵的进攻。类似这样的情节都很难说通其中之道理。过去前辈艺人限于当时思想的局限性，往往借助封建迷信的方法来弥补书理中的不足。曹汉昌先生在继承前辈艺人的艺术基础上，敢于推陈出新、去芜存菁，不断地通过艺术实践，边演边改，认真地做好“书理”这项工作。

其四，曹汉昌先生的评话表演艺术的另一个突出特点，就是注重对书中人物形象的塑造和人物性格的细致刻画。尽管他说书时动作的表演不是太多，只是难得一显，但他对人物的细腻描述及随书情发展的层层剖析，真是煞费苦心，下足了功夫，从而给听众带来了一个个栩栩如生、具有立体感的形象。下面我从经他精心整理过的几回折子书中，列举数例，大家便能领略到他所创造的一群生动而逼真的人物形象。

首先是对《岳传》全书中的一号人物——岳飞的刻画。在第一回“辕门投书”岳飞出场时自报家门的四句挂口：“一片丹心贯日月，满腔忠义定乾坤。有朝一日凌云志，杀尽胡儿保太平。”到武生打扮的外形描述，先给听众一个初次亮相。然后，再是岳飞进辕门大堂，见宗泽元帅，进行面试问答，以及当场的武艺测试。让我们通过四句挂口的深层含义和大堂上一系列展示岳飞文武双全，及其精忠报国的细节描述，便很快地把一个具有远大抱负、决心抗金救国的有志青年的形象，十分清晰地呈现在听众面前，并给大家留下了深刻的印象。

接着在“枪挑小梁王”一回中，曹汉昌又加强了对岳飞这个人物内涵的描述。因为这科武场与往年不同，是专为抗金开办的。当岳飞遇到小梁王柴桂，也前来武场交锋比武，初时，岳飞感到不可理解：“你作为王爷完全可以向皇帝直接讨军令出征，又何必再到这里来争夺状元呢？”两人交战没几个回合，柴桂看自己根本打不过岳飞，他就叫岳飞退让于他。而岳飞是本着抗金卫国的目的前来应考的，所以不肯退让。而柴桂又以为这种武生进武场比试，不过是为了功名富贵，所以柴桂想用封官许愿来收买岳飞，并把自己的阴谋也讲了出来。谁料想，当岳飞得知柴桂进武场欲抢夺武状元，竟是张邦昌这帮奸臣妄图借此夺取兵权，并勾结金邦叛国投敌的一个阴谋时，顿时怒火中烧，想再也不能给这个卖国投敌的奸贼留有余地。此时血气方刚的岳飞出于精忠报国的满腔热情，便毫不留情地把柴桂一枪挑死。曹汉昌通过描述岳飞在比武过程中层层思想活动变化的细节，来彰显岳飞爱憎分明的英雄本质。再是，在“十败余化龙”一回中，曹汉昌有意识地增加了一段岳飞少年时学文习武的描述。因家乡发洪水，岳飞同母亲一起被洪水冲到异乡。由于家境贫寒，读不起书。此时正巧遇到一代宗师周侗来到老朋友王明家，教王贵、张显、汤怀三个孩子读书。上午学文，下午习武。这给十分渴望学习的岳飞带来了极好的机会。他便站在屋外偷偷地边听边学。当周侗发现后，则被他的好学精神感动，便免费让他一起来上课。这对岳飞来讲，是他人生路上最大的转折点。于是岳飞十分珍惜，刻苦学文习武，练就了一身高超的本领。这为他后来勇担抗金报国重任奠定了重要基础。当然，这几回折子书，仅是对青年时期岳飞人物的细致刻画。在后面的书中，岳飞统帅宋军出征，浴血奋战，英勇杀敌，连续击退多次进犯中原的入侵之敌，直至遭奸贼陷害，岳飞父子风波亭受害。在这跌宕起伏的大段书目中，曹汉昌先生更是继续运用众多手段和充满生活哲理的细节描述，剔除了原书中带有封建迷信色彩的神化形象，把岳飞成功塑造成一个真实可信、受到人民尊敬的抗金报国的将领形象。

曹汉昌对岳飞手下的众多虎将，同样也根据不同的个性刻画得淋漓尽致，各有特色。例如在“高宠挑滑车”一书中，他对高宠的人物形象进行了精细的层层剖析，可谓是《岳传》书中的经典之作。在牛头山文昌阁楼上，康王与丞相李纲等大臣正在窗前观战，中山王高宠奉元帅之命在旁边保驾。此时，只见山下战场上有三匹马在跑，金邦统帅金兀术在前面逃，宋将赵必方、牛皋在后面追。眼看他俩即将大功到手，这对一向高傲自大、自认为自己天下无敌的高宠刺激太大了，于是他即刻请求皇帝让他奉旨下山捉拿金兀术。当康王仅讲了半句"若高御弟下山……"，话音未断，高宠便迫不及待地接口："臣……领……旨。"便自以为是奉旨下山，不算违抗军令。高宠马上转身下楼，骑马提枪直往山下而去。其间，丞相李纲即刻追赶上来劝阻高宠，要他回去保驾，守头营的营门官樊成也进行拦阻，提醒他不得违抗军令，私自下山。此时的高宠，一心想着下山亲自抓住金兀术。这样，便可立下头功，扬名天下，更能证明自己就是天下第一勇将。按现代的话说，高宠就是个人英雄主义在作怪，他根本不去考虑自己违抗军令的后果。在以上这一段书中，曹汉昌通过对高宠骄傲自大，为抢功扬名，竟然违抗军令，私行下山的描述，把高宠这个人物的内心活动做了初次的解析。

接着，高宠下山后，他便抢在赵必方、牛皋之前，独自单骑追赶金兀术。正因高宠有勇无谋，所以中了金兀术设下的圈套。金兀术把他引诱到已设置滑车阵的另一个山套时，从旁侧冲出一员金邦大将，为保护金兀术脱身，前来保驾交战。尽管此将又高又大、力大无穷，其威势咄咄逼人，但高宠凭着高超武艺，仅一个回合就用长枪将对方刺中，敌将落马而亡。这一下更增加了高宠轻敌的傲气，从而毫无顾忌地继续追赶，他沿着山套的山坡路上前行。当他来到半山腰时，已不见金兀术踪影，但他看到了山头上有些模糊的营盘。此刻高宠有些迟疑，怕山上有埋伏，想要调转马头回去。这时，又按高宠的性格，出现了另一个想法：自己是违令下山，如抓不到金兀术有何脸面回去面见元帅呢？他自认为是天下第一勇将，如果金兀术没抓到，岂非被众将笑话。此时，他又被金兀术的迷魂阵所迷惑，发现山顶有座营头，上有盏主灯，灯上一个“粮”字，高宠见此情景，顿时如获珍宝，又兴奋了起来，他误以为山上是敌军粮库，如果冲上去抓住金兀术，又把敌军粮库烧掉，顿时立下两大功劳，谁能与他匹敌？！即使只能做到其中一样，也能将功补过了。哪怕山上有埋伏，大丈夫战死沙场，为国尽忠，也能流芳百世。高宠就是在这种思想的支配下，增强了自己继续冒险上山的勇气。此段对高宠内心描述的书，是曹汉昌对人物形象刻画的又一层解析。

当高宠步入陷阱，趾高气扬毫无防备之际，金兵已将沉重的铁铸滑车从山顶沿山坡开始往下碾压而来。一旦人、马被滑车压住，将会粉身碎骨。这突然间来临的灭顶之灾，才使高宠醒悟，他完全中了金兀术的奸计，但后悔已晚。在这生死关头，出于求生的本能，高宠只能拼尽全力，借着滑车从上往下滚动的惯性，用手中长枪挑滑车解危。当高宠连续挑了十一辆滑车后，突然一种侥幸心理又占了上风，自以为山上滑车已不多了，凭他的本领定能破这滑车阵，这样也算大功告成，回去可以交差。但不知道这笨重家伙究竟是什么模样，为了看个清楚，待上面滑车下来，他不是用力挑掉，而是用长枪枪尖去抵挡滑车想掂下重量。此时的人和马早已超过极限，怎能采用这种危险动作？结果枪头子断掉，马背脊梁骨也断了，车子往下压了下来，高宠为国捐躯。最后，高宠的死还是他骄傲轻敌的思想在作祟，以致引来了杀身之祸，以悲剧而告终。

这段生与死的博弈，把全书推向了高潮。此时，曹汉昌再次以夸张而富有情感的手法，把高宠面对死亡威胁瞬间的心理活动，一一地展示在听众面前：

“想到元帅要我保驾，不准我下山，怕我骄傲，下山必中敌人之计。现果然被元帅料到身临绝境，后悔莫及……

想到老丞相李纲追赶下山阻拦，要我回山上去保驾。忠言逆耳，只怪我不听劝告……

想到营门官樊成好言相劝，若无元帅将令，不准私行下山。无奈我高宠违抗军令定要下山……

明日元帅收兵，定要责怪你樊成私自开营门放走我高宠。元帅将令森严尤恐将你斩首，此乃本藩累及你了……

想到赵必方、牛皋，由于自己一时贪图扬名，私行下山，误入阵营，看来难望生还。望以我为戒，忠心报国，为我报仇，杀尽胡儿……”

尽管这些想法只是人物一瞬间的内心活动，却把一个真实可信的人物形象完全展示了出来。

在这回书中，曹汉昌对高宠人物个性所进行的层层剖析，可以说是描述到了极致。虽然在其中他也运用了一些艺术夸张的手法，但这些都是建筑在真实生活的基础之上的，说得合情合理，让人信服，取得了极佳的艺术效果。

从以上曹汉昌通过说表艺术，对岳飞、高宠两个人物刻画的事例中，我们可以深深地感悟到，他紧紧地抓住了人物的个性，以深入细致地挖掘人物的内心活动和跌宕起伏的情感变化为着力点，来塑造生动、真实的人物形象，这正是曹汉昌先生在评话艺术表演中一个非常突出的艺术特色。总之，曹汉昌先生的说表艺术，有着自成一格的表演特色，为评话艺术的传承、发展做出了重要贡献。他所创造的艺术成就，将永远载入评弹名人史册。

奉献

曹汉昌不仅以高度敬业精神对评弹艺术执着追求，而且也积极参与社会活动，参政议政，为国家、为家乡做出贡献。早在1957年2月，他经原文化处的老处长范烟桥介绍，参加了中国民主促进会。自1958年起先后当选为第一届、第二届民进苏州市委委员；第三届、第四届民进苏州市委副主委；第五届民进苏州市委顾问。曹汉昌还从1955年起担任第一届苏州政协常委，至1983年连续七届都是苏州市政协常委。数十年来，积极开展参政议政各项活动，同时还一起深入调研，多次提出关于加强文化建设方面的提案。为国家和民族的兴旺做出了一定的成绩。退休后，他对民进组织仍充满了感情。他说："衷心地希望民进的年轻同志要更加积极地参政议政，和中国共产党同心同德把两个文明建设好。"

曹汉昌先生于2000年5月11日因病不幸去世，享年89岁。他那热爱祖国、热爱评弹事业而执着追求、不断进取、乐于奉献的崇高敬业精神，将永远留在我们心中。

（作者：原苏州戏曲艺术研究所副所长）

访谈录

曹凤渔、周明华采访

访丁雪君

阳春三月，我们前往三元新村，拜访了曾与曹汉昌先生共事数十年的弹词老演员、评校老教师丁雪君女士。她已八十多岁高龄了，仍然神清气爽，对往事记忆犹新，对我们的采访给予了热情的配合。

首先我们问她："在您心中，曹老的形象是怎样的？"她非常爽快地回答："在我心目中，曹老是一位老实、忠厚、平易近人、循规蹈矩的长者；是对工作认真负责，受人尊重的好团长、好校长、好党员。"

问：您是什么时候进评弹团？又怎么认识曹老的？

丁：我从小喜爱评弹，年轻时因家中兄弟姐妹多，家境困难，就一心想说书，来挑起家中生活的重担。一面听书，一面自学弹唱，和一些评弹票友参加业余演出，直到1956年，机会来了。我那时26岁，经评弹协会考核合格，终于获得了专业演出证，开始了正式评弹演出生涯。也是从这时起，与曹老接触多了。与曹老的相识，始于我业余演出时的一次接触。当时为了丰富演出的节目，我们赶到颜家巷评弹团去要演出资料，当时曹老是评弹团团长，是他接待我们的。他没有一点架子，对我们非常热情，当他得知我们的来意后，他马上就拿出一本由评弹名家潘伯英创作的短篇弹词《隐藏不了》的演出本。我们拿到剧本后非常高兴，回去就连忙进行排练，三个档演出，果然，演出效果很好，深受听众欢迎，后来还被选拔到北京参加业余汇演，并获得了一面三角锦旗。回来后，我们特地将锦旗送到评弹团，以示谢意。

问：您什么时候进评弹团的？在与曹老接触过程中有哪些感受？

丁：我是1958年才进入苏州评弹团的，进团后我就叫他曹团长。曹团长像父辈那样，对我很关心。记得有一次我上班坐一路公交车，半途突然晕了过去，幸得公交车司机和乘客的热情帮助，将公交车直接开到饮马桥第二人民医院，送我去救治。我醒了后，又有热心人打电话到团里。曹团长接到电话后，马上赶到医院，亲自陪我治病。看我好些了，他说："小丁，我送你回家。"因我母亲身体有病卧床，我怕回家后母亲得知会受惊吓，就说还是先回团里吧。于是，曹团长就叫了辆三轮车，由他陪同我到团里，还特意安排到团部宿舍，要我好好休息。当时在三轮车上，曹团长问起我的家庭情况，我只是简要地讲了讲家庭的困境，以及母亲有病的情况，他听了之后便安慰了我几句。但过了几天，突然，苏州中医院的院长黄一峰专门来到我家，为我母亲看病。我简直呆掉了，苏城这么一位有名的老中医专家，怎么会到我们平民家庭亲自出诊呢？原来是曹团长对我家的困境，一直记在心上，是他亲自赶到中医院，请这位老专家来为我娘看病的。当时，我们全家都非常激动，深深地感谢这位老团长对我家的关怀。

曹团长除了在生活上对我关心外，在演出业务方面，同样也对我十分关心，并给予了培养。他特地安排老演员谢汉庭与我拼档，说新书《苦菜花》。《苦菜花》在书场内颇受听众欢迎，成为当时现代书目中很有影响力的一部作品。有一阶段谢汉庭身体不适，团长又安排我和魏含英团长拼档，在苏州书场日场演出《二度梅》，夜场演出新书《母亲》。后来团里创作新长篇评话《江南红》，在苏州书场试演，因书中有几个女脚色，给评话演员出了难题，团长就派我去与评话演员一起参加演出。这书一面修改，一面进行排演，时间非常紧张，甚至在上台之前，潘老还在对剧本进行改动，并再三叮嘱情节要如何连接，怎样发挥……正因为当时年纪轻，记性好，所以上台演出还算顺畅。因我从小喜爱看电影、小说，故而对《江南红》中三个女脚色能给予妥善的处理，以不同方言和表情来加以区分，演出时达到了较好的效果，得到了潘老的赞赏，曹团长“坐镇”书场，他也感到很满意。一次我父亲跟我去听书，他当面感谢团长对我的培养，曹团长微微笑道：“你们小丁蛮聪明的！”

1960年6月曹团长带我们到南京“百花”书场演出《苦菜花》，听众们反映很好。一次下书台，有位热心听众进来对我们说：“你们书中说的这位于团长我认得，现在就在南京。”曹团长和我们听了后很高兴，就请他帮忙，请这位于团长来书场听书。果然第二天，这位团长和夫人亲临书场来听书了。当时他在南京军区任职，记得是二条金杠四颗星（大校军衔）。他听完书后很满意，邀请曹团长和我们去他家里做客，还特地请我们到军人俱乐部吃饭，并一起合影留念。至今我还保留着这张珍贵的照片。

1963年为扩大苏州评弹的影响，苏州评弹团组织晋京汇报演出和北上巡回演出。我被挑选去参加演出，曹团长代表团领导特给我30元服装费，我做了一件黑丝绒的旗袍作为演出服。这次晋京演出，我主要和谢汉庭演出《苦菜花》中的一回选回。在北京汇报演出时，尊敬的周恩来总理和中央有关领导同志都来听书，还有邓大姐、李富春夫人、鲁迅夫人许广平等。北京听众非常热情，演出效果很好。周总理对我们演出新书目给予了鼓励，并希望我们能到山东去体验生活，加深感受，把新书说得更好。所以回苏后，曹团长就组织我们到山东去体验生活。先到济南，再到烟台，在那里听到了许多抗日英雄事迹，使我们深受教育。回苏后，我们就把这些生动的素材充实到书情之中，对《苦菜花》进行了重新整理，使书目更接地气，更加感人。

正当我们演出越来越好，日渐受到听众欢迎之际，“文化大革命”一下毁灭了我们的艺术青春。在这十年中，我就说了一回《王铁人》。本来也要上北京演出，但由于某些原因，演出也就作罢了。曹团长对演员从不发火，总是笑嘻嘻，非常平易近人。对我也一直很好。记得在北京时，我们一行到北京动物园去参观，有个地方叫“蛇馆”，四周用玻璃隔开，里面有各种奇奇怪怪的不同类的蛇。我对此很感兴趣，隔着玻璃在细细地观察。曹团长对这兴趣不大，看了一眼也就出去了，因动物园地方大，怕我走失，他不放心，就站在“蛇馆”门口等我。等了好长时间，看我还没出来，就开始在外面叫我，连叫几声，见我还没出来，此时曹团长才涨红脸，高喊一声：“快点出来吧！团内其他同志恐早在出口处等我们了！”我以为团长发火了，就赶忙出来，他有点严肃，说：“你这小娘鱼，这有啥多看头呢！”恐怕这是我记忆中曹团长唯一对我严肃的事情。

问：当评弹学校恢复时，您又跟曹老一起到评弹学校任教，这时又有哪些体会？

丁：1980年苏州评弹学校在陈云老首长关怀下重新恢复，曹汉昌已近70岁，他奉命到评弹学校去担任校长，那时我已50岁了，也被团里派到评校去做教师，我和他同在一个办公室，在教育工作上接触机会更多了。为了培养新一代评弹接班人，曹老作为校领导，不仅要制订教学计划，还亲自带头为学生授课。因为评校在离市区很远的黄天荡，每天要用校车接送老师上下班。这是一条乡间石子路，路上崎岖不平，坐在车里颠簸得厉害，曹老又患高血压，有时上压要高到200多，但他不顾有病在身，始终坚持和大家一起坐车准时到校。他每天三点多起身，先赶到观前吃碗“头汤面”，然后赶到饮马桥等校车。日复一日，为大家做出了表率，所以大家对他格外敬重。记得有年冬天大风雪，把路都封堵住了，校车无法行驶，曹老就安排老师都住在学校的宿舍里，并关照老师打电话回家告知家属。对学生他也是非常关心，对学生如何跟师学艺，他十分操心。如为安排王瑾同学，他与上海长征团领导多次联系，落实后，就亲自送王瑾到码头上，去拜蒋云仙为师。

曹校长还先后几次带领评校部分师生，到北京去进行汇报演出，向陈云老首长汇报演出。应该说曹老在培养接班人方面也是呕心沥血的，并做出了重要的贡献，他永远是我学习的榜样！

访朱雍伯

为撰写评话名家曹汉昌艺术评传，我们特地赴上海去探访曹老的一个弟子，评话老艺人朱雍伯。尽管他已是八十六岁高龄，但对五十多年前跟师学艺的往事，依然是记忆犹新，很爽快地向我们讲述了他拜师学艺及演出的历历往事。

20世纪50年代，朱雍伯本是拜师张震伯，学演长篇《隋唐》的青年评话艺人，并已在码头上单独演出了多年。1958年，在他28岁时被吸收进苏州市人民评弹一团。在团部召开的欢迎大会上，由弹词名家曹啸君（曹汉昌胞弟）提出，曹汉昌的周（亦亮）派评话《岳传》应继承下来。朱雍伯早就听说了曹汉昌在评弹界的名声，而且《岳传》又是部好书，所以他非常激动地同意了。由曹啸君作为介绍人，不久就举行了拜师仪式。按过去评弹行规，弟子拜师要行叩拜之礼，但曹汉昌和曹啸君都说，现在新社会该破旧规，不用下跪，就鞠躬吧。就这样，朱雍伯向曹汉昌三鞠躬，正式拜师学艺。当时曹汉昌是团长，行政工作多，演出较少，加上朱雍伯还有日常演出任务，所以头一年没有听到书。直到1959年11月，苏州评弹一团集中上海演出，曹汉昌特在上海“仙乐”书场和“静园”书场先后演出了两个月，朱雍伯在业务组的安排下，减少演出场次，如愿以偿地听到了先生的《岳传》。此时，先生在台上独具一格的精湛技艺，使他如获珍宝，深受教益。特别是先生说书语言简洁，书路清脱，层次分明，所说《岳传》一书内容丰富厚实，这些都给他留下了极为深刻的印象。从而更增强了他要学好这部书的信心。此后，他到码头上去演出，每次在上台前都对先生演出的《岳传》进行认真的琢磨，从而加深并理解了在演出前要认真做好准备的必要性。哪知，此书还未进行正式演出，国内形势突然发生了变化，提出要说现代书，禁演传统书，接着又是“文化大革命”的来临。这样，也就彻底中断了他原先的演出计划。直到20世纪80年代初，开始恢复部分传统书目的演出。这时，才有了他重新演出《岳传》的机会。可此时的曹汉昌，已是到了古稀之年的老先生了。后来，苏州电台把曹汉昌先生的全部《岳传》录了音，他有机会听到了录音，并拿到了经录音抄写的部分脚本。有了这些宝贵的资料，他如鱼得水，便进行了认真的写读。不久，就到码头上去挂牌演出了。

演出的是前段《岳传》。从“辕门投书”直说到“火烧黄草坡”。每回一时三刻，共十回书，凭着原有的传统书的功底，再是《岳传》的书情，生动且高潮迭起，环环相扣，所以演出效果越来越好，深受听众喜爱，业务水平日渐上升。一次在江阴公园书场演出，与赵善彬、傅菊蓉“越做”夜场，书场内有500个座位，天天满座还加座，后经有关部门批准增加30个座位，仍是满足不了听众的需求。在场方的要求下，朱雍伯独档演出《岳传》，再加了三个日场，仍是座无虚席。曹老在苏得讯后，也为这个弟子感到高兴。后来朱雍伯回到苏州，在“苏州”书场演出，曹老带了全家前来听书。听后，曹老笑着对朱雍伯说：“你《岳传》已经说得不差了，再继续努力吧！”朱雍伯在先生的鼓励下，心里感到甜滋滋的。

在此后的几年中，团内的一些评话演员都看好曹老所说的《岳传》。有录音还有现存的手抄脚本，所以一下子有七八档演员都在说《岳传》。

这下给业务组出了难题，同样一部书不可能在一个书场重复演出，因此业务很难安排。为此，曹老亲自与朱雍伯协商：“因为业务安排困难，希望你能顾全大局，暂时停演《岳传》，好在你还有一部《隋唐》，先说《隋唐》吧。”朱雍伯听了之后感到不解，觉得他所演出的《岳传》，正处于上升阶段，现在要他停演真有点难以割舍，但最后还是尊重师命，也就暂时放弃了《岳传》的演出，而再重演《隋唐》。不过在空余之时，他仍对曹老的书艺和《岳传》一书，进行细细研究，一直念念不忘。

朱雍伯接着回忆说，虽然《岳传》一书，演出时间才几年，但先生对他的关爱从没间断过。每次当他从码头演出完回苏，遇到先生，先生总要详细询问他在外面的演出情况。有一次省里组织汇报演出，先生就推他前往南京演出。由此可见先生对他在演出上的培养和支持。还有一年，有位瑞典汉学家来苏研究昆曲、评弹，点名要曹汉昌演出《岳传》一书。曹老找到朱雍伯，问他能否代为演出。朱雍伯说：“人家外国专家是点名要你演出，我怎么能代您演呢？”先生笑了笑后，就带他一同前往。还有一次是对台广播，要曹老去电台录音，曹老又邀朱雍伯一同前往，之后，还征求朱雍伯的意见。

从以上这些平常的事例中，我们可以看出曹老对学生的培养，真是用心良苦、关怀备至，只要有机会，他总想把后辈向前推一把。

提到曹老的艺术特点。朱雍伯的体会是说法简洁、语言精辟、干净利落，从不带一句脏话，也不拖泥带水。还有，他一上台，短短几句就能把书情带上正路；嗓音高亢、铿锵有力，形成了他独特的演出风格；再是他说书的书路清，一线到底，层次分明。而曹老所整理的《岳传》可说是苏州评弹的精品。其书情内容丰富厚实、高潮迭起、环环相扣，书中各种人物被刻画得细致入微、形象鲜明。他更记得先生常对他说的一句话：“做人要有人品，说书要有书品，说书有了品位，才能赢得听众的尊重。”先生一生奋斗，走上了这条追求品位的大道，他是当之无愧的评话名家！接着，朱雍伯他又动情地说："曹老，他老人家对评弹艺术的发展，做出了重大贡献，他那执着追求的敬业精神，永远是我们后辈学习的榜样。"

访杨作铭

在2016年3月下旬，我们又去拜访了原苏州评弹团副团长、苏州戏曲博物馆副馆长杨作铭先生。他与曹汉昌一起共事数十载，因此对曹老的情况比较熟悉。得知我们的来意后，他便非常爽直地讲述了他对曹老的第一印象。曹汉昌是一位德高望重的忠厚长者，是个非常可亲可近的人。接着他就打开了话匣子，讲述起了一段段往事：

我不是苏州人，在没有进评弹界之前，可以说对评弹一片空白，一点都不熟悉、不了解，后来能成为一名评弹艺术工作者，就是得到了曹汉昌先生的引领。我是1958年进评弹界工作的，那时评弹界的整风刚结束，我们第一项工作是组织青年艺人艺训班，有杨乃珍、郁小庭、徐雪玉等参加，在颜家巷评弹团团部办班。那时我对评弹还不了解。曹汉昌是团长，他毫无大演员的架子，也没有对我这个外打进的有任何轻视和歧视，相反对我很热情、很支持。特别在工作上指导得很具体，如安排团内老艺术家当老师，有徐（云志）老、周（玉泉）老、俞筱云，王兰荪等，还帮我安排好教学日程，培训计划，使艺训班办得很有成效。后来在1959—1960年还办了第二批青年艺训班，有赵慧兰、曹凤渔、李宏声等二十余人参加，也是在他的支持下办出成效的。我第一次搞评弹创作，他也是支持者之一。那时我虽对评弹还了解不多，但对唐诗很熟悉，弹词的唱词和唐诗平仄要求基本相同，所以我就大胆地试着搞创作了。第一个作品是组唱《为了六十一个阶级兄弟》，后来还出版了。在学习评弹创作过程中，他不仅没有排斥我，而且还专门派了郁小庭、徐檬丹来协助我，使作品能很快写成。那时，写评弹小组唱，苏州还没有搞过，作为先例，他一点也不保守，很支持。作品完成后，他马上安排艺训班的青年参加集体演唱。先上街头进行宣传演唱，后来到开明大戏院演唱，这个节目有说白，有演唱，二十余人的表演，气势很大，所以演出效果很好。后来宣传部认为不符合评弹特点，在台上，这么多人集体演唱，不像是评弹演唱，后来就不演了。这件事虽然有关部门并不支持，但是曹汉昌倒很热情地支持，他就是一个有创新精神的领导，这让我印象很深刻。另外，曹汉昌为我介绍了许多评弹界的故事，尤为深刻的是介绍了许继祥的故事。一个哑喉咙，能说好书，成为名家，主要是因为他能深入生活。他早上起来吃过茶后，就到菜市场去转转，听取民间社会新闻，了解群众接触的语言，所以他说书很有生活气息，很能体现当时现实的东西，所以深受听众欢迎。拿今天的话来说，很草根，能接地气。在我与他的交往中，我学到了很多东西。曹汉昌对外来人不仅不排斥，而且热情地对待，因此，使我对评弹逐渐有了深入的了解。

1963年，评弹团筹备到北京去汇报演出。当时我是筹备组具体工作成员之一，他是直接掌舵人，在筹备时期他给予了很大的帮助，此事，周良也是一起抓的。从组织演员、选排书目，到排演结束，每个环节都很重视，抓得很紧，所以书目演出质量是不差的。那时，我记得曹汉昌是有高血压的，他上压高到210。大家都劝他休息，但他从来不休息，总是早上就来了，看排练，有时提点意见，很和蔼可亲。他有一个特点，做事不声不响。老团长的坐镇，对工作人员是最好的支持。后来一起到北京，住在北京前门饭店。我最深刻的印象是，他和演员关系很好，每天晚上，总要去看看每个演员的休息情况。演员到中央电台去录音，他每次都事前做好准备工作，跟着演员一起到电台，录音时他就在旁边认真听，他对大家的关心、对节目的认真、对工作踏实的作风，都给我留下了极为深刻的印象。

我与曹老的第三次交往，是在“文化大革命”时期。许多演员从外面回来重新聚集，团内需要创作一些新书目，又要调配安排一些演员解决拼档问题。曹汉昌刚恢复团长之职，工作十分忙碌，但他把每一项工作都做得非常仔细。有邱肖鹏等人创作新编的中篇《白衣血冤》，在读本子时，在座的人都听哭了，他也跟着流下了眼泪。说明他是个非常容易动感情的人。在解决演员拼档问题上，他是费尽心思。为解决青年演员金丽生的拼档问题，团领导班子进行了认真的研究，认为金丽生基础好、条件好，是个值得培养的好苗子。为了安排一个合适的下手，他专门与个别演员谈心，做了好多次工作，但都没谈成。只因俩人在“文革”中分为两派，所以她不同意拼档。对青年袁小良也做了专门安排，先考虑让他与王晓岚拼档。当时觉得两个小青年弹唱好、条件好，能拼成一对小双档，但他们拼档时间不长，因性格不合只能作罢。这些事正说明安排拼档工作是很复杂、很困难的事，但他都是耐心细致地在做。包括跟师问题，他同样费了不少心思。当时有些演员，因要调动他到其他团去，所以对他不满意，甚至骂他。他为了坚持原则，只是不声不响默默地忍受着，但对那些对他不满的演员，他并不去计较。

当时团内搞了很多节目，特别出了一批中、短篇，都得到了他的支持。有《白衣血冤》、《老子·折子·孝子》、《老鸦外传》、《遗产风波》、《裙带遗风》等，其中有几个作品影响是很大的。例如《白衣血冤》演出了很多场次，听众踊跃，十分感动。后来因有争论，当时宣传部领导提了意见就停演了。实际上，我们《白衣血冤》这个中篇比“伤痕文学”要早一年出来。从1978年至1980年，这段时间应该说是评弹团搞中篇最多的时期。曹汉昌始终对创作新书目很支持，在创作讨论过程中，他总是坐在旁边静心听，有时也会提些意见，特别对中篇，他还亲自讲了切身体会：“评弹团在50年代初，进上海去演出影响不是太大，后来连续搞了几只中篇再去演出，才在上海打开局面，受到了上海听众的欢迎。”当然他对长篇也从不放弃，团内邱肖鹏等人创作的《明珠奇案》、周锦标创作的《秦宫月》等长篇书目，都得到了他的热情支持。他还专门安排人员到码头上去听书，听取听众的反映和商讨修改的意见。另外，我还有一个印象，就是曹汉昌老夫妻关系很好，他们互敬互爱。我曾到温家岸他家里去过几次，他妻子在家料理，对他很关心照顾，这在评弹界是有口皆碑的。

我主要在以上这三段时间里，与曹汉昌团长有过接触及共事。总体感觉是曹汉昌有本事，但从不外露，他才高德劭，又平易近人，是评弹界少有的好演员、好团长。

信访李宏声

金团、周团、凤渔，各位同志：

你们好！

苏州评弹艺术传承研究会的研究工作，实际上是在为发展评弹事业做贡献。值得大家学习！

你们要我写曹汉昌先生的优秀事迹，足以说明你们对曹先生的关爱和敬重。由于我现在已是一个老人了，对以前的很多事情也记不清了，但是先生对我的教导、培育，我一直念念不忘。这次我写的材料重点是：“师生情，恩意深，不忘本，永记心。”从这篇材料中也能看出曹先生在任职期间，他发扬党的优良作风，遵纪守法、为人和善，对下一代真诚教导、热情关怀。虽然我脑力弱、视力差，但是竭尽全力，认真书写。如今虽已完稿，但缺点很多，请你们整理修改。若不符合要求，就不必采用。若能采用，也能表达我对先生的心意。

谢谢！

（上文是李宏声给本书部分编委的回信，下文是他的文章《师生情、恩意深，不忘本，永记心》内容）

苏州市评弹团成立于1951年，曹汉昌先生1952年即任团长。他是个优秀的共产党员，作风正派，为人和蔼，艺术上又是个评话名家，真正是一个德艺双馨、值得大家学习的好榜样。

曹汉昌先生是我的授业恩师，我的一生得到先生的教导培养，使我能立足社会，为民服务，过着愉快的生活。我和先生的恩情是："师生情，恩意深，不忘本，永记心……"

本人是苏州评弹团首届学员，进团后曹先生即正式收我为徒。当时，我名字叫李兴男，因为嗓音不好，本音和假音均无高音，曹先生为我取艺名叫李宏声，"宏声"即期望我声音能嘹亮，在演出中逐步成名达到"宏声"之目的。有一次先生特地召我到办公室，认真地嘱咐："今后你要天天吊嗓，练好你的嗓音才能说好书，否则你嗓音不适宜评话演出，切记！"我心中明白：先生的教导是对我的期望，要听先生话，今后一定要认真吊嗓。

从此之后，我每天到大公园练嗓，多年后音量提高，本音和假音都有高音，已能演出，先生很满意。然而，我还是每天坚持吊嗓，无论在苏州、外地演出，还是回到家中，总是到公园、郊区、山地、有森林的地方去吊练嗓子。长此以往逐渐形成了吊嗓与饭后散步相结合的生活习惯，即使退休后还是继续坚持。如今，我年将八十，吊嗓使我肺活量扩大，饭后散步使我身体健康，中年时期我有高血压，如今我没有"三高"症状，而且体质良好。天天吊嗓散步使我得益匪浅，我不会忘记先生的恩情。

1959年我第一次跟师到浙江绍兴去听书学艺。师母章翠玉陪同前往。到了绍兴后发生了一件想不到的事情。当时实行粮食定量供应，用粮票，但是刚开始买糕饼点心还不需要粮票，只要上街购买即可。我的定量是每月二十九斤粮食，一日三餐吃不饱，空余时间即上街去买糕点。因为买的人多需要排队，曹先生知道后，严肃地对我说："兴男，今后不要上街去买糕点，若被人看到有评弹团的人在排队买糕点，这样，对团的影响不好！"先生的批评，我只能答应。当时，师母在边上不语，待先生离开后，她轻轻地对我说：“兴男你上街去买糕点，不要给先生知道，想吃啥就吃啥，你年纪轻轻不能挨饿，身体健康要紧。”我听后，感到奇怪？为什么先生、师母意见不同？平时他们很少有分歧，这次为我买糕点，却发生了不同意见。思考之后，我才明白，他们俩不同的意见，都是在为我着想。先生不许我上街买糕点，就是怕给别人造成不良的影响，而损坏了团的声誉，同时，也要我养成良好的生活习惯，做一个品质高尚的人。而师母同意我上街买糕点，就是关心我的身体健康，有了健康的体质，才能做好工作。其实，先生、师母他俩对我的态度都是对的，他们如同家中的严父良母，对我管教、爱护两不误。当时我就想，今后我一定要听他俩的话。

曹先生自担任团长后，工作繁忙，很少演出。但为了不耽误我学艺，又介绍我跟钟子亮先生学习《岳传》。二位名师的书艺各有特点。曹先生演出的《岳传》，书路清晰、理性贯通，他中气足、口齿清，手面开阔大方。尤其是在他的书中有不少名段，如“十败余化龙”、“高宠挑滑车”、“疯僧扫秦”……听众听后人人称赞。钟子亮先生演出的《岳传》，情节丰富、细节互通。所突出的是钟先生在开打的动作中，擅用一条长枪，这在评弹界中，是出了名的“钟家一条抢”。我跟随钟先生学艺时，同样也得益匪浅。

曹先生关爱我，特别是把长篇评话《岳传》毫无保留地传给我。在码头上，他边演出、边安排我听书，更是在空余时间，把《岳传》这部书的书情一字一句地说给我听，促使我把前、后段《岳传》都能记录下来（前段《岳传》一百回书，后段《岳传》二十回书）。时至今日，虽然苏州评弹团对《岳传》长篇的继承，仍未有后继之人，但是《岳传》的演出书本已经出版，定能流传于后世。

在跟师期间，曹先生非但把全部《岳传》传给我，更是在艺术上教导我如何说好书。先生指导我，说好书不但要着重表演技巧，更要注重书路清晰。而书路清，听众就容易接受，若书路不清，听众就不爱听。关键是书中的情节要讲理，书情不讲理就无人来听书了。他对我说：“你要记住‘理’是很重要的，即使在工作中也要讲理，要按理办事。不讲理做事，那就要失败。”先生的教导我牢记心中。

20世纪80年代开始，由演出业务组推荐，团领导朱玉英书记把我调到演出业务组工作。由于先生的教导，我在工作中就按理办事，真诚地为江、浙、沪的广大评弹演员及各地的书场服务，使我团的演出业务逐步地得到了扩大。

曹先生80年代调任苏州评弹学校任校长之职。在不同的岗位上，他同样尽力工作，受到全校师生的热爱和敬重。

曹先生的一生应该说是幸福愉快的。在单位和家庭中，都过着欢乐和谐的生活。但是也有一段时间使他痛苦悲切，在艰难中度过，那就是“文化大革命”的那段时日。但风雨过后是彩虹，待艰难岁月流逝之后，先生很快又恢复了艺术青春，为党的评弹事业兢兢业业，奋力拼搏。真是“春蚕到死丝方尽，蜡炬成灰泪始干”。

岁月如流水，先生年寿已高。当晚年病重，躺在第四人民医院病床上时，我去探望先生，师姐曹织云坐在床边。先生对我说出最后一句话：“兴男，你的情不能还了！”先生对我说这句话，使我万分感慨。不是先生要还我情，而是先生对我的恩情，我今生不能再报答他了。

先生、师母虽已经离世，但他们是我的再生父母，我不忘每年清明去和合山墓地，跪地祭拜！当然钟子亮先生和杜月娥师母，我也不会忘却他们对我的情谊，同样，每年都要到天平公墓坟地去祭拜他俩。

师生情，恩意深，不忘本，永记心……

周明华感言

在纪念恩师曹汉昌先生诞辰一百周年的这两天，我的眼皮有点跳，晚上梦见恩师曹老夫子的音容笑貌，好像老人家有什么事要交办似的。果然，接下来几天我所遇到的事，都与我说《岳传》有关。一，星期五接到团部同志的通知：“周明华，下星期一（9月5日）去昆山千灯四进工程，下农村演出评话《岳传》选回。”二，“周先生，去年老年节你忙，请你来我们村演出，结果你没有来。派了另一位大书演员说的《康熙买马》。今年，你无论如何到伲村上来一次，而且你要表演《岳传》，你是曹汉昌的学生，伲农民欢喜听大书的。”这是一位从市郊金山村特地赶来的老听众向我发出的诚挚邀请。三，又接到木渎天平村沈书记来电：“周团长，请你九月二十五日，光临我村，说脱一档《岳传》可好？”

今年是苏州市评弹团建团60周年，是恩师曹汉昌老夫子诞辰100周年。是我拜曹汉昌先生学艺30周年。这三个特殊的日子，令人难忘。曹先生是创建苏州市评弹团的元老。1951年年底，他响应党的号召，组织起来，走集体化道路。他带头放弃赚大钱，亲手创建了苏州新评弹实验工作团。据说当时条件相当艰苦，团部没有办公室，连办公桌都没有，团部开张是借“静园”书场经理韩小毛的办公桌的一只抽屉放团部的办公资料。被称为“一只抽屉闹革命”。

曹先生早在20世纪40年代就出名了，自幼受姑父石秀峰的熏陶，喜爱评话艺术。14岁师从评话名家周亦亮习《后岳传》。十五岁登台，随即于江浙一带演出。1931年在光裕社出道，并渐享誉书坛，以演说《岳传》著称。他表演的《岳传》，有三大特点：一是书路清晰；二是声音明亮；三是语言干净。他口齿清楚，重表叙，善说理。中气充沛，艺术上具“一口干”的特点。我对曹先生仰慕已久。

认识曹先生是在“文革”中，他是评弹一团的团长，我是评弹学校的学生。当时我才16岁，在那个年代的浪潮中，我曾跟在大同学后面起哄胡闹过。当时，我对曹汉昌先生的印象感到很特别。曹团长体格较胖，尤其是肚皮很大，听说他最喜欢吃焖肉面。后来评弹团解散，曹老及大批艺人被下放到苏州人民灯泡厂去劳动，直到粉碎“四人帮”，曹老落实政策，才回到评弹团担任团长。

当时，传统书目解禁。第一部开放演出的传统长篇评话是《岳传》。记得在曹团长领导下，全团有强逸麟、朱雍伯、赵玉昆、周天来、杨玉麟、陈景声、李宏声、俞震飞等多达八九档评话艺人演出《岳传》。“文革”十年，久违传统书的听众们渴望听老书，当时称“饿煞”书场，听书人特别多。苏州书场门口客满牌高挂，等退票的人涌来涌去，老艺人们把自己的看家本领都拿出来了，书场内掌声不断，演员们艺惊四座。我看到此情此景，心里痒痒的：如果自己也能上台这么风光那该多好啊！我心里很想拜曹汉昌为师学《岳传》。但我知道我们当初当红卫兵时，曾得罪过他老人家，不知他现在愿不愿意教我们这些青年演员。正当我心里忐忑不安时，突然听到一声：“明华，你今年（1979年）春节不要出码头去演出了，我到上海西藏书场演出长篇《岳传》，你好好听。”谁知，我的想法团领导早就察觉了。平时话不多的曹团长，今天突然对我说这番话，我一

粉碎“四人帮”后，曹汉昌、魏含英、邱肖鹏、谢毓青、谢汉庭、王月香、徐碧英、扬乃珍、薛君亚、高雪芳等人在一起谈艺

下子懵掉了，有一种受宠若惊的感觉，心里一阵激动。我清楚地知道，曹老是团长，他早已脱产搞行政管理了，脱离书坛已久，但他为了我，当年已七十岁高龄的他，竟重上书坛，这是为了什么呢？还不是为了培养评弹接班人，为了评弹事业的发展。

1979年的年初一，曹老在上海“西藏”书场开讲《大战牛头山》。我带了一个录音机，准备录音，而曹老却这样叮嘱我：“明华，听书不要录音，用心听，再记下来。这样学才能学好。”曹老这次在沪演出，先在“西藏”书场，后移师“静园”书场，整整两个月。我密密麻麻地记了两大本子笔记。每一次下书场，他都要我汇报当天所听、所记的内容，不时地纠正我错误的地方。这是我第一次跟师，也是曹老最后一次在书场公演长篇《岳传》。

1981年，江浙沪举办优秀青年演员大“会书”，经过选拔赛，我表演的《岳飞·十败余化龙》被选上了。曹老一遍一遍地辅导，他说：“上海是说书的重镇，你只要说好了，就可以打开上海书场的局面。”比赛进行得很顺利，在曹老的精心辅导下，我发挥得很好，当我带着观众的掌声下场的时候，曹先生脸上露出了笑容。

后来，由于工作的需要，曹老被调至苏州评弹学校任校长。我也脱产了，被留在团部搞行政管理工作。曹老对我说：“明华，专业不要放弃，有机会还是要参加演出的。”几十年来，我遵循恩师的教诲，利用业余时间，只要一有空，就去农村、去基层演出。长篇评话《岳传》成了我的终身“伴侣”，给我带来了无穷的乐趣。

一日为师，终身为父。曹老离世已十年，每当演出时，耳边总会想起恩师的声音：“明华，你要好好说书，上台演出一定要认真，台上语言要干净，这样才能有品位。”江苏文艺出版社出版了曹老的《岳飞》。恩师将一套崭新的《岳飞》出版本，赠送给我，还意味深长地对我说：“明华，这是一套《岳飞》，从岳飞出世到风波亭归天，总共100回书，是《前岳传》，将来有机会再整理出版《后岳传》。”

2008年，在老局长周良同志的关心下，我和师兄李宏声一起，将曹老的《后岳传》的20回书，也整理出版了。

在团庆六十周年的日子里，苏州评弹团将举办“纪念曹汉昌、魏含英双百岁”的专场演出，我和师兄陈景声、李宏声及陈燕燕排练、演出了长篇评话《岳传》的选回，向听众们汇报，也作为弟子们对曹汉昌先生的纪念。（《周明华感言》原文《恩师曹汉昌百年祭》）

（作者：曹凤渔，苏州戏曲研究所副所长；周明华，原苏州评弹团副团长）

不忘初心，方得始终

——记曹汉昌艺术人生的点点滴谪

编者

“一滴一滴水，汇成东海阔。一粒一粒沙，堆得泰山齐”。这几句评弹听众耳熟能详的弹词开篇唱词，告诉了大家一个积少成多、以小见大的道理。人生亦如此，通过日常生活中的一件件、一桩桩丰富多彩的故事累积来勾勒出人生的全貌。由曹汉昌先生谈自己人生经历、轶闻的《书坛烟云录·曹汉昌篇》一文，是他经历的一段段往事的汇总，全篇为我们描述出了曹汉昌先生生动、光彩的艺术人生。

苏州评弹表演艺术传承研究会准备出版第三册《苏州评弹艺术家评传》。在编辑曹汉昌先生谈自己艺术人生的经历、轶闻的《书坛烟云录·曹汉昌篇》的过程中，编委会还收集到了大量有关撰写曹汉昌先生从事评弹艺术和评弹领导工作的文章及回忆录。这些文章的作者，他们从各个时期、各个角度及各人的经历和感受，写下了自己与曹汉昌先生共事中的点点滴滴，以此来纪念这位爱党、爱评弹团、爱评弹艺术，且受人敬重的评话艺术家。在这些文章中，虽有些内容有雷同的阐述，但每一篇文章中又有它独到的故事。今天我们将这些精彩的故事结篇成章，汇成《不忘初心，方得始终》，以飨读者。此文也作为对《书坛烟云录·曹汉昌篇》的补充和充实，为大家进一步认识这位书坛名家而增辉添彩。

书坛伯乐

古人云："世有伯乐、后有千里马。"曹汉昌先生在发现人才、爱惜人才上，为后人树立了榜样。在署名刘放、周明华的《书坛伯乐曹汉昌》一文中较详细地记载了这方面的事例。

其时，徐云志在江浙沪一带已经是非常了不起的名家了，是一位很大的"腕"。当时，他单档演出一天的收入，比评弹团按最高标准给的一个月的工资还多。当时的严雪亭、邢瑞亭等众多"亭"字辈演员，都是他徐门的徒弟，他一呼足以百应。可是，他的本意是想从评弹团挖走年轻的王鹰，找曹汉昌商量，结果他反而被曹汉昌给"招安"了！徐云志是一杆大旗，他的加盟，具有极大的号召力，对提振评弹团的士气和知名度有很大的益处。从中，也可以看出曹汉昌的人格魅力。

他的高足陈景声长期活跃在江浙沪书坛上，继承老师曹汉昌的风格，用苏州评话的表演艺术形式，展现著名将领岳飞的光辉形象。说起来有些后怕，如果没有曹汉昌的一次次上门游说，苏州评弹就会失去这么一位优秀的人才。其徒弟李宏声、周明华也都在长期的艺术实践中，对长篇评话《岳传》的传承、弘扬做出了一定的贡献。周明华是原苏州评弹团的副团长、一级艺术监督，近年他用评话的方式讲述吴文化，深受听众的欢迎。

曹汉昌自然是忘记不了他当年痴迷评弹的童年记忆的。此外，他的弟弟曹啸君也成了评弹名家，他的女儿和外孙，也让曹门的评弹事业后继有人。

被曹汉昌这位伯乐发现的千里马中的，还有杨乃珍。1956年，杨乃珍初中毕业，陪邻居小姐妹考戏曲学校，居然是在“三百名里挑一”，被曹汉昌看中，他追到她家中，反复劝说不肯让女儿学唱评弹的杨父，最终，让对方动心，同意女儿报考戏校学唱评弹。几年后，即1963年，杨乃珍成为评弹演员中的第一个出国演出者，并且将《苏州好风光》一直唱到澳大利亚、瑞典、新加坡等国家。她还荣获了中国曲艺最高奖——牡丹奖之终身成就奖。这是迄今评弹演员获得的最高荣誉奖。

曹汉昌先生不仅识才，而且爱才，还能培养人成才。在《书坛伯乐曹汉昌》一文中，所介绍的“南北岳飞交流”一例，就是他爱才的真实写照，此事曾传为书坛佳话，非常有意义。

文中写道：“刘兰芳以说《岳飞传》而出名。早在20世纪的80年代末，她的《岳飞传》就红遍了中国。但刘兰芳的书是有欠缺的，书中‘洞庭湖平杨幺’，就完全缺失。历史走到这个时期，南北说岳飞最优秀的艺人，居然是三国时的‘天下英雄’、‘使君与操’的后人，北派的是刘备家门刘兰芳，南派的是曹操家门的曹汉昌。而且，这会从‘孙刘’联盟演变而成‘曹刘’联盟。苏州评话《岳传》比北方评书细腻，南派著名评话演员曹汉昌出版的《岳飞》（1986年10月出版的版本叫《岳飞》，后来再版更名《岳传》）里面大约有10回‘洞庭湖’的书，非常整齐现成。刘兰芳看到曹汉昌的脚本，满心欢喜，但如果直接拿去录音，那必定有欠妥当。所以，她专程来苏州跟曹汉昌见面，得到老先生的慷慨允诺，才算补齐这段书。现在我们听到她新录版本《岳飞传》里的这段书，就是完全用曹汉昌的本子补进去的，也很妥帖融洽。”

曹汉昌先生在对《岳传》的修改中，加强了对故事中人物思想和性格的刻画，塑造了更丰满的人物形象。如“挑滑车”中对高宠心理的描述，完全是他的创造。在原话本中，这一段情节共一千余字，到了曹汉昌的演出本中，可以说成一回多书，篇幅扩展了十数倍。曹汉昌说此回书，以表书为主，并无人物对话。但对高宠的刻画细致入微、生动自然、合情合理。而牛皋虽着墨不多，但性格也跃然纸上。

刘兰芳说的“挑滑车”、“十败余化龙”，可以说是在曹汉昌先生的指导下现炒现卖。刘兰芳是何等聪明的艺术家，经前辈一点拨，她就完全领会。她再加以发挥，更是精到有致，故而圈内人士认为刘兰芳深得曹汉昌的艺术精髓。这两章节，公认是曹汉昌说《岳传》中最为看家的精彩部分，就像书中武功高人的杀手锏。但慷慨的曹汉昌先生，毫无保留地传给了年轻的北派同行。

1998年，刘兰芳又来苏州看望曹汉昌，经不住刘兰芳一口一个“曹老师”的邀请，87岁的曹汉昌先生欣然登台，与北派的刘兰芳同台交流演出南北《岳传》。一段舞台背后的精彩花絮，是中国曲坛不可多得的美谈！

培养青年

正因为曹汉昌先生爱才，所以他对青年演员的培养是不遗余力的。他为培养他最小的弟子周明华，让其学到他所说的长篇评话《岳传》，不顾已是70高龄的年纪，亲自上台演出，好让弟子有切身的感受。与此同时，他对团里其他的青年演员同样是悉心培养、呵护有加的。国家一级演员、原苏州评弹学校副校长王鹰在曹汉昌逝世时，撰写了《哀老团长》一文，字里行间表达了她对曹团长培养青年演员的感激之情。文章写道：

我们敬爱的老团长、老校长曹汉昌同志与世长辞，这是我们评弹事业的损失。近日来，在我的脑海中经常翻滚着一件件、一桩桩往事，怎么也忘不了啊！

忘不了在1956年，当时我参加苏州评弹实验小组，这个组大部分是青年演员。我们在上海“新成”、“西藏”、“大华”等书场演出中篇弹词《春香传》、《白蛇传》，引起了轰动。评弹听众和上海评弹界、文艺界人士都在评论着苏州出了一批优秀青年评弹演员。曹汉昌知道后，就和潘伯英等商量，决定把我们全体演员吸收到他领导的苏州人民评弹团里，准备对青年演员进行进一步的培养。进团以后，曹团长安排我和当时刚加入苏州评弹团的大响档徐派艺术创始人徐云志拼档学艺。当时我既高兴，又为难，因我原是和父亲王筱春拼档演出的，这下我父亲怎么办呢？而且我父亲也不同意我离开他。曹团长就耐心地做我父亲的工作，并安排我父亲在团里搞总务工作，虽不参加演出，但仍可拿原工资，这才使我有机会能与徐老拼档演出，继承徐派艺术。我很感激老团长对我的培养，这对我来说，是艺术道路上一个重要的转折点。

忘不了在1963年，我们苏州评弹团在周良同志和曹团长率领下北上演出。我当时还是青年演员，一起去的还有更小的，当时还不到二十岁的龚克敏、王映玉等，为的是让他们在实践中锻炼提高。在演出期间，有一天通知我们去北京人民大会堂，因周恩来总理要来听书，而且还要接见我们。曹团长还特地把负责后勤的杨元祥同志也带去，让他也见到了总理，曹团长太理解群众的心情了。

忘不了在1977年，我们终于回到了久别的评弹团，老团长还是那样尽心地培养我们，记得在演出中篇弹词《白衣血冤》时，我们在台上演唱，听众听得都滴下了眼泪。我们的老团长站在书场边门处，也在认真地听，我看他同样也是听得泪流满面。当我们演出结束回到后台，老团长脸上的泪水还未干，他却满面笑容地对我们说：“你们演出得很成功。”我被他这种对青年演员关心、鼓励，以及提倡创新、说新的精神，感动得眼泪也忍不住淌了下来。

创新说新

曹汉昌先生自从创建评弹团开始，就始终提倡说新书，支持创新、说新。大家在《书坛烟云录·曹汉昌篇》中，也能深切地体会到这一点。因此，凡苏州评弹界的同志，对曹团长提倡的创新说新的精神，大家都会像王鹰同志在文中所说的那样，“感动得眼泪也忍不住淌了下来”。

评弹两省一市领导小组人员刘家昌，在他《纪念尊敬的曹老》一文中，深有感触地写道：

在1964年的春夏期间，为当时“创新说新”潮流所需，苏州市文化局在苏州评弹学校（当时校址在天官坊）连续举办了两期突击创作改编现代书目的“创作工场”。领导、专家、演员集中在一起，曹老和大家一起实行“三同”（同住、同餐、同创作）。曹老和杨震新在一个组里，分工的任务是创作改编《杜鹃山》。他和大家一起夜以继日，突击苦干。当创作完成后，当年夏天，评话《杜鹃山》在苏州书场上演了。曹老和杨震新合作，在“吴苑”书场公演一回《杜鹃山》选回。此次演出效果空前，令人记忆犹新，可以说是一举成功，连日客满，轰动了苏城。曹老“创新、说新”也获得了成功。他年过半百，为评弹事业做出了又一贡献，其精神令我敬佩不已。

1980年，在陈云同志的关怀支持下，苏州评弹学校复校，曹老当年七十高龄，毅然出任复校后的第一任校长。校址在葑门外黄天荡，曹老为培育苏州评弹新人，担此重任，不辞辛劳、忙碌奔波、默默奉献。在此有一件事值得提一提，那就是在有关领导的关心支持下，曹老为“文革”前的苏州评弹学校毕业生，申办补发了中专毕业证书，为往届毕业生办了一件大好事。

20世纪80年代初在黄天荡评弹学校门口合影

曹老的生活习惯

良好，除了每天早餐必吃一碗“焖肉面”外，别无嗜好。他朴实大度、和蔼可亲、淡泊名利，和同志们相处得十分融洽。

曹老祖居临顿路温家岸。那年因当地实施街坊改造而拆迁，他被安排迁至人民路北段的敬文里居住。此时他的老伴刚去世，住房变小了，与原来住地相比，离医院（第四人民医院）也远了，老人家“孑然一身”住在那里。周良同志和我同去探望过他数次，见到他时，虽然他的体质因年迈而衰弱，但他的精神面貌很乐观。他胸怀坦然，心态良好，始终给人有一种“乐观人生”的感觉。

不忘初心

曹汉昌先生在中华人民共和国成立之后，无论是作为一般的评话艺人还是后来建团时的担任评弹团的领导，不管过去是担任评弹团的团长，还是后来去苏州评弹学校担任校长之职，他始终尽心尽力、一以贯之地为发展评弹事业贡献着自己的一切。他之所以能做到“春蚕到死丝方尽，蜡炬成灰泪始干”，套用现在的一句话，那就是因为他“不忘初心，方得始终”。

正如当年市文化局的老领导钱璎同志，在《怀念曹老》的文章中，她为曹老一生总结的那样：

曹老，他和所有经历过旧社会苦难生活的戏曲艺人一样，总是怀着对党深深的爱和感激之情，怀有强烈的翻身感。作为一名新文艺工作者，他感到无比的自豪。”记得在20世纪60年代初，国家“三年困难时期”，评弹团内有极少数人离团，有人也动员曹老离团，但他却坚定地留在团里，因为他相信，困难是暂时的，党能带领大家克服困难。

他经常深有感触地向人提起艺人们在旧社会遭受的苦难，他忘不了著名评弹演员夏荷生贫病交加的悲惨情景，不到五十岁就去世了。他也不会忘记，评话演员杨莲青因为染上吸毒和赌博的恶习，得了一身疾病，无钱治疗，走投无路，最后，只得跳楼自杀。老人说：“想起在旧社会过的苦日脚，真要出眼泪！”正因为旧社会留给老人的精神创伤太深，太深，相比之下，他更珍惜新社会，也愈加觉得党和人民赋予文艺工作者的责任是多么崇高、多么光荣。他将自己的一生，献给了评弹事业，表现出他对社会、对历史、对事业的高度责任感。

编写于农历丙申年八月中秋（2016年9月）